新时代高职院校
双师型教师队伍建设的探索与实践

窦争妍◎主　编
宋长海　田一淋◎副主编

成都时代出版社
CHENGDU TIMES PRESS

图书在版编目（CIP）数据

新时代高职院校双师型教师队伍建设的探索与实践 /
窦争妍主编；宋长海，田一淋副主编. — 成都：成都
时代出版社，2024.7

ISBN 978-7-5464-3439-1

Ⅰ.①新… Ⅱ.①窦… ②宋… ③田… Ⅲ.①高等职
业教育—师资培养—研究 Ⅳ.①G718.5

中国国家版本馆CIP数据核字（2024）第062875号

新时代高职院校双师型教师队伍建设的探索与实践
XINSHIDAI GAOZHI YUANXIAO SHUANGSHIXING JIAOSHI DUIWU JIANSHE DE TANSUO YU SHIJIAN

窦争妍 / 主　编
宋长海　田一淋 / 副主编

出 品 人　达　海
责任编辑　樊思岐
责任校对　李　航
责任印制　黄　鑫　曾译乐
装帧设计　成都久吉印务有限公司

出版发行　成都时代出版社
电　　话　(028)86785923(编辑部)
　　　　　(028)86615250(发行部)
印　　刷　四川煤田地质制图印务有限责任公司
规　　格　185mm×260mm
印　　张　14
字　　数　300千
版　　次　2024年7月第1版
印　　次　2024年7月第1次印刷
书　　号　ISBN 978-7-5464-3439-1
定　　价　58.00元

前 言
QIANYAN

新时代面临新一轮科技革命和产业变革，人力资本需求发生重大变化。这对职业教育人才培养质量和"双师型"教师队伍建设提出了新的更高的要求，相比之下，高职院校"双师型"教师数量不足，同时面临从"量"到"质"的转变，还有很多现实问题急需解决，这也成为高职院校高质量发展的关键和瓶颈。本书基于新的时代背景、文件精神和高职院校现状，系统梳理相关制度、理论，在分析高职院校"双师型"教师队伍建设的内涵和制度脉络的基础上，查阅文献，结合院校建设实际分析了新时代高质量发展形势之"新"，通过实地走访20多家企业、调研500余家企事业单位、深度访谈企业专家及院校教师等形式，深入分析高职院校"双师型"师资队伍建设需求之"切"，结合现实问题和新的迫切需求，归纳分析现状之"短"，结合院校实际，挖掘存在的具体问题，分析原因，提出了解决之"策"。

本书共分为七个章节，在分析国内外研究现状和理论基础上，梳理高职院校"双师型"教师队伍建设困境与挑战，分别从工匠精神、产教融合等四个不同的维度分析"双师型"教师培养存在的问题、挑战及新要求，并在模型实证分析的基础上，通过借鉴国际经验，提出新时期高职院校"双师型"教师队伍建设的具体路径，构建了以顶层设计为内核，能力提升的平台搭建和制度重构为中核，思政提升、引进机制、能力提升、合作双赢及质量保障机制为外核的动态系统路径。本书对于丰富相关人才理论具有积极意义，有利于弥补高职院校"双师型"教师队伍建设中在实践方面的不足，也可为其他同类高职院校的"双师型"教师队伍建设提供借鉴和参考，具有一定的应用和推广价值。

本书是在窦争妍教授主持的上海教育科学研究项目（CZ-2020095）研究成果基础上形成的，也是2023年鄂尔多斯市职业教育专项资金（2023ESTK002）的研究成果，由上海电子信息职业技术学院窦争妍、宋长海、田一淋和鄂尔多斯生态环境职业学院于辉共同执笔完成，本书的完成还得到了研究团队成员刁双荣、鲁家皓、王媛媛、胡燕等老师的大力支持和配合。

在项目的开展和本书的撰写过程中，经历了种种困难，也衷心感谢研究团队成员的努力和付出，感谢家人的鼓励与支持。作为一名教育工作者，在高职院校教师队伍建设提升中不断思考、探索，也感同身受高职教育的发展和变化，尤其是教师队伍的成长和壮大。

由于视角的局限、撰写人员的水平有限等因素制约，本书的疏漏和不足之处在所难免，不妥之处敬请批评指正。

窦争妍

2023 年 11 月

目 录
MULU

第一章 绪论 ···01

1.1 研究背景 ···01

1.2 国内外研究现状 ·····································03

   1.2.1 国外研究现状 ·································03

   1.2.2 国内研究现状 ·································05

   1.2.3 研究述评 ·····································12

1.3 研究价值 ···12

   1.3.1 理论价值 ·····································12

   1.3.2 现实价值 ·····································13

1.4 研究内容与研究目标 ·······························14

   1.4.1 研究内容 ·····································14

   1.4.2 研究目标 ·····································14

第二章 概念界定及理论基础 ·························16

2.1 概念界定 ···16

2.2 理论基础 ···17

   2.2.1 工作分析理论 ·································17

   2.2.2 人职匹配理论 ·································18

   2.2.3 "胜任力"理论 ·······························19

   2.2.4 激励理论 ·····································20

   2.2.5 教师专业化理论 ·······························22

第三章 高职院校"双师型"教师队伍建设困境与挑战 ·················24

3.1 高职院校"双师型"教师队伍建设的历史制度脉络 ···········24

   3.1.1 "双师型"教师培养的统一导向阶段（1949—1979年） ·········24

3.1.2 "双师型"教师发展的特色导向阶段（1980—2018年）············25

3.1.3 "双师型"教师提升的强化发展阶段（2019年至今）············28

3.2 高职院校"双师型"教师培养现状 ············31

3.2.1 思想认识水平不断提升 ············31

3.2.2 "双师"队伍建设制度保障体系日趋完善 ············33

3.2.3 "双师"队伍素养比例稳步提升 ············38

3.2.4 职业教育国家培训基地初具规模 ············41

3.3 高职院校"双师型"教师队伍的特点 ············42

3.3.1 高素质的"双师型"教师数量不充足 ············42

3.3.2 党建引领下的顶层设计有待加强 ············45

3.3.3 "双师型"教师队伍认定标准和能力水平参差不齐 ············47

3.3.4 数字化背景下的素质能力不足 ············50

3.3.5 "双师型"教师培训体系缺乏系统性 ············51

3.3.6 行业企业的参与度和支持度乏力 ············53

3.4 高职院校"双师型"教师培养存在的问题 ············54

3.4.1 师德师风视域高职院校"双师型"教师队伍建设存在的问题············54

3.4.2 工匠精神视阈下的高职院校"双师型"教师培养存在的问题············56

3.4.3 教师改革创新视域高职院校"双师型"教师队伍建设存在的问题······58

3.4.4 产教融合视域高职院校"双师型"教师队伍建设存在的问题············62

3.5 高职院校"双师型"教师队伍建设的影响因素 ············65

3.5.1 制度顶层设计的影响 ············65

3.5.2 教师职前培养的影响 ············66

3.5.3 教师职后培训的影响 ············67

3.5.4 教师个体的影响因素 ············68

3.6 "双师型"教师培养的国际经验和借鉴 ············69

3.6.1 国际经验 ············69

3.6.2 借鉴 ············73

第四章 新时期高职院校"双师型"教师队伍建设面临的新要求 ············75

4.1 高职院校"双师型"教师队伍建设面临的新形势 ············75

4.1.1 高职院校面临数字经济发展的新浪潮 ············75

4.1.2 高职院校面临人力资本需求的新变化 ············76

4.1.3 高职院校面临高质量发展的内在要求 ············82

4.1.4 高职院校教师队伍建设面临党建引领的新引擎 ············85

4.2 新时期高职院校"双师型"教师面临的新要求 ················87

4.2.1 师德师风新要求 ················87

4.2.2 教育教学新要求 ················90

4.2.3 社会服务新要求 ················94

4.2.4 数字素养的新要求 ················97

第五章 高职院校"双师型"教师"胜任力"模型构建及验证 ········104

5.1 高职"双师型"教师"胜任力"系统性分析 ················104

5.1.1 高职"双师型"教师"胜任力"形成的可行性 ········104

5.1.2 高职"双师型"教师"胜任力"形成的必要性 ········105

5.1.3 高职"双师型"教师"胜任力"形成的生态学分析 ····106

5.2 高职"双师型"教师"胜任力"概念模型构建 ················107

5.2.1 思想引导能力 ················107

5.2.2 教育教学能力 ················107

5.2.3 教学管理与社会服务能力 ················108

5.2.4 教师职业素养 ················108

5.3 高职"双师型"教师"胜任力"模型测度 ················108

5.3.1 "胜任力"要素提取 ················109

5.3.2 量表开发 ················109

5.4 高职"双师型"教师"胜任力"模型验证 ················110

5.4.1 调查对象及数据收集 ················110

5.4.2 研究数据分析 ················110

5.4.3 信度检验 ················112

5.4.4 效度检验 ················112

5.4.5 调查结果分析 ················112

5.5 高职"双师型"教师"胜任力"提升策略 ················113

5.5.1 提高"双师型"教师的专业素质 ················113

5.5.2 增强"双师型"教师的实践技能 ················116

第六章 新时期高职院校"双师型"教师队伍建设的路径 ········119

6.1 内核——党建引领高职院校"双师型"教师队伍建设 ········119

6.1.1 提升党建引领激发教师活力的新思维 ················120

6.1.2 明确新形势下党建引领高职院校"双师型"教师队伍建设思路 ····121

6.2 中核——能力提升的平台搭建和制度重构 ················124

    6.2.1 能力提升的平台搭建 ·············· 124

    6.2.2 制度重构 ·················· 127

  6.3 外核——"双师型"教师队伍建设动态系统路径 ········· 141

    6.3.1 多措并举狠抓教师思想政治能力提升长效机制路径 ··· 141

    6.3.2 构筑党建引领的高层次"双师"引进共享机制路径 ··· 146

    6.3.3 建构数字化背景下"双师型"教师素养能力深化的多元路径 ··· 147

    6.3.4 完善校企合作双赢的"双师"队伍建设路径 ······ 152

    6.3.5 构筑"双师"队伍建设的质量保障机制路径 ····· 158

第七章 高职院校"双师型"教师队伍建设的调研——以上海电子信息

    职业技术学院为例 ··················· 162

  7.1 "双师型"教师队伍建设的调研——企业视角 ········ 162

    7.1.1 调研背景及概况 ··············· 162

    7.1.2 调研结果 ·················· 164

    7.1.3 调研小结 ·················· 184

  7.2 "双师型"教师队伍建设的调研——教师视角 ········ 185

    7.2.1 调研概况 ·················· 185

    7.2.2 调研结果 ·················· 187

    7.2.3 调研小结 ·················· 192

  7.3 "双师型"教师队伍建设的调研——思想动态视角 ······ 193

    7.3.1 调研概况 ·················· 193

    7.3.2 调研结果 ·················· 193

    7.3.3 调研小结 ·················· 199

  7.4 调研总结 ···················· 200

附录Ⅰ："双师型"教师队伍建设的调研（企业视角）问卷 ······ 201

附录Ⅱ："双师型"教师队伍建设的调研（教师视角）问卷 ······ 205

附录Ⅲ："双师型"教师队伍建设的调研（思想动态视角）问卷 ······ 208

参考文献 ························· 212

第一章 绪 论

1.1 研究背景

高职院校"双师"队伍建设议题由来已久，伴随着新时代对职业教育和教师队伍建设提出新的要求，职业院校发展面临新的挑战，在已有的建设基础上，"双师型"队伍建设的重要性日益凸显，需要进行新的规划及蓝图构建，创新构建高职院校"双师型"队伍建设的新机制、新路径。

近年来，随着中国特色社会主义进入新时代，党中央提出了新时代的教育发展要求，将教育作为基础、民生和优先发展的战略性行业。教育的发展面临着加快现代化、建设教育强国、实现人民满意等迫切任务。在此背景下，教师队伍被视为职业教育发展的核心力量，高职院校"双师型"教师队伍建设已经成为目前职业教育体系中亟待解决的关键问题。党的十九大报告指出"要坚持党对一切工作的领导"，教育是国之大计、党之大计，高职院校需全面落实新时代党建要求，将党建引领与院校中心工作深度融合，将教师队伍建设与新时代党建紧密结合，推动高职教育高质量发展。以习近平总书记为核心的党中央高度重视教育体系的师资队伍建设，习近平总书记提出"四有好老师""四个引路人"的期望和要求，这是对教师从师德、学识和作风等方面提出的标准。同时，教育部办公厅于2022年发布《关于做好职业教育"双师型"教师认定工作的通知》（教师厅〔2022〕2号）（以下简称"《通知》"），《通知》明确了"双师型"教师的认定范围、标准及监督评价，并强调了政治引领、教学创新和企业实践等方面的重要性。国家和上海地方政府对教师队伍建设给予了高度重视，陆续制定并实施了一系列重要政策，旨在推动"双师型"教师队伍的专业发展，为高职院校"双师型"教师队伍建设提供政策扶持和依据。

此外，在新时代技术变革的推动下，诸如信息网络、智能制造等领域快速变革，思想文化多样性发展，对职业教育带来新的挑战。新兴的数字经济产业和业态，如集成电路、人工智能、在线经济等，对学校人才培养提出新的要求，也对人力资源改革提出了紧迫需求。当前，以信息技术为代表的新一轮科技革命正处于重要的突破时期，比如上海以集成电路、人工智能为核心的新产业得到快速发展，在线经济等新业态也不断涌现，这些新兴产业和业态对相应技术技能人才的需求量更大、依赖度更高，因此，对教师的教学、科研和服务能力提出了更高的要求。为适应科技发展新革命、产业转型新趋势和人才需求新变化，高校人力资源建设必须主动作为，这包括主动调整学校职能部门、优化专业结构等变革举措，以更好地支持学校整体发展战略，并确保提供高素质劳动者和技术技能人才。学校应积极适应时代变革，不断更新教学内容和教育方法，培养适应新产业、新业态需求的人才，更好地顺应国家教育整体发展战略，确保高素质劳动者和技术技能人才的供给能力。

建设高素质"双师型"教师队伍是加快推进职业教育现代化的基本性和关键性工作。自改革开放以来，尤其是党的十八大以来，相关管理制度逐步健全和完善，教师待遇和职业地位稳步提高，教师素质和能力显著改善，这为职业教育改革提供了强有力的人才支撑和智力支持。然而，相较于新时代国家职业教育改革的新要求，高等职业教育仍面临诸多挑战，包含职业教育的地位和特性未能充分体现，职业教育整体体系有待完善、社会认可度不高、企业参与的原动力缺失、办学水平和人才培养的质量参差不齐等，尤其是"双师型"教师队伍建设的水平亟待加强。目前，仍有不少高职院校在"双师型"教师队伍建设中面临各种障碍和困境，去除"双师型"教师的数量缺乏，知识体系陈旧，素质能力不高，高学历人才和高职称教师的比例偏低等困难外，更为重要和突出的是"双师型"师资培养机制的不健全，具体而言，就是培养渠道不通畅、观念滞后、内容与实际脱节、培养形式较为单一。此外，缺乏高职院校"双师型"教师培养的成熟平台，"双师型"教师自身主动发展及不断探索专业深化的大环境尚未形成，相关制度配套建设不够健全，这些都严重限制了高职教育的长远发展。因此，提升教师队伍中"双师素质"和"双师能力"已成为制约职业教育改革和高质量发展的瓶颈。加强高职院校"双师"队伍的培养机制、准入机制和激励机制等的研究，是高职教育体系健康发展的重要支撑和保障。目前亟待加强"双师型"教师队伍的培养，提高教师自身职业素质和教学能力，以适应新时代职业教育的新要求，同时建立健全高职教育的"双师型"教师培养体系，深化职前培训与职后培养体系的融合，创新发展人才培养模式，提高教学质量和教学水平，为实现职业教育现代化提供坚实的人才和智力支撑。

新时代党建引领的"双师型"师资队伍建设需要突出教育的政治属性，增强教师思想政治素质，确保教育发展和教师培养的正确方向，同时，以党建引领创新为突破，有效实现"双师型"师资队伍建设的顶层设计、制度重塑和管理结构重构，促进党建与业务深度融合，探索创新路径，加强高质量的"双师型"师资队伍建设。高职院校"双师型"教师队伍建设一直以来都是高职教育发展的重中之重，对职业教育高质量发展至关重要，然而，在高等教育高质量发展、技术革新和产业转型升级的影响下，素质和能力并存的教师短缺已经成为高职院校发展的短板，有专家学者进行了大量的调研和分析研究，但是，作为从事多年高职教育的工作者深切感受到现有研究并不能满足高职院校教师队伍建设的迫切需求，在实际工作开展中也遇到了许多问题和制约因素，因此，研究团队在此基础之上，秉持积极思考和不断改进的原则，探索了新的机制和措施，结合现实工作和案例，在理论与实践相结合的前提下不断推进相关研究工作。

1.2 国内外研究现状

高职院校"双师型"教师队伍建设是当前国内职业教育改革的热点和难点问题之一。如何推进高职院校"双师型"教师队伍的整体建设，提升师资队伍的总体素质，针对学生需求提供高质量的职业教育，是目前亟待解决的问题。为此，众多国内外的研究学者已经对这一议题展开了广泛深入的研究。本节旨在对高职院校"双师型"教师队伍建设国内外研究的现状进行全面梳理和剖析，以期为后续内容提供依据、参考和借鉴。

1.2.1 国外研究现状

相对于我国的发展，国外职业教育起步比较早，虽然国外没有"双师型"教师的概念，但是有更为丰富的学术理论和实践经验以及比较健全的制度保障。

1. 国外的教师准入制度

尽管发达国家各自建立了不同层次、不同类型的教师资格准入制度，但有一个共同特点，就是基本上都配有严格的培训与考试制度，有利于确保教师在专业知识、教学技能和教育背景方面达到一定的标准，提高教师的专业素质和教学品质，从而更好地为学生提供优质的教育服务。

翟志华（2020年）研究了发达国家职业教育教师的相关标准，澳大利亚注重"双因素"的标准，即职业要素和专业要素。职业要素包括"教师学历、能力、成就的领导能力"。专业要素包括理论知识、专业实践、专业价值观等。规定专业素养准入标准：一是专业理论知识与专业实践实验，二是本科以上该专业学历者及至少一年的教育专业培训，并具有三年以上专业实践实验，三是实践课教师必须有五年以上专业实践经历，并有实践成果，以及参加了合格的教育专业培训[①]。

徐芳，陶宇（2021年）研究了欧美职教"双师型"教师培养的成效、经验及启示，研究发现欧美发达国家在职教"双师型"师资培养上取得了显著的成效，美国构建了贯穿"双师型"教师职业生涯的成长体系，德国建立了校企结合的"双师型"教师培养渠道，英国形成了"三段融合""三方参与"的教师培养模式，澳大利亚建立了严格

① 翟志华.从发达国家职业教育教师标准看我国的"双师"建设——以德国、美国、英国和澳大利亚为例[J].武汉工程职业技术学院学报,2020,32(4):78-82.

的职教教师准入条件与资格标准培训包。欧美各国为了提升职教教师的质量，都制定了较为完善的专业标准和资格准入制度，严格把控教师入口。而且为了进一步适应社会各界对"双师型"教师的需求，欧美各国正在逐步修订现有的专业标准和资格标准。德国的职教教师需要通过相应的考核和培训，在专业理论知识和实践技能都符合国家标准的前提下，才可以应聘职业院校的教师岗位。在澳大利亚，澳大利亚教育委员会对职教教师准入条件做出了明确规定：必须获得相应等级资历框架认证的专业资格证书，并具备副学位以上的学历水平；获得四级职业教育教师资格证书；具备3到5年的行业企业工作经验。以上三个条件，缺一不可①。

2. 国外职业院校教师的培训模式

德国双元制职业教育模式得到了普遍认可，所谓的双元制教育模式是指学生在校学习理论知识和在企业进行实践技能培训双轨并行和驱动。在德国，参加双轨制教育的公司和企业大多具有一定的规模和实力，职业资格证书的含金量很高。德国双元制职业教育模式受到广泛关注，其关键在于规模型企业主动和具有一定深度地参与，德国政府相关法律制度完善，商会监督企业和学校的教育成果，其目的非常明确，即培养技术型人才，保持和提高该国的竞争力。

玛格雷特·比洛-施拉姆（2014年）认为德国高等教育内部评估与外部认证相结合的制度体系为高校教师的教学法培训和进修提供了质量保证。作者介绍了汉堡大学高等教育和继续教育的硕士项目，在高校教学法领域，该项目是一个混合型的、职业导向的继续教育项目，其目标群体是德国高校教师。这一能力导向的课程计划要求教师获得四个领域的教学能力，包括教学项目的设计、学生小组的指导与学生咨询、条理化地组织教学活动以及利用数字媒体构建教学场景②。

日本职业学院的教师被称为"职业训练指导员"，要求除了具有某个技术领域的专业素质外，还需要具备将企业用人能力需求转化为教学课程的能力。日本的职业训练指导员既具有教师资格证书，还要有在企业一线工作的经验，需持教师资格证在企业实习后方能转到教师岗位。日本政府专门设立了"职业能力开发综合大学"，对职业训练指导员进行常规和职业技能培训。日本的大学开设了基础学科、社会学、人文科学、自然科学等教学科目以及教育心理学、教学法、业务实习和职业指导等内容的训练课程。职业能力开发大学的学制比较灵活，有6个月的短训班，也有4年制的本科班。短训班主要招收具有三年以上工作经验，且入学必须通过国家技能考试或具有司等技能水平的学

---

① 徐芳,陶宇.欧美职教"双师型"教师培养的成效、经验及启示[J].教育与职业,2021(09):68-75.
② 玛格雷特·比洛-施拉姆.德国大学教师发展:培训与继续教育[J].北京大学教育评论,2014,12(02):2-12.

员；本科班则招收高中毕业生，培养专业的职业训练指导员[①]。

3. 国外"双师"教师的激励机制和保障制度

在德国，"双师"教师是一个社会地位和工资收入较高而且相对稳定的职业。公立学校的理论课教师和实践课教师绝大多数是公务员，他们的法律地位是由各州的公务员法决定的。公务员的工资分为16级，理论课教师是高级公务员，起点工资为13级；实践课教师为中级公务员，起点工资为9级。他们与教育官员享有同等的社会地位，终身不被解雇并享有免交劳动保险费的权利。实训教师为小手工业企业主、高级雇员、高级职员、工业师傅和级别较高的技术工人，因此他们的社会地位也较高[②]。

日本职业学校"双师"教师的考核晋升与工资待遇的提高直接挂钩，国家对职业课教师给予较优厚的待遇，其工资比担任其他课的同级教师高10%，比公职人员高16%，而且原则上工资一年提升一级。政府还特别制定了《人才保障法》，以保障教师的社会地位[③]。

此外，从制度层面来看，德国"双元制"的职业教育能取得成功，从一定程度上说有赖于其健全的法规政策体系，除了《职业教育法》的基本法外，联邦及各州政府颁布实施《教师培养教育法》《培训员资格条例》《实训教师资格条例》《职业学校教师培养框架协议》等职业教育教师培养培训法规。这些法律规范对教师的培养与培训有明确具体的要求，也为德国职业教育的师资队伍建设提供了健全的制度保障[④]。

国外理论研究中虽然没有"双师型"教师的概念，但是对教师进行"双师"培养，要求教师素养实践操作能力兼备，结合各国国情和发展需要，制定了严格健全的法律保障制度和科学、合理、可操作性强的职教师资培养体系，值得我们学习和借鉴。

1.2.2 国内研究现状

"双师型"教师概念的缘起源于对职业教育的改革和发展，是在历史积淀中对专业教师素质素养的本质要求。在数字技术和互联网技术持续迅猛发展以及产融结合日益深化的背景下，"双师型"教师的出现可被视为历史发展的必然结果。

职业教育作为一种以培养实际工作能力和适应产业需求为目标的教育形式，对教师的专业素养和实践经验提出了更高的要求。传统的职业教育模式注重教师将专业知识传

---

① 李建茹,斯庆高娃,勾芒芒. 从国外职业教育"双师型"特点探析我国"双师型"教师队伍建设之路[J]. 大学,2021（30）:139-141.

② 牛晓燕. 德国职教师资培养体系及其特点[J]. 中国职业技术教育,2007(3):33-35.

③ 杨金玲,张志. 国内外"双师型"教师培养机制与模式研究[J]. 山西财经大学学报(高等教育版). 2008,11(1):104-106.

④ 孙中涛. 德国职业教育师资队伍建设的特点及启示[J]. 宁波职业技术学院学报. 2015,19(5):11-13.

授给学生，然后由学生通过实践来获得实际的工作技能。然而，随着不断变革的产业需求和技术进步，传统教学模式面临着一定挑战，无法适应快速变化和高度复杂的现实工作环境。产融结合是现代职业教育的重要方向，强调将教育与产业紧密结合起来，以增强学生的实践技能和就业竞争力。因此，"双师型"教师应运而生。从狭义上讲，是指既具备教师资格证又具备职业技能证的职业学校专业课教师。从广义上讲，是指从业人员必须同时具备职业学校教师的专业标准和所从事专业领域内丰富的生产实践经验和技术技能。

此外，数字技术的兴起和互联网技术的发展深刻影响了教育领域的方方面面，也为"双师型"教师的提出提供了新的机遇。数字技术的广泛应用为教学提供了更丰富多样的资源和工具。通过互联网和在线学习平台，教师可以获取最新的行业信息、教学资源和案例，使教学内容更加实时和贴近现实工作环境。同时，数字技术和互联网技术也为教师和学生提供了更多互动和合作的机会。教师可以利用在线协作工具和虚拟实践环境，与学生进行实践项目和案例研究，培养学生的问题解决能力和团队合作精神。

基于以上原因，"双师型"教师的出现是顺应职业教育改革方向。这一教师模式要求教师既有教学素养，又具备实践经验和技能，能够将理论知识与实际操作相结合，培养学生的创新能力和职业素养。通过合作与互动，教师与产业紧密结合，为学生提供与职业市场需求匹配的实践教学，使其具备更好的就业竞争力和适应性。这一模式为职业教育提供了新的路径，激发了创新的动力。

1. "双师型"教师的认定标准

（1）学术界的界定

上海冶金专科学校教师王义澄先生首次提出"双师型"教师概念，1990年12月5日，《中国教育报》刊载了王义澄《建设"双师型"专科教师队伍》的文章，文章中介绍了该校"双师型"教师队伍建设的具体做法。这是"双师型"教师研究的最早文献[①]。随后，他进一步明确提出"双师"就是"教师+工程师"的基本论断。

2000年以来，"双师型"教师的内涵不断深化，有"双身份""双素质""双证书""双职称"等多种表述形式。这一阶段逐步明确了"双师型"教师队伍的双证双能融合内涵，即是指教师应该具备理论知识和实践能力，同时也具备行业证书和教师资格证书，能够在教育教学中将理论知识与实际工作相结合，帮助学生更好地掌握就业技能和专业知识。2008年4月，教育部印发《高职院校人才培养工作水平评估方案》（教高〔2008〕5号），该方案对"双师"素质教师的内涵做了明确规定。陈开梅（2009年）认为"双师型"教师是在高等职业教育中有较高的教育教学水平、较强的科研能力和实践

---

① 王义澄. 建设"双师型"专科教师队伍[N]. 中国教育报，1990-12-5(3).

工作能力，拥有高等学校讲师及以上职称，并取得相应的行业中级以上专业职称或行业特许的职业资格，经常性地参与专业实践活动并取得良好业绩的专业教师。从内涵上讲，"双师型"教师应具备教师的基本知识结构和能力结构；同时，"双师型"教师又是教师中的特殊部分，必须有特殊的知识与能力结构：一要类似文化课教师那样，具有较高的文化和专业理论水平，有较强的教学、教研及教学能力和素质；二要类似工程技术人员那样，有广博的专业基础知识，熟练的专业实践技能，一定的组织生产经营和科技推广能力，以及指导学生创业的能力和素质[1]。

蔡芬（2018年）对"双师型"教师进行了进一步的界定：不能简单地认为是具备"双证"或"双资格"，这里的"双"应包含以下三个方面的内容，"双"教学地点（企业和学校），"双"教学内容（工作和学习），"双"教学领域（职业和教育）。"双师型"教师是指兼具教师和工程师资格，具备高超的教学能力和实践指导技能，有与专业相关的在企业工作或丰富培训经验，具备"双师"素质的类教师[2]。

谢舒嫔（2020年）认为"双师型"教师不能简单地理解为取得基本的教师资格证书，而忽视教师实际教学能力和具体实践能力的开发与培养。"双师型"教师的工作性质与普通教师有很大的不同，"双师型"教师的工作内容既包括理论知识的传授，也涵盖了实践技能的指导与培训，因此，与普通教师相比，"双师型"教师需要具备丰富的理论基础知识与扎实的专业实践技能，在教育教学能力上较为突出[3]。

迄今为止，国内学术界对"双师型"教师的内涵仍未达成一致。综合目前关于"双师型"教师的定义，主要基于如下几种类型：教师所承担课程的类型（理论教师、实训教师）、教师所具备的职称（教师职称、其他系列专业技术职称）、教师所具备的知识储备（专业理论知识、专业实践知识）、教师所具有的素质能力（教学能力、科研能力、实践能力、行业职业能力）。由此，"双师型"教师所代表的内涵也呈现多样化，如"双证书"说、"双职称"说、"双能力"说、"双素质"说、"双来源"说等。

表1-1 "双师型"教师内涵

观点	界定
"双证书"说	拥有教师资格证书和职业技能等级证书
"双职称"说	具有讲师或以上职称，又具有高级工程师等与专业相关的职称
"双能力"说	具备本行业专业知识的教学能力及专业实操技能
"叠加"说	"双证+双能"：即教师既持有教师资格证和职业技能证书，又具备教师的教学能力和技师的实践操作能力

---

① 陈开梅.高职"双师型"教师培养刍论[J].九江职业技术学院学报,2009(3):60-61.

② 蔡芬.普通本科院校转型背景下"双师型"教师队伍建设研究[D].兰州:兰州大学,2018:15-17.

③ 谢舒嫔.校企合作背景下中职"双师型"教师评价问题与对策研究[D].长沙:湖南农业大学,2020:3-4.

观点	界定
"双层次"说	能力层次和素质层次：能力是指教师应具备教学的能力，教授学生专业知识和实践指导；素质是指教师具备综合素质能力，能全方位对学生进行价值观引导和职业指导
"双元"说	一元是教师个体层面的"双师型"教师，另一元是指整个师资队伍由校本师资和校外聘请的兼职教师构成
"双来源"说	教师队伍来源于高校理论基础扎实和教学经验丰富的理论型教师，也包括来自企业工作经验丰富的实践型教师

综上所述，"双师型"教师的内涵丰富多样，并且在时代和政策的推动下不断演变。然而，无论采取哪种解释，关键在于强调实践性和实操性的思维。这意味着"双师型"教师需要具备实际操作和实践经验，并能将理论知识有效地应用于实践中，以培养学生的实际技能和应用能力。

（2）政策法规的界定

1995年，原国家教育委员会印发《关于开展建设示范性职业大学工作的通知》（教职〔1995〕15号），明确建设"专兼结合、结构合理、素质较高"的师资队伍，专业课教师和实习指导教师具有一定的专业实践能力，其中有三分之一以上的"双师型"教师"。

1999年，中共中央、国务院出台《关于深化教育改革全面推进素质教育的决定》，明确加快建设"兼有教师资格和其他专业技术职务"的"双师型"教师队伍。2000年1月，教育部在《关于加强高职高专教育人才培养工作的意见》中明确："双师型"（既是教师，又是工程师、会计师等）教师队伍建设是提高高职高专教育教学质量的关键。有计划地组织教师参加工程设计和社会实践，鼓励从事工程和职业教育的教师取得相应的职业证书或技术等级证书，培养具有"双师资格"的新型教师。

2003年2月，教育部《高职高专院校人才培养工作水平评估方案（试行）》，明确了"双师素质"教师的认定标准———既具有讲师及以上教师专业技术职称，又具备下列条件之一的专任教师：①有本专业实际工作的中级及以上专业技术职称（含行业特许的资格证书及具有专业资格或专业技能考评员资格者）；②近五年中有两年以上（可积累计算）在企业第一线从事本专业实际工作经历；③参加教育部组织的教师专业技能培训并获得合格证书，能全面指导学生开展专业实践实训活动；④近五年主持（或主要参与）两项应用技术研究，成果已被企业使用，效益良好；⑤近五年主持（或主要参与）两项校内实践教学设施建设或提升技术水平的设计安装工作，使用效果好，在省内同类院校中居于先进水平。

2019年8月，教育部等四部委联合印发了《深化新时代职业教育"双师型"教师队伍建设改革实施方案》（教师〔2019〕6号），明确"双师型"教师是指"同时具备理论教学和实践教学能力"的教师，这个界定深化了原有"双师型"教师认定的维度，由专业技术或职业资格维度变为"能力"维度。

截至目前，"双师型"教师已成为我国职业教育教师培养的基本要求，并在国家政策层面得到了高度重视和支持。随着时代的变迁和社会职业结构的调整，职业教育的内涵也逐渐向深度和广度方向拓展，与此同时，"双师型"教师的外延和研究范围也随之拓展到应用型本科高校领域，其内涵也更加丰富。当前，"双师型"教师不仅需要掌握技术和职业领域的专业知识，还需要具备联通职业教育和普通教育的视野和思维能力，能够促进学生全面发展和成长。

2. "双师型"教师的队伍培养

2005年《国务院关于大力发展职业教育的决定》等政策文件进一步对加强"双师型"教师队伍建设、拓宽"双师型"教师队伍来源渠道等提出要求，并提出要逐步建立"双师型"教师资格认证体系[①]。至此，职业教育"双师型"教师队伍建设的目标逐步明朗，相关扶持政策日趋丰富和完善。

齐昌洋、张静（2018年）阐述了高职院校"双师型"教师队伍建设过程中融入工匠精神的意义，从"双师型"教师培养方式与管理考核方法等方面对"双师型"教师队伍建设进行了探索分析[②]。薛茂云（2017年）认为"工匠精神"促进高职教师专业成长，用"工匠精神"培养专业能力强的学生，"工匠精神"能提升产教融合的内涵发展质量[③]。赵旋娜、柳国伟（2017年）认为培育教师的"工匠精神"已成为现代职业教育创新发展、提质增效实现供给侧改革的关键，对高职院校师资队伍建设提出了更高的要求，依据"制度""模式""方法"和"价值观"四个维度提出对策依据[④]。

于喆（2018年）分析了德国可持续发展教育背景下教师专业行动能力的理论内涵和建立教师专业行动能力模型，并以此为立基点确定高校培养教师专业行动能力的途径，包括确定以行动能力为导向的培养目标，确立教师教育学校实践中心的新任务，推广教师专业行动能力实践项目，开发教师专业行动能力课程。研究发现关键能力与教师专业行动能力的培养密切相关，《教师教育标准》中的"能力指标"与教师专业行动能

① 郭静."双师型"教师政策分析：文本、执行与展望[J].职教论坛,2018(2):64-69.

② 齐昌洋,张静.工匠精神引领下高职院校双师型教师队伍建设研究[J].课程教育研究,2018(30):189.

③ 薛茂云.用"工匠精神"引领高职教师创新发展[J].中国高等教育,2017(8):55-57.

④ 赵旋娜,柳国伟.工匠精神在高职师资队伍建设中的回归与培育[J].职教论坛,2017(26):15-18.

力培养紧密契合。职前教师教育一体化推动以教师专业行动能力培养为导向的实践[①]。

2018年1月，中共中央、国务院发布《关于全面深化新时代教师队伍建设改革的意见》。该意见进一步明确了"百年大计，教育为本；教育大计，教师为本"的基本方针，提出全面提高职业院校教师质量，建设一支高素质"双师型"的教师队伍。继续实施职业院校教师素质提高计划，引领带动各地建立一支技艺精湛、专兼结合的"双师型"教师队伍。加强职业技术师范院校建设，支持高水平学校和大中型企业共建"双师型"教师培养培训基地，建立高等学校、行业企业联合培养"双师型"教师的机制。切实推进职业院校教师定期到企业实践，不断提升实践教学能力。建立企业经营管理者、技术能手与职业院校管理者、骨干教师相互兼职制度。

刘永林（2018年）提出"双师型"教师队伍建设须双管齐下，"双师型"教师，就是教师不但要有教师资格，还要有职业资格，横跨职业院校和行业企业，同时是学校的老师和企业的员工，以更好地促进产学研相融。产教融合背景下，校企双制、工学一体，从校企育人"双重主体"到学生学徒"双重身份"，关键在于"双师型"教师。"双师型"教师必须在追求营利性的企业和要求公益性的学校中"兼职"或"旋转"，加之行业企业与教师、学校与教师、行业企业员工（教师）与学生（学徒）等错综复杂的权责利关系，还要法律化、体系化的"双师型"教师队伍制度体系跟上。

秦琳（2019年）研究了在德国应用科学大学发生战略转变中如何提升师生国际素养和跨文化能力，认为在全球和区域经济一体化进程中，德国应用科学大学密切结合经济产业发展需求，对应用型人才的能力结构进行拓展，将国际素养纳入人才培养的目标。同时，也与国家宏观经济政策和对外政策紧密结合，从全球经济、技术和人才竞争的高度积极吸引国际学生，拓展和深化国际合作。这对于保持德国的产业和人才优势，促进社会发展，提升国家竞争力都具有积极意义，也为我国制定高等教育国际化的相关政策提供了参考借鉴[②]。

曹晔（2023年）提出推动职业教育产教融合与高质量"双师型"职教师资队伍建设。新《职业教育法》以法律的形式明确了产教融合制度，而且"校企合作"以一个共同体参与职业教育治理，而不是校、企双主体。提出了建设市域产教联合体和行业产教融合共同体的制度设计，将职业教育与行业进步、产业转型、区域发展捆绑在一起，充分发挥各自优势，创新良性互动机制，破解人才培养供给侧与产业需求侧匹配度不高等问题。通过加快推进"双师型"教师认定工作、实施职业学校教师学历提升计划、积极

① 于喆. 可持续发展教育背景下德国高校教师专业行动能力的培养[J]. 教育研究,2018,39(1)：148-154.
② 秦琳. 德国应用科学大学发生战略转变[N]. 中国教育报,2019-12-13(8).

推进职教师资本硕一体化培养、加强"双师型"教师培养培训体系建设、加强兼职教师队伍建设等方面，实现"双师型"教师队伍高质量发展[①]。

3."双师型"教师的培训与考核

2011年11月，教育部、财政部出台《关于实施职业院校教师素质提高计划的意见》（教职成〔2011〕14号），提出进一步突出教师队伍建设的基础性、先导性、战略性地位，系统设计、多措并举、创新机制、加大投入，以建设高素质专业化"双师型"教师队伍为目标，以提升教师专业素质、优化教师队伍结构、完善教师培养培训体系为主要内容，以深化校企合作、提高培训质量为着力点，大幅度提高职业院校教师队伍建设的水平，为职业教育科学发展提供强有力的人才保障。

彭明成（2014年）认为成人学习理论对高职教师培训具有指导作用，培训教师要根据教师专业发展为基础，采取问题主导下的培训方式，以保障培训的教师的自我发展[②]。

俞启定（2018年）认为"双师型"教师的企业实践应与学生实习有别，应具有广泛性、灵活性及多样化，应从以职后培训为主转向着力创建职前培养体制。改进教师资格和聘用制度，加强引进有实践技能的人才，可尝试建立教师"双元制"的用人机制，推进职教师资队伍整体化建设[③]。

刘雪梅等（2020年）认为通过师培制度的建立、常态化经费投入机制的建立、紧密对接产业的项目改革、服务体系的逐步建立、绩效考评的保障措施及扶持贫困教师的专项培训六大措施，有效提升职业院校教师队伍整体素质和建设水平。针对结构性供给机制不完善、产教融合不深入等问题，需进一步在师培制度体系、校企协同创新机制、监控考核、成果凝练宣传等方面不断创新，加快建成高素质专业化的"双师型"教师队伍[④]。

4."双师型"教师的考核与激励

曹桂华等（2011年）引入平衡记分卡理论，以学生维度、教师责任维度、教学维度以及学习和成长维度，围绕技师学院人才培养目标，构建技师学院"双师型"教师绩效考核指标体系。在"双师型"教师绩效管理实践中，加强理论学习，提高认识；确定学校战略目标，提升组织绩效；明确管理职责，提高绩效管理效果；完善激励机制，调动教师的工作积极性和主动性[⑤]。

① 曹晔,孟庆国. 推动职业教育产教融合与高质量"双师型"职教师资队伍建设[J]. 中国职业技术教育,2023(5):19-24
② 彭明成. 高职院校"双师型"教师有效培训研究——基于成人学习理论的视角[J]. 职业技术教育,2014,35(31):66-69.
③ 俞启定."双师型"教师的定位与培养问题辨析[J]. 教师教育研究,2018,30(4):30-36
④ 刘雪梅,李卫东,黄明宇. 广西职业教育"双师型"教师培训体系建设研究[J]. 职业技术教育,2020,41(12):64-68.
⑤ 曹桂华,曹国亮. 基于平衡记分卡的技师学院"双师型"教师绩效考核指标体系构建[J]. 职业技术教育,2011,32(35):79-82.

周春光等（2020）从师德师风、教学工作、专业能力、科研工作、社会认可、个人发展六个方面建立高职院校"双师型"教师绩效评价指标体系，运用灰色关联分析方法构建高职院校"双师型"教师绩效评价模型，并结合改进的AHP与CRITIC法确定各指标的综合权重。通过应用提出的评价方法对江苏旅游职业学院的八位"双师型"教师进行绩效评价，证明综合两种权重方法的评价模型得出的评价结果更加客观、准确[①]。

1.2.3　研究述评

纵观国内外关于"双师型"教师队伍建设的相关研究，尚存在以下问题和不足：

1. 目前由于时限原因导致现有研究未能充分满足新时代"双师型"教师建设的要求。在新的时代背景下，教师队伍建设已经发生了很大的变化，对教师的专业能力、师德修养、教学方法和理论等方面提出了更高要求。因此，需要进行更深入的研究，并制订更加完善的培养计划和方案，以不断提高"双师型"教师队伍的建设质量和水平。

2. "双师型"教师队伍的质量问题也是当前需要面对和解决的问题之一。为此，我们需要加强教师的党建引领和思想政治体系建设，促进教师的思想道德和职业素养的提高。同时，在内涵建设上加强教师业务技能培养，提高教师在教学方法、课程设计、课件制作等方面的实践能力。此外，我们也需要探索"双师"队伍建设的新机制和新路径，建立更加科学有效的教师评价和激励机制，激发教师在学术研究上的浓厚兴趣和创新精神，为推进教师队伍建设提供更加稳固的制度保障。

1.3　研究价值

1.3.1　理论价值

本书有助于针对"双师型"教师在理论研究方面重新思考认识，丰富内涵和拓展路径。尽管目前职业教育高质量发展与"双师型"师资队伍建设从国家和地方层面得到重视和保障，以此为主题的文献也非常多，以"双师型"教师为主题在知网进行文献搜索，发表文献的总篇数有九千多，这两年尤其成为研究热点，已进入深入研究的阶段。然而，以上研究一方面远远不能满足对职业院校高质量发展的迫切需要；另外伴随着新时代职业教育的新发展，对职业教育和人才培养提出新要求，顺应国家战略的要求，符合城市发展和人才培养，对接高职教育自身发展的内在需要，政策引导与理论研究正进

---

① 周春光,党耀国,叶莉,张旭,王俊杰. 基于改进灰色关联分析模型的高职院校"双师型"教师绩效评价——以江苏旅游职业学院为例[J]. 职业技术教育,2020.41(03):18-24.

入新阶段，理论研究有待重新思考认识。另一方面，"双师型"教师队伍建设不是静态的、一成不变的，而是动态的，随着时间的推移，主客体的时空变化呈现与时俱进的形态。通过本书的研究，其一是推动职业教育教师队伍高质量发展进程。职业教育高质量发展需要摆脱原始路径依赖，实现由外部推动向内驱发展格局转变，而"双师型"教师队伍建设制度和路径将为职业院校发展提供科学发展方向。其二是推进职业教育治理体系和治理能力现代化。建立健全制"双师型"教师队伍建设，是实现高职教育科学定位、特色发展、产教融合、促进转化等一系列任务目标，提升职业教育高质量发展的关键和重中之重。另外，职业教育发展面临着复杂多变的内外部环境，有必要构建既符合时代发展趋势又符合我国国情，既体现教育发展普遍规律又体现职业教育特色类型的科学和系统相统一的"双师型"教师队伍建设新方案，精准回答"为什么党建引领""新要求是什么""怎么建"的问题，较为全面和具体地提出路径，有助于丰富相关人才理论，弥补高职院校"双师型"师资队伍建设方面理论基础的不足，为同类研究提供参考，促进职业院校办学质量的提升。

1.3.2　现实价值

本书分析新时代高质量发展形势之"新"、高职院校"双师型"师资队伍建设需求之"切"，结合现实问题和新的迫切需求，分析现状之"短"，然后在分析新形势新需求的基础上针对问题，构建了解决之"策"。结合最新需求和问题分析基础上的对策分析，从党建引领的顶层设计、机制创新的制度重构、能力提升的平台搭建、内涵丰富的多措并举方面，系统思考和设计，综合多种研究方法，辅以具体院校案例实证，探索了高职院校"双师型"师资队伍建设的创新路径。

一方面，为高职院校实践提供参考和借鉴：研究响应国家、上海市对于师资队伍建设的新要求，围绕如何落实这一共同关注点，面对现实、立足实践总结反思，解决当前高职院校师资队伍建设的新问题，可以为其他高职院校的研究实践提供参考，具有一定的应用和推广价值，促进职业院校人才培养质量提升和质量引领的内涵发展。"双师"队伍建设需要政府、社会、企业和学校多方协作和相应的制度环境。创建"双师"培养校企合作平台，探索和解决"双师"培养过程中的一些重点、难点问题。

另一方面，本书将探索符合高职院校师资职业教育教学能力和实践能力需求的人才吸引、培养及评价体系，"双师"激励机制的同时，优化产教融合、校企合作，持续提升"双师"的技术和社会服务能力与教学能力长效机制，在构建政府主导、校企合作产业学院建设等培养"双师"机制方面，为相关政府部门提供积极有益的政策建议和决策参考。

1.4 研究内容与研究目标

1.4.1 研究内容

本书按照提出问题—分析问题—解决问题的思路分析形势之"新"的新背景下的新需求之"切",在此基础上回顾"双师"教师队伍的历史脉络和现状之"短",最后结合案例之"实"提出解决之"策"。

第一章:本书的研究基于最新的时代背景和文件精神,系统梳理国内外研究现状,基于高职院校"双师型"教师内涵、认定标准及队伍建设等方面挖掘现有的研究成果。

第二章:基于前述研究现状的前提下,对高职"双师型"教师的内涵进行界定,并从工作分析、人职匹配、"胜任力"、激励及教师专业化等五个层面挖掘其理论基础。

第三章:在梳理分析高职院校"双师型"教师队伍建设历史脉络、"双师"特点及"双师"培养现状的基础上,归纳分析现状之"短",并从师德师风、工匠精神、教师改革创新及产教融合四个视域挖掘"双师型"教师培养存在的具体问题。

第四章:查阅文献分析了新时代高质量发展形势之"新",通过问卷调研和访谈结合文献深入分析高职院校"双师型"师资队伍建设需求之"切",着重分析新时代对高职院校"双师型"队伍建设面临的挑战及四个方面的新要求。

第五章:探讨高职院校"双师型"教师"胜任力"模型的构建和验证,分别从"胜任力"系统性分析、"胜任力"影响因素、模型构建、模型测度和验证等几个方面具体展开,通过实证研究、问卷调查、专家访谈等方式,收集和分析相关数据,验证所构建的模型的可行性和有效性,为高职院校教师队伍的建设和发展提供科学依据和指导。

第六章:在前述"双师型"教师发展特点、面临挑战和新形势新需求的基础上构建了解决之"策",具体为以党建引领的顶层设计为内核,以能力提升的平台搭建和制度重构为中核,以思政提升、共享机制、能力深化、合作双赢及质量保障机制为外核的动态系统路径。

第七章:以上海电子信息职业技术学院为例探索该校高职院校"双师型"教师队伍建设的路径,分别从企业视角、教师视角和思想动态视角三个层面进行"双师型"教师队伍建设的调研,深入探讨和分析该校在"双师型"教师队伍建设中存在的问题和未来努力的方向。

1.4.2 研究目标

1. 研究的总体目标

本书研究的目的是全面贯彻党的教育方针,坚持立德树人根本任务,坚持把教师队伍建设作为基础性工作，基于最新的时代背景、文件精神和高职院校现状，系统梳理相关制度、理论，分析高职院校"双师型"教师队伍建设的内涵，归纳形势之"新"背景下的需求之"切"、现状之"短"、解决之"策"和案例之"实"，最终构建党建引领、制度优化、平台搭建、机制保障"四位一体"的"双师型"教师队伍建设体系，建立一支道德高尚、业务精湛、数量充足、结构合理、富于创意、充满活力的"双师型"教师队伍，以提高人才培养质量，增强科研创新能力，并为上海乃至整个长三角地区的发展提供坚实的师资保障。在夯实相关理论的基础上探索适合院校发展的创新路径，为同类高职院校提供理论依据和现实参考。

2. 研究的具体目标

（1）形成党建引领高职院校"双师"队伍建设的新理论。坚持以习近平新时代中国特色社会主义思想为指导，全面贯彻落实习近平总书记关于教育工作的重要论述，阐述党建引领高职院校"双师"队伍是什么，为什么，怎么办。

（2）基于最新的时代背景、文件精神和高职院校现状，系统梳理相关制度、理论，查阅文献，充分地开展调研，通过重新进行系统设计、梳理构建制度、搭建平台、创新路径，在夯实相关理论的基础上探索适合院校发展的创新路径，为高职院校"双师型"教师队伍建设的具体实施提供参考。

（3）变革思维，通过制度设计、平台搭建、创新路径激发教师活力，打破"双师"教师队伍建设的瓶颈环节，提升教师立德树人和产教研、社会服务工作的素养和能力，适应最新的需求，提高人才培养质量，更好地服务产业和区域发展。

第二章　概念界定及理论基础

在当前经济社会及技术快速发展的背景下，高职教育作为培养应用型人才的重要途径与平台，受到越来越多的关注。为了适应经济转型和产业升级的需求，培养具备实际应用能力的人才，与之相匹配的"双师型"教师的培养是关键环节。"双师型"教师既具备专业知识和技能，又有丰富的实践经验，能够为学生提供实际应用中的指导和支持，帮助培养更符合现代社会需求的高素质人才。因此，引入"双师型"教师成为高职院校改革与创新的重要方向。

本章将围绕前述相关研究基础，界定本书所设定的高职院校"双师型"教师的内涵，深入探索本书相关理论基础，旨在为建设高质量的新时代高职院校"双师型"教师队伍提供充分的理论支持和依据。

2.1　概念界定

基于国内外研究现状，我们发现关于"双师型"教师内涵的界定是一个动态且发展的过程。过去，对于"双师型"教师的定义主要停留在具备特定证书、职称或教学经验等显性标志上。这种界定方式往往忽略了教师本身内在素质和能力的特征，无法全面反映"双师型"教师的真正本质。然而，随着教育的变革和发展，对于"双师型"教师内涵的理解逐渐深化。如今，更多地重视教师的内在素质和能力，包括优秀的教学技能、跨学科的综合知识、创新能力、教育思辨能力以及对学生内在发展的关注等。此外，他们也需要具备与职业需求相匹配的行业知识和技能，能够与产业界保持密切的联系和合作。

因此，"双师型"教师的内涵界定应该更加注重教师个体的特质和潜能。"双师型"教师需要具备全面发展的综合素质，包括专业知识、教育技能、创新思维能力、人际交往和领导能力等，并能够灵活应对教育变革和需求变化，不断学习和进步，以提供更优质的教育服务和引导学生实现个人发展。

本书在借鉴相关研究和政策导向的基础上，结合自身的研究目标和对象，将高职"双师型"教师的内涵设定为：首先，具备在高职院校从事教育资格的条件，获得国家认可的教师资格；其次，具备教育教学能力；再次，一方面具备专业理论知识，能讲授专业理论，另一方面拥有精湛的实践操作能力，在与专业相关的企业工作或者具有丰富的经验，能随着时代变化动态地开展理论和实践教学并承担科研任务的复合型教育工作者。与以往提出的"双师型"教师相比，本书设定的内涵更加突出从动态与发展的视角关注和聚焦教师教学及实践能力。

2.2 理论基础

2.2.1 工作分析理论

工作分析理论是指通过系统地收集、分析和解释关于工作的信息，并将其转化为有关工作内容、要求和特征的知识体系。它旨在深入理解工作的本质、要求和特征，从而更好地管理和组织工作，招募和选拔员工，评估绩效，确定培训需求以及进行职业规划等。

该理论内涵主要包括以下几个方面：①工作内容分析。工作分析理论强调对工作任务和活动的分析，涉及的内容包括任务的性质、序列、时机、危险性以及所需的技能和知识等。对工作的内容进行分析，可以更好地理解工作的本质和特点，确定员工在工作中所需的技能和能力。②工作行为分析。工作分析理论关注员工在工作中的行为和活动，包括员工与他人的互动、决策和解决问题的能力、沟通能力以及适应环境变化的能力等。通过分析工作行为，可以更好地了解员工在工作中所需的行为特征，为人力资源管理的决策提供依据。③工作环境分析。工作分析理论关注工作环境对员工行为和绩效的影响，工作环境包括组织的文化、团队氛围、工作条件、经济因素和社会因素等。通过对工作环境的分析，可以更好地了解员工在不同环境下的工作表现，有针对性地进行人力资源管理。④工作要求分析。工作分析理论关注工作对员工能力和素质的要求，包括知识、技能、经验、教育背景、情绪状态等方面的要求。通过对工作要求的分析，可以更好地了解员工在工作中所需的能力和素质，为人力资源管理决策提供依据。

工作分析理论的发展是一个渐进而多元的过程。最早的贡献者包括弗雷德里克·泰勒和亨利·福特等早期工业心理学家，他们强调通过分析工作流程和工作要素，实现工作效率的最大化。这种以任务为中心的工作分析被称为单一任务分析。此外，行为科学和组织行为学领域对工作分析理论的发展也做出了重要贡献。通过引入行为观察和行为量表等工具，将工作分析与员工行为和绩效管理结合起来。现代工作分析理论逐渐转向更加综合和灵活的方法，聚焦于任务的分析逐渐向任务系统和综合能力的分析转变，将更多的关注点放在员工能力和行为的整合上。此外，随着技术和全球化等因素的影响，越来越多的新兴职业和工作方式不断涌现，对工作分析理论提出了新的挑战和需求。工作分析理论是一个经过不断发展和丰富的学科领域。它为人力资源管理和决策提供了深入的理论基础和实践准则，帮助组织更好地理解和管理工作，实现高效的人力资源配置和发展。

工作分析理论是高职院校"双师型"教师队伍建设重要的理论基础。对"双师型"教师岗位进行工作分析，可以深入了解教师的工作特征和绩效要求，为队伍建设提供指导。工作分析理论有助于确定"双师型"教师队伍所需的岗位特征和能力要求。首先，通过工作分析，可以明确教师在学科教学知识、教学方法、创新能力、工作态度等方面所需的能力和行为特征，形成具体的"胜任力"模型。其次，通过工作分析，可以准确描述"双师型"教师岗位的职责、工作内容和绩效标准，为招聘和选拔过程提供准确的岗位需求信息。此外，工作分析理论也为教师的培训和发展提供了方向。通过对教师岗位的工作分析，可以确定教师所需的专业能力、创新能力、沟通能力和团队合作能力等，从而有针对性地开展培训和发展计划，提升教师队伍的整体素质和绩效水平。

综上，工作分析理论在高职院校"双师型"教师队伍建设中发挥了重要作用。它帮助确定岗位特征和能力要求，指导职位描述和需求分析，为教师的培训和发展提供方向，促进教师队伍的成长和绩效的提升。

2.2.2　人职匹配理论

人职匹配理论起源于人力资源管理和组织行为学领域的研究和实践，并与招聘、选拔、岗位设计和员工发展等领域紧密相关。人职匹配理论的发展得益于人力资源管理的不断发展以及对工作分析、岗位需求和员工能力的深入研究，它旨在降低招聘风险、提高人员绩效和增强员工满意度。

人职匹配理论是指将组织的岗位需求与员工的能力、技能、经验和特点进行对应和匹配的过程和方法。它通过深入了解岗位需求和员工的能力，以及有效的选拔和配备流程，提升员工在工作中的适应性、绩效和幸福感。其内涵主要包括以下几个方面：①岗位需求分析：对岗位的需求进行分析，包括岗位职责、技能和特点的详细描述，了解岗位对员工在经验、知识、技能和行为等方面的要求；②员工能力评估：对员工的能力进行评估，包括对员工的技能、知识、经验和行为特点等进行评估，以确定其是否与岗位需求相匹配，以及是否具备在岗位上顺利表现和发展的潜力；③匹配评估和决策：根据岗位需求和员工能力的评估结果，进行匹配评估和决策。这可能包括通过对比和权衡来确定最佳匹配，例如将员工分配到最适合其能力和兴趣的岗位，或者为员工提供培训和发展机会以满足岗位需求；④持续改进和调整：人职匹配是一个动态过程，需要持续改进和调整。随着组织变革、岗位需要的变化和员工发展的要求，需要定期评估和调整人职匹配策略，以确保持续的匹配效果和员工发展。

高职院校"双师型"教师队伍建设是根据高职院校特点和教学模式，培养具备产学研融合能力和实践教学能力的教师队伍。在此过程中，人职匹配理论发挥着重要的作用，确保教师的能力与岗位需求相匹配，能够帮助确定教师的职业素养、学科专业能力和教学经验等与岗位要求的匹配程度。具体而言，高职院校的"双师型"教师应该具备产学研融合能力和实践教学能力，能够将学科知识与行业实践相结合，紧密关联产业需求，引导学生进行实践性学习，以培养学生的实践能力和创新能力。在人职匹配过程中，高职院校需要充分了解岗位的教学需求和教学理念，以确定教师的学科专业背景、教学经验和教学能力是否符合岗位要求。在招聘和选拔教师时，可以采用面试、教学演示、教学案例分析等方式评估教师的综合素质和教学能力。同时，高职院校还可以通过专业发展培训、教师交流和案例研究等方式提升教师的产学研融合能力和实践教学能力，以不断提高教师队伍的整体素质和教学水平。

随着高职教育的发展和变化，教师队伍建设需要不断适应新的需求和挑战。基于持续的人职匹配评估，高职院校可以定期调整教师的工作分配和培训计划，以确保教师队伍的稳定性和发展。

2.2.3 "胜任力"理论

"胜任力"的概念最早由哈佛大学教授戴维·麦克利兰于1973年正式提出，是指能将某一工作中有卓越成就者与普通者区分开来的个人的深层次特征，它可以是动机、特质、自我形象、态度或价值观、某领域知识、认知或行为技能等任何可以被可靠测量或计数的并且能显著区分优秀与一般绩效的个体特征。一般而言，"胜任力"指在特定工作环境中，员工为了胜任岗位所需要的技能、知识、特质、态度和行为。它是员工成功执行工作任务和有效履行职责所必需的核心素质和能力。"胜任力"既包括专业技能和知识，也包括沟通能力、问题解决能力、团队合作能力、创新能力等非技术性的能力。

"胜任力"理论起源于20世纪60年代的心理学领域，旨在解决人力资源管理中的"胜任力"与员工绩效之间的关系。"胜任力"理论受到了行为科学、组织行为学和人力资源管理等领域的影响，以满足组织对能力和行为的需求。"胜任力"理论是通过研究和定义员工在特定岗位上所需的能力和行为特征，以及这些能力和特征对组织绩效的影响，来指导组织的招聘、选拔、培训和绩效管理等人力资源管理活动。其内涵主要包括以下几个方面：①"胜任力"维度及要素：通过对岗位的分析和对绩效优秀员工的研究，将"胜任力"划分为不同的维度和能力要素。这些能力要素包括专业知识、技术能力、认知能力、人际关系能力、领导力、创新能力等。②"胜任力"评估和选拔："胜任力"理论强调通过"胜任力"评估来选拔和招聘具有适应该岗位要求的员工。"胜任力"评估通常包括基于行为面试、能力测试、工作样本等方法来评估员工的"胜任力"，并与岗位需求进行匹配。③"胜任力"培训和发展："胜任力"理论指导组织开展针对员工"胜任力"的培训和发展计划，以帮助员工提升在岗位上所需的相关知识和技能，提高工作表现。同时，注重非技术性的"胜任力"培养，如沟通能力、团队合作能力、创新能力等。④绩效管理："胜任力"理论将"胜任力"作为绩效管理的核心要素。通过设定明确的"胜任力"绩效目标和标准，进行"胜任力"评估和反馈，将"胜任力"与绩效考核和提升紧密结合，以提高员工在工作中的表现和个人发展。

"胜任力"理论在高职院校"双师型"教师队伍建设中具有重要意义。构建一支适应"双师型"教学模式的教师队伍，需要明确教师所需的"胜任力"要素，并进行"胜任力"评估、培训和发展。在"双师型"教师队伍建设中，通过"胜任力"评估，可明确教师在教学能力、学科专业知识、行业经验、团队合作等方面的能力要求，并与岗位需求进行匹配。根据"胜任力"评估结果，制订相应的培训计划，帮助教师提升专业能力、创新能力、沟通能力和团队合作能力等。同时，"胜任力"理论也为高职院校的绩效管理提供了指导。通过设定明确的"胜任力"绩效目标和标准，进行"胜任力"评估和反馈，将"胜任力"与教师的绩效考核和提升紧密结合，促进教师的专业发展和绩效提升。

2.2.4 激励理论

激励理论是指通过特定的方法与管理体系，将员工对组织及工作的承诺最大化的过程。可以理解为通过提供具有吸引力的回报机制，以满足员工的各类需求，从而激发员工的积极性、创造力和工作动力。它关注的是通过激励手段，调动员工的积极性和潜在能力，促使员工为组织的目标和利益做出更好的贡献。该理论是行为科学中用于处理需要、动机、目标和行为四者之间关系的核心理论，是业绩评价理论的重要依据。

激励理论的研究起源可以追溯到20世纪初。在人类社会的发展过程中，激励一直作为一种提高人们工作积极性和生产力的重要手段。人力资源管理的发展和企业竞争的加剧，使得激励理论成为组织管理中的重要研究领域。

马斯洛的需求层次理论是典型的激励理论，由美国心理学家亚伯拉罕·马斯洛于20世纪40年代提出，该理论通过对人的需求进行分类和层次化，解释了人的内在动机驱使其行为的基本原理。马斯洛的需求层次理论包含五个层次的需求，自下而上依次为生理需求、安全需求、社交需求、尊重需求和自我实现需求。需求层次理论依据这些需求的层次性和关联性，提供了一种理解人的动机和行为的框架。个体在满足了较低层次的需求后会转向更高层次的需求，但理论不要求每个个体都会追求自我实现需求。同时，个体在满足需求的过程中，也会受到内外环境的影响和制约。该理论提供了一种理解人类动机和行为的框架，它通过对需求的层次化进行分类，帮助我们认识和分析人的内在动机。在组织和管理实践中，理论为满足员工的多层次需求提供了指导，可以帮助管理者制定相应的激励策略，提高员工的工作动力和满意度，推动组织的发展和成功。

美国心理学家弗雷德里克·赫茨伯格于20世纪50年代提出双因素理论，该理论探讨了个体对工作动机的影响因素。赫茨伯格认为，工作动机与满意度受到两个不同因素的影响：满足型因素和动机型因素。满足型因素涉及个体在工作环境中的基本需要和工作条件，如薪资、福利、工作条件、公司政策等。当这些基本需求得到满足时，它们不会直接提高个体的工作动机，但它们的缺乏会导致不满。动机型因素与个体在工作中的成长、成就和个人发展有关，如工作本身的挑战性、发展机会、认可、责任等。当这些因素被满足时，个体更有动力增强工作投入，提高绩效和满意度。赫茨伯格认为，满足型因素主要是影响员工满意度的关键因素，而动机型因素则主要关注个体对工作的动机和积极参与度。他认为满足型因素只能消除员工不满，但无法激发个体的工作动力。只有通过动机型因素的满足，个体才能获得满意度和成就感，从而发展出更高的工作动机。赫茨伯格的双因素理论提供了一种认识员工工作动机和满意度的框架。通过满足员工的基本需求（满足型因素）和提供激励性工作条件（动机型因素），组织可以提高员工的工作动机和满意度。合理应用赫茨伯格的双因素理论可以帮助组织理解员工需求，制定激励策略，提高员工的工作动力和绩效。

美国心理学家和管理学家波特与劳勒，于1968年提出"综合激励模型"。该理论旨在解释个体对于工作动机和行为的影响因素，认为个体对参与特定行为或实现一定目标的动机取决于预期的结果和努力之间的关系。个体会通过评估预期的结果来确定从事某项行为的动机程度，并基于此做出决策。该理论吸收了需要理论、期望理论和公平理论的成果，体现更为全面、更为完善。

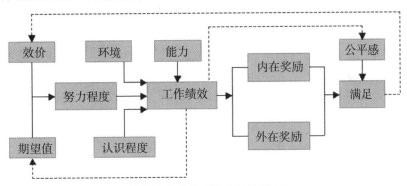

波特和劳勒的"综合激励模型"

图2-1　综合激励模型[①]

① 余玲艳. 员工情绪管理[M]. 北京：东方出版社，2007.

激励理论为高职院校的"双师型"教师队伍建设提供了重要的理论基础和指导。教师的教学能力、教学态度与教育素养对高职教育的品质和效果起着至关重要的作用。通过满足教师的需求、设计合理的激励机制、关注激励效应和建立公平的激励体系，可以激发教师们的工作动力，提升他们的教学能力和专业素养，从而推动高职教育的不断发展和提高教育质量。

了解教师需求是进行激励的前提。高职院校首先应该充分了解教师的动力和求知欲，重视他们的职业发展和成长。必须建立教师个人发展体系，为教师提供职业发展、晋升、多元化培训等方面的支持和机会。同时，高职院校也应该重视教师的物质和精神需求，提供合理的工资福利、晋升和职称评定机制等，以确保教师得到应有的激励。其次，激励机制的设计需要考虑到教师的不同需求和特点。高职院校应该制定合理的激励策略，包括工资福利激励、晋升激励、社会荣誉激励等。此外，还可以采用奖金激励、竞赛激励、表扬激励和个案激励等方式，根据教师的不同情况和不同背景，设计出适当的激励措施，以激励他们更加努力地工作和学习。同时亦需要关注激励效应，了解激励机制是否能够激发教师的最大潜力。激励机制的设计需要适应时代和教学环境的变化，随着教师队伍结构的变化和教学发展的需求，不断优化和调整激励机制，更好地推进高职院校"双师型"教师队伍的建设和教学品质的提升。

2.2.5 教师专业化理论

舒尔曼认为，教师所拥有的教育内容知识，是教育行业独有的专业知识，通过对这种知识的发展，构成教师专业性职业群体。其应该具备的知识涵盖所教的学科知识、教学方法和理论、课程材料、教特定学科所需的知识、教某些学生和特定概念的特殊方式、学习者的性格特征和文化背景、学生学习的环境、教学的目标和目的。

教师专业化是教育领域中的一个重要概念，它涉及教师的知识、技能和职业发展。教师专业化理论的发展与教育改革和教育政策的变化密切相关。在过去几十年中，对于教育质量提升的要求不断增加，教师的作用和责任日益突出。因此，学者开始关注如何提高教师的专业能力和专业化水平，以应对不断变化的教育需求。

教师通过专业知识、教学技能和职业发展来提升自身的专业素养和能力，以便更好地满足学生的学习需求。它涉及教师的学科知识、教学方法、教育研究、专业发展等多个方面。其内涵包括以下几个方面：①学科知识：教师应具备扎实的学科知识，包括学科领域的理论、概念、原理等。他们需要不断深化和更新自己的学科知识，以保持学科的专业性和准确性。②教学技能：教师应具备有效的教学技能，包括课堂管理、教学设计、教学评估等。他们需要掌握多种教学方法和策略，针对学生的特点和学习需求进行个性化教学。③教育研究：教师应积极参与教育研究，将科学研究与实践相结合。他们可以通过教育研究来改进教学方法，解决教学问题，并推动教育改革和创新。④专业发展：教师应通过不断学习和专业发展来提升自己的教学能力和专业素养。他们可以参加专业培训、研讨会、学术会议等活动，与同行进行交流和合作，不断更新自己的教育观念和教学实践。

高职院校"双师型"教师队伍建设旨在培养具备行业实践经验和教学能力的教师，以适应产业和社会的需求。教师专业化理论提供了一个理论框架，用于理解和促进教师的专业发展。教师专业化理论强调教师作为专业人员的角色和职责，并对教师的专业发展提出了一系列要求。首先，高职院校应该为教师提供充足的专业知识和技能培训，使他们具备扎实的学科基础和行业实践经验。这包括教师参与行业实践、参与产学研项目、开展职业技能培训等。其次，高职院校还应该注重培养教师的教学能力和教育理念。教师需要具备教学设计、教学评估、课程开发等方面的专业知识和技能，并能够灵活运用各种教学策略和方法，以满足学生的学习需求。此外，教师专业化理论还强调教师的学术研究和创新能力。高职院校应该鼓励教师开展教学研究、教育改革和教学项目，培养教师的创新精神和能力。通过参与教育实践研究、撰写学术论文、参与教学竞赛等方式，教师能够不断提高专业水平和教学质量。最后，高职院校应该根据具体的情况和需求，结合本地实际，不断调整和完善教师专业发展的政策和措施。可以建立健全的师资培养机制，提供全方位的培训和发展机会；建立教师评估与反馈机制，以促进教师的专业发展和持续改进；建立教师交流和合作机制，鼓励教师之间的互相学习和分享。

综上所述，教师专业化理论为高职院校的"双师型"教师队伍建设提供了重要的理论基础和指导。通过应用教师专业化理论，高职院校可以培养具备行业实践经验和教学能力的教师，更好地满足产业和社会的需求。同时，根据具体情况和需求，高职院校还应不断调整和完善教师专业发展的政策和措施，推动教师队伍的持续进步和高质量的教学服务。

第三章　高职院校"双师型"教师队伍建设
困境与挑战

　　高职院校作为培养应用型专门人才的重要阵地，对于构建创新型国家和推动经济社会发展具有重要意义。而构建高素质的"双师型"教师队伍是高职院校教育质量提升和人才培养的关键环节。然而，在实践过程中，高职院校"双师型"教师队伍建设面临着诸多困境和挑战。

　　本章将着重探讨高职院校"双师型"教师队伍建设的历史脉络、培养现状以及存在的问题。同时，我们将从师德师风、工匠精神、教师改革创新及产教融合多个视域角度出发，对高职院校"双师型"教师培养存在问题进行深入剖析。通过对这些问题的全面分析，我们将更好地了解当前"双师型"教师队伍建设的困境和挑战，并为"双师型"教师队伍的路径建设奠定基础。

3.1　高职院校"双师型"教师队伍建设的历史制度脉络

　　总体来看，我国职教师资培养制度由统一性规定逐步向"双师型"特色引导转变，培养机构由独立设置的职业技术师范院校向全国重点建设职教师资培养培训基地本科院校培养转变，培养模式由学校单一培养模式向校企合作共同培养模式转变，逐渐形成了以普通高等院校为主体、企业积极参与的灵活开放的职教师资培养体系。其中，高职院校"双师型"教师队伍建设经历了自发阶段、推进阶段和强化阶段。

3.1.1　"双师型"教师培养的统一导向阶段（1949—1979年）

　　1952年8月，教育部颁布的《中等技术学校暂行实施办法》是中华人民共和国成立后第一部职业技术教育法规，规定中等技术学校应与企业或业务单位试行建立定期交流制度。这是中华人民共和国成立初期我国对职教师资需具备实践指导能力的基本政策。

　　1955年4月，劳动部等多部门联合召开了第一次全国工人技术学校校长会议，通过了《关于提高教学工作质量的决议》，明确了技工学校的性质、任务和培训目标，规定了技工学校以生产实习教学为主的办学方针。为了保证这一方针的贯彻落实，突出技工教育办学特色，在教学学时分配上规定理论教学和生产实习的课时比例一般为4∶6，即政治、文化课和技术理论课时数占40%，生产实习课时数占60%，形成了不同于普通中等专业学校的课程教学特点。新教师的培养，主要应从技工学校的毕业生中选择优秀者留校或送工厂，在实际工作中有系统地培养。

1959年4月，劳动部在上海召开了全国技工学校工作会议，会议强调为了满足技工学校不断提高与发展的需要，必须大力培养新教师和提高现有教师水平，在技工学校较多的地区，选择条件较好的技工学校附设师资培训班，招收技工学校优秀毕业生，经过两年或三年的培养，使他们成为一批新成长的教师。

这一时期的特点是政策统一性，各类政策并未分门别类，是统一政策导向下的培养制度，整个职教师资来源不稳定、培养机构不健全、评价体系不完善。

3.1.2 "双师型"教师发展的特色导向阶段（1980—2018年）

为充分发挥中等专业学校教师为社会主义教育事业服务的积极性，加强责任制，建设又红又专的教师队伍，不断为提高教育质量和实现新时期的总任务做出贡献，1980年2月，教育部颁布《关于中等专业学校确定与提升教师职务名称的暂行规定》，该规定明确了副教授、讲师、教员、实习教员应该具备的要求。

1998年2月，国家教委印发《面向21世纪深化职业教育教学改革的原则意见》，提出提高教师素质，发挥教师作用，要注意从企事业单位引进有实践经验的教师，要重视教学骨干、专业带头人和"双师型"教师的培养。

随着我国进入加快推进社会主义现代化新阶段，需不断提高教育教学质量，不断改善办学条件，提高师资队伍建设水平，加快改革进程。为此，2002年教育部颁发《关于加强高职（高专）院校师资队伍建设的意见》（教高厅〔2002〕5号），该意见明确各类高职（高专）院校要按照培养高素质实用性人才的要求，从适应社会主义市场经济发展需要的高度，充分认识全面提高师资队伍整体素质的重要性和迫切性，切实加大师资队伍建设工作的力度，力争经过五年努力，建设一支师德高尚、教育观念新、改革意识强、具有较高教学水平和较强实践能力、专兼结合的教师队伍。各高职（高专）院校一方面要通过支持教师参与产学研结合、专业实践能力培训等措施，提高现有教师队伍的"双师"素质；另一方面要重视从企事业单位引进既有工作实践经验、又有较扎实理论基础的高级技术人员和管理人员充实教师队伍。学校在职务晋升和提高工资待遇方面，对具有"双师"素质的教师应予以倾斜，建设一支理论基础轧实、又有较强技术应用能力的"双师型"教师队伍。

2003年2月，教育部办公厅《关于全面开展高职高专院校人才培养工作水平评估的通知》（教高司函〔2003〕16号）中明确"双师"素质教师是指具有讲师（或以上）教师职称，又具备下列条件之一的专任教师：①有本专业实际工作的中级（或以上）技术职称（含行业特许的资格证书及其有专业资格或专业技能考评员资格者）；②近五年中有两年以上（可累计计算）在企业第一线本专业实际工作经历，或参加教育部组织的教师专业技能培训获得合格证书，能全面指导学生专业实践实训活动；③近五年主持（或主要参与）两项应用技术研究，成果已被企业使用，效益良好；④近五年主持（或主要参与）两项校内实践教学设施建设或提升技术水平的设计安装工作，使用效果好，在省内同类院校中居先进水平。这是教育部首次对"双师型"教师资格做出的详尽说明，明确了职教师资培养工作的开展方向。

针对职业教育仍然是我国教育事业的薄弱环节，存在发展不平衡，投入不足，办学条件比较差，办学机制以及人才培养的规模、结构、质量还不能适应经济社会发展的需要等问题，2008年3月，国务院发布《关于大力发展职业教育的决定》（国发〔2005〕35号），明确实施职业院校教师素质提高计划，地方各级财政要继续支持职业教育师资培养培训基地建设和师资培训工作。建立职业教育教师到企业实践制度，专业教师每两年必须有两个月到企业或生产服务一线实践。制定和完善职业教育兼职教师聘用政策，支持职业院校面向社会聘用工程技术人员、高技能人才担任专业课教师或实习指导教师。加强"双师型"教师队伍建设，职业院校中实践性较强的专业教师，可按照相应专业技术职务试行条例的规定，申请评定第二个专业技术资格，也可根据有关规定申请取得相应的职业资格证书。

2011年12月，教育部出台《关于进一步完善职业教育教师培养培训制度的意见》（教职成〔2011〕16号），明确指出当前我国职业教育改革发展正处在重要战略机遇期，建设一支高素质专业化的教师队伍，对于提高技能型人才培养质量、完善现代职业教育体系、推动职业教育科学发展具有十分重要的意义。完善培养培训制度是加强职业教育教师队伍建设的紧迫任务。以建设"双师型"教师队伍为目标，以完善教师培养制度和继续教育制度为重点，以创新教师培养培训校企合作机制为突破口，加快构建内容完备、特色鲜明、管理规范、相互衔接的职业教育教师培养培训制度体系框架。完善继续教育制度，开展全员培训，促进教师可持续发展：完善企业实践制度，健全工作机制，切实提高教师企业实践效果。职业院校专业教师每两年必须累计有两个月到企业或生产服务一线实践。

通过以上研究发现，国家通过建立和完善职业教育师资赴企业实践的制度，强调了企业作为职业教育的重要合作伙伴，在培养"双师型"教师方面扮演的推动角色。相关政策文件对职业教育教师到企业实践的时间进行了明确规定，确保了职业院校教师进行实践学习的时间，加强了企业的责任。通过制度建立，鼓励职业院校教师积极参与企业实践，深入了解和体验行业现状和实际运作，进一步提升教师在专业领域的实践能力和实际教学经验。制度的实施进一步加强了教师与实际职业环境的联系，全面提升了教师的专业素养和实践能力，为职业教育的发展和学生的培养提供了更为有力的支持。同时，也为企业和职业院校之间的合作奠定了坚实基础，推动了产学融合的深入发展。

至此，我国的职教师资培养制度已经明确开始向"双师型"教师制度转变，培养工作已经显现出明显的"双师型"特色要求。这一转变的核心目标是培养一批既具备丰富实践经验、掌握实际技能的行业专业人士，又能够担任教育教学工作并具备优秀教育教学能力的教师。通过将行业实践与教育教学有机结合，以满足职业教育学生实际需求为导向，培养出更符合市场需求和社会发展的职业人才，推动职业教育与实际市场需求的有效对接，进一步提升职业教育的质量和水平。

截至2018年，我国职业院校专任教师133.2万人，其中，高职专任教师49.8万人。"双师型"教师总量为45.56万人，其中高职19.14万人，占专任教师比例39.70%。一方面，"双师型"教师比例分布既不充分也不平衡。《2017中国高等职业教育质量年度报告》显示，排名前100所学校"双师型"教师比例达到了84.04%以上。但另一方面，在统计的1298所高职院校中，至少13所学校2016年"双师型"教师比例低于10%，甚至有学校数据为0。

为了解决这些问题，采取了以下措施：

一是健全职教特色的教师管理制度。印发《职业学校兼职教师管理办法》《职业院校教师企业实践规定》《中等职业学校教师专业标准（试行）》《中等职业学校校长专业标准》等文件，推进教师队伍建设制度化。实施《教师教育振兴行动计划（2018—2022年）》《卓越教师培养计划2.0》等项目，提高职教师资培养质量。在国家级教学成果奖、全国教书育人楷模、"万人计划"教学名师等表彰项目中，向职业院校教师予以倾斜。二是加强职业技术师范院校专业建设。支持全国重点建设职教师资培养培训基地中的本科院校成立职业技术教育（师范）学院，每年培养职业技术教育师范生2.4万人。由同济大学等高校牵头，实施10个卓越中职教师培养综合改革项目，建设23门职业教育特色的教师教育精品课程资源。支持北京理工大学等50多所高校开展"职业技术教育领域"教育硕士培养试点工作。三是开展"双师型"教师国家级培训。实施新一周期职业院校教师素质提高计划，2017年至2018年中央财政计划投入13.5亿元，设置300多个专业培训项目，累计组织14.4万专业骨干教师参加国家级培训和企业实践。四是优化专兼结合的教师队伍。截至2018年，各地省级财政列支专项经费用于支持兼职教师聘用，累计投入8.2亿元，支持中高等职业院校1.6万个专业点聘请4.4万名兼职教师，一批企业工程技术人员、高技能人才、能工巧匠到学校兼职任教。

3.1.3 "双师型"教师提升的强化发展阶段（2019年至今）

2019年1月，国务院发布《国家职业教育改革实施方案》（国发〔2019〕4号），明确从2019年起，职业院校、应用型本科高校相关专业教师原则上从具有3年以上企业工作经历并具有高职以上学历的人员中公开招聘，特殊高技能人才（含具有高级工以上职业资格人员）可适当放宽学历要求，2020年起基本不再从应届毕业生中招聘。加强职业技术师范院校建设，优化结构布局，引导一批高水平工科学校举办职业技术师范教育。实施职业院校教师素质提高计划，建立100个"双师型"教师培养培训基地，职业院校、应用型本科高校教师每年至少1个月在企业或实训基地实训，落实教师5年一周期的全员轮训制度。探索组建高水平、结构化教师教学创新团队，教师分工协作进行模块化教学。定期组织选派职业院校专业骨干教师赴国外研修访学。在职业院校实行高层次、高技能人才以直接考察的方式公开招聘。建立健全职业院校自主聘任兼职教师的办法，推动企业工程技术人员、高技能人才和职业院校教师双向流动。职业院校通过校企合作、技术服务、社会培训、自办企业等所得收入，可按一定比例作为绩效工资来源。

2019年8月，教育部等四部门关于印发《深化新时代职业教育"双师型"教师队伍建设改革实施方案》（教师〔2019〕6号）的通知明确：①推进以"双师"素质为导向的新教师准入制度改革。自2019年起，除持有相关领域职业技能等级证书的毕业生外，职业院校、应用型本科高校相关专业教师原则上从具有3年以上企业工作经历并具有高职以上学历的人员中公开招聘；自2020年起，除"双师型"职业技术师范专业毕业生外，基本不再从未具备3年以上行业企业工作经历的应届毕业生中招聘，特殊高技能人才（含具有高级工以上职业资格或职业技能等级人员）可适当放宽学历要求。②健全普通高等学校与地方政府、职业院校、行业企业联合培养教师机制，发挥行业企业在培养"双师型"教师中的重要作用。鼓励高校以职业院校毕业生和企业技术人员为重点培养职业教育教师，推动高校联合行业企业培养高层次"双师型"教师。③建设"国家工匠之师"引领的高层次人才队伍。建设1000个国家级"双师型"名师工作室和1000个国家级教师技艺技能传承创新平台。面向战略性新兴产业和先进制造业人才需要，打造一批覆盖重点专业领域的"国家工匠之师"。在国家级教学成果奖、教学名师等评选表彰中，向"双师型"教师倾斜。④健全完善职业教育师资培养培训体系，推进"双师型"教师培养培训基地在教师培养培训、团队建设、科研教研、资源开发等方面提供支撑和服务。支持高水平学校和大中型企业共建"双师型"培训者队伍，认定300个"双师型"教师培养培训示范单位。⑤加大政府统筹，依托职教园区、职教集团、产教融合型企业等建立校企人员双向交流协作共同体。⑥建立校企人员双向流动相互兼职常态运行机制。建立职业院校、行业企业、培训评价组织多元参与的"双师型"教师评价考核体系,将师德师风、工匠精神、技术技能和教育教学实绩作为职称评聘的主要依据,推动各地结合实际,制定"双师型"教师认定标准,将体现技能水平和专业教学能力的"双师"素质纳入教师考核评价体系。

2019年10月17日,教育部举行新闻发布会,发布《深化新时代职业教育"双师型"教师队伍建设改革实施方案》,我国职业院校"双师型"教师数量稳步增长,教师队伍整体素质不断提高。截至发布会,我国职业院校专任教师133.2万人。其中,中职专任教师83.4万人,高职专任教师49.8万人。"双师型"教师总量为45.56万人,其中,中职26.42万人,占专任教师比例31.48%;高职19.14万人,占专任教师比例39.70%。经过5至10年时间,构建政府统筹管理、行业企业和院校深度融合的教师队伍建设机制,健全中等和高等职业教育教师培养培训体系,打通校企人员双向流动渠道,"双师型"教师和教学团队数量充足,"双师"结构明显改善。建立具有鲜明特色的"双师型"教师资格准入、聘用考核制度,教师职业发展通道畅通,待遇和保障机制更加完善,职业教育教师吸引力明显增强,基本建成一支师德高尚、技艺精湛、专兼结合、充满活力的高素质"双师型"教师队伍。

近年来,为深化产教融合、校企合作,发挥企业在职教师资队伍建设中的重要作用,加快建设一支新时代高素质"双师型"教师队伍,相关部门陆续推出《关于公布首批全国职业教育教师实践基地的通知》(教师函〔2019〕9号)、《职业技术师范教育专业认证标准》(教师司函〔2019〕50号)、《关于做好职业教育"双师型"教师认定工作的通知》(教师厅〔2022〕2号)、《教育部办公厅关于进一步加强全国职业院校教师教学创新团队建设的通知》(教师厅函〔2022〕21号)、《关于深化现代职业教育体系建设改革的意见》等措施,标志着"双师型"教师培养迈入专业化强化发展阶段。"双师型"教师培养的相关政策文件一览表如表3-1所示。

表3-1 "双师型"教师培养的相关政策文件一览表

序号	政策文件名	颁布/审核机构	发布年份
1	《中等技术学校暂行实施办法》	教育部	1952
2	《关于中等专业学校确定与提升教师职务名称的暂行规定》	教育部	1980
3	《中共中央关于教育体制改革的决定》	中共中央	1985
4	《教师资格条例》	国务院	1995

序号	政策文件名	颁布/审核机构	发布年份
5	《关于开展建设示范性职业大学工作的通知》	原国家教委	1995
6	《面向21世纪深化职业教育教学改革的原则意见》	原国家教委	1998
7	《高等专科学校、高等职业学校和成人高等学校教学管理要点》	教育部	2000
8	《关于加强高等职业(高专)院校师资队伍建设的意见》	教高厅	2002
9	《关于全面开展高职高专院校人才培养工作水平评估的通知》	教育部	2004
10	《关于大力发展职业教育的决定》	国务院	2005
11	《关于进一步完善职业教育教师培养培训制度的意见》	教育部	2011
12	《职业学校兼职教师管理办法》	教育部/财政部/人力资源和社会保障部/国务院国有资产监督管理委员会	2012
13	《国务院关于加强教师队伍建设的意见》	国务院	2012
14	《深化职业教育教学改革全面提高人才培育质量的若干意见》	教育部	2015
15	《职业院校教师企业实践规定》	教育部/国务院国有资产监督管理委员会/国家发展和改革委员会/工业和信息化部/财政部/人力资源和社会保障部/国家税务总局	2016
16	《国务院办公厅关于深化产教融合的若干意见》	国务院办公厅	2017
17	《教师教育振兴行动计划(2018—2022年)》	教育部/国家发展改革委/财政部/人力资源社会保障部/中央编办	2018
18	《卓越教师培养计划2.0》	教育部	2018
19	《关于全面深化新时代教师队伍建设改革的意见》	中共中央/国务院	2018
20	《国家职业教育改革实施方案》	国务院	2019
21	《深化新时代职业教育"双师型"教师队伍建设改革实施方案》	教育部/国家发展改革委/财政部/人力资源社会保障部	2019
22	《关于公布首批全国职业教育教师实践基地的通知》	教育部/国家发展改革委/工业和信息化部/国务院国资委	2019
23	《职业技术师范教育专业认证标准》	教育部	2019

序号	政策文件名	颁布/审核机构	发布年份
24	《全国职业院校教师教学创新团队建设方案》	教育部	2019
25	《教育部等六部门关于加强新时代高校教师队伍建设改革的指导意见》	教育部/中央组织部/中央宣传部/财政部/人力资源社会保障部/住房和城乡建设部	2020
26	《关于做好职业教育"双师型"教师认定工作的通知》	教育部	2022
27	《关于进一步加强全国职业院校教师教学创新团队建设的通知》	教育部	2022
28	《关于深化现代职业教育体系建设改革的意见》	中共中央办公厅、国务院办公厅	2022
29	《中华人民共和国职业教育法》	全国人民代表大会常务委员会	2022

3.2 高职院校"双师型"教师培养现状

在当前职业教育领域，高职院校"双师型"教师培养的现状呈现出积极的发展态势。本节将从思想认识水平、"双师"队伍建设制度保障体系、"双师"队伍素养、职教国培基地四个方面着手，深入探讨和分析高职院校"双师型"教师培养的现状。通过对这一主题的研究，进一步挖掘高职院校"双师型"教师培养存在的问题。

3.2.1 思想认识水平不断提升

2023年3月5日，习近平总书记在参加十四届全国人大一次会议江苏代表团审议时强调，高质量发展是全面建设社会主义现代化国家的首要任务。必须完整、准确、全面贯彻新发展理念，始终以创新、协调、绿色、开放、共享的内在统一来把握发展、衡量发展、推动发展；必须更好统筹质的有效提升和量的合理增长，始终坚持质量第一、效益优先，大力增强质量意识，视质量为生命，以高质量为追求；必须坚定不移深化改革开放、深入转变发展方式，以效率变革、动力变革促进质量变革，加快形成可持续的高质量发展体制机制。习近平总书记最后强调，推动高质量发展，必须坚持和加强党的全面领导、坚定不移全面从严治党。各级党委要牢牢扛起全面从严治党主体责任，切实加强党的二十大精神学习宣传贯彻工作，加强换届后各级领导班子和干部队伍建设，加强各领域党建工作，深入开展学习贯彻新时代中国特色社会主义思想主题教育，为奋进新征程、建功新时代提供坚强有力的政治引领和政治保障。以上为高职院校发展和高技能人才培养指明了方向，需更加注重办学质量的提升，为社会经济发展输送源源不断的德技并修的人才。其中，拥有一支高水平的"双师型"教师队伍无疑是实现高质量发展的前提和保障。

近年来，职业教育发展迎来了前所未有的机遇。2019年8月，习近平总书记在甘肃省张掖市山丹县山丹培黎学校考察时指出，职业教育前景广阔，大有可为。在各级政府和教育主管部门的引领和支持下，高职院校纷纷意识到"双师型"教师团队的重要性，开始积极构建一支德技合一、注重创新协作、结构合理的教师队伍，特别是"双师型"教师队伍的建设，相关的制度也正在不断完善，教师的素养也逐步提高。这一系列的努力旨在确保高职教育可以更好地满足社会需求，并为培养有竞争力的职业人才提供优质教育。《2022中国职业教育质量年度报告》明确在教师队伍建设方面，教育部分两批立项了364个国家级职业教育教师教学创新团队，示范带动立项省级教学创新团队500余个，校级教学创新团队1600余个，形成了"国家示范引领、省级统筹实施、院校特色发展"的教学创新团队建设格局。报告发布了高职院校教师发展指数100所优秀院校，从教师基础能力、教育教学能力、专业建设能力、科研与社会服务能力和发展保障能力等5个方面选取36个指标建立教师发展指数模型，100所优秀院校中"双高计划"院校入选比例较高，高水平学校建设单位有37所，高水平专业群建设单位有44所。

随着职业教育的改革和发展，教师们逐渐认识到"双师型"教师的重要性，职业教育不仅是为学生提供专业知识和技能培训，更重要的是培养学生的创新能力、实践能力和终身学习的素养。首先，"双师型"教师不仅需要具有丰富的教育经验和教育理论知识，还需要具备专业技能和实践能力，以便根据课程特点和学生需求，在教学过程中更好地解决问题。其次，"双师型"教师应重视与行业的合作和交流，积极开展行业实践和技术创新，为学生提供更加实际的职业指导和经验分享，进而增强学生的职业竞争力。教师要逐渐转变传统教育观念，注重与行业的深度融合和实践能力培养，深入行业，了解行业的新动向和技术发展，并帮助学生提前规划职业发展，开展实践项目和实习，提供职业指导和就业培训。在"双师型"教师队伍建设中，教育机构应结合职业教育的学科特点和行业需求，注重培养在传授知识技能的同时能激发创新精神和实践能力的"双师型"人才。

截至2022年，高职院校专任教师136.6万人，"双师"队伍基本达到数量要求，占比达到一半以上，教师产教研和教书育人成果丰硕，支撑产业发展的能力不断提升。上海高职院校尽管存在一些编制紧张、数量不足的问题，但是"双师"队伍建设整体都在60%以上，如表3-2所示。

表3-2　2021—2022年上海部分高职院校质量年报数据（师队建设）

序号	年度	1	2	3	4	5	6
指标		生师比	"双师"素质专任教师比例	高级专业技术职务专任教师比例	教职员工额定编制数	教职工总数	其中:专任教师总数
单位		:	%	%	人	人	人
上海电子信息职业技术学院	2021	16.85	68.18	23.58	501	622	352
	2022	14.88	72.84	30.1	556	819	578
上海出版印刷高等职业技术学院	2021	14.25	70.94	29.81	446	436	265
	2022	14.55	67.42	30.65	446	516	310
上海城建职业学院	2021	10.62	68.56	32.01	767	775	528
	2022	12.15	61.78	33.61	767	812	607
上海工艺美术职业学院	2021	11.01	86.61	37.01	420	452	254
	2022	12.19	84.3	34.81	420	458	293
上海旅游高等专科学院	2021	16.41	75	25.65	330	290	184
	2022	17.59	71.88	26.04	330	322	192
上海农林职业技术学院	2021	13.31	78.18	28.48	277	253	218
	2022	15.8	74.18	29.11	291	300	213
上海行健职业学院	2021	15.99	79.57	26.88	230	274	176
	2022	17.83	86.93	23.62	230	296	199
上海思博职业技术学院有限公司	2021	17.87	73.51	30.46	500	418	302
	2022	15.53	66.22	26.49	500	492	370
上海工商职业技术学院	2021	17.93	60.91	20.31	467	360	361
	2022	17.54	60.6	21.75	486	486	354
上海科学技术职业学院	2021	17.88	66.41	23.66	93	257	131
	2022	14.71	61.15	19.62	87	364	260

（资料来源:中国高等职业教育质量年报）

3.2.2　"双师"队伍建设制度保障体系日趋完善

在高职院校"双师型"教师培养的现状中，无论从国家层面、地方层面还是学校层面，"双师"队伍建设制度保障体系都日趋完善。

1. 国家层面政策体系

国家层面的政策文件中，一系列保障性制度陆续出台（如表3-3所示），政策涵盖各个方面，包括认定标准、推进举措、师德师风建设、教育教学能力提升、个体和团队建设、培养培训基地等。这些制度的出台体现了党中央和国家对职业教育和职教师资队伍建设的重视，这些保障性制度的不断完善和落实，为"双师型"教师队伍建设提供了良好的制度环境和保障，进一步促进了职业教育的发展，提升了教师队伍的专业化水平。

表3-3　国家层面政策及主要内容

政策文件名称	时间	主要内容
《国家级职业院校教师教学创新团队建设方案》	2019年	经过3年左右的培育和建设,打造360个满足职业教育教学和培训实际需要的高水平、结构化的国家级团队,通过高水平学校领衔、高层次团队示范,教师按照国家职业标准和教学标准开展教学、培训和评价的能力全面提升,教师分工协作进行模块化教学的模式全面实施,辐射带动全国职业院校加强高素质"双师型"教师队伍建设,为全面提高复合型技术技能人才培养质量提供强有力的师资支撑
《深化新时代职业教育"双师型"教师队伍建设改革实施方案》	2019年	到2022年,职业院校"双师型"教师占专业课教师的比例超过一半,建设100家校企合作的"双师型"教师培养培训基地和100个国家级企业实践基地,选派一大批专业带头人和骨干教师出国研修访学,建成360个国家级职业教育教师教学创新团队,教师按照国家职业标准和教学标准开展教学、培训和评价的能力全面提升,教师分工协作进行模块化教学的模式全面实施,有力保障1+X证书制度试点工作,辐射带动各地各校"双师型"教师队伍建设,为全面提高复合型技术技能人才培养质量提供强有力的师资支撑
《关于加强和改进新时代师德师风建设的意见》	2019年	经过5年左右努力,基本建立起完备的师德师风建设制度体系和有效的师德师风建设长效机制。教师思想政治素质和职业道德水平全面提升,教师敬业立学、崇德尚美呈现新风貌。教师权益保障体系基本建立,教师安心、热心、舒心、静心从教的良好环境基本形成,师道尊严进一步提振。全社会对教师职业认同度加深,教师政治地位、社会地位、职业地位显著提高,尊师重教蔚然成风
《教育部等六部门关于加强新时代高校教师队伍建设改革的指导意见》	2021年	通过一系列改革举措,高校教师发展支持体系更加健全,管理评价制度更加科学,待遇保障机制更加完善,教师队伍治理体系和治理能力实现现代化。高校教师职业吸引力明显增强,教师思想政治素质、业务能力、育人水平、创新能力得到显著提升,建设一支政治素质过硬、业务能力精湛、育人水平高超的高素质专业化创新型高校教师队伍
《教育部办公厅关于做好职业教育"双师型"教师认定工作的通知》	2022年	规定了职业教育"双师型"教师基本标准,通过职业教育"双师型"教师认定工作,加快推进职业教育"双师型"教师队伍高质量建设,健全教师标准体系。各省级教育行政部门应结合本地具体情况,以及不同教育层次、专业大类等,参照制定修订本级"双师型"教师认定标准、实施办法,明确支持举措,实行分类评价,并适时调整完善。认定工作实施主体应根据认定对象具体情况,制定"双师型"教师认定实施细则,报所属教育行政部门备案后实施。各地各校制定的"双师型"教师认定标准不低于国家规定的基本标准,可结合实际明确破格条件

续表

政策文件名称	时间	主要内容
《教育部办公厅关于开展职业教育教师队伍能力提升行动的通知》	2022年	首先,结合职业分类大典修订完善中等职业学校教师、校长职业标准,研制高等职业学校教师职业标准,逐步建立层次分明、覆盖公共课、专业课、实习实践等各类课程的教师职业标准体系。研制新时代职业院校"双师型"教师标准。研制职业学校教师培训学时学分管理办法,加快推进教师培训工作规范化建设。其次,提高职教教师培养质量。支持高职院校在职教师学历提升。鼓励支持高等职业学校在职专业课教师报考硕、博士研究生,毕业后回原校履约任教。在攻读研究生期间,探索脱产学习与在岗实践相结合的培养形式,学中用、用中学。探索多主体跨界协同育人路径。支持地方整合综合(理工科)院校、师范类院校和行业企业优势资源,多主体协同参与职业院校教师培养模式。鼓励高水平学校具有深厚产教融合基础的专业二级学院与职业技术师范教育学院资源互补、协同育人。再次,通过实施"职教国培"示范项目、调整国家级职业院校校长培训基地布局、打造高水平职业院校教师培训基地、严格落实职业院校教师素质提高计划、加强教师发展(培训)中心建设等方式健全职教教师培训体系
《教育部办公厅关于进一步加强全国职业院校教师教学创新团队建设的通知》	2022年	创新团队建设是加快职业教育和"双师型"教师队伍高质量发展的有力抓手和重要举措,要按照"政府统筹与分级创建相结合、学校自主建设与校际校企协同发展相结合、个人成长与团队发展相结合、团队建设与教学创新相结合"的原则,突出示范引领、建优扶强、协同创新、促进改革,结合当地经济社会发展、产业特点和学校骨干专业(群),因地制宜做好省级、校级创新团队整体规划和建设布局,与国家级创新团队协同发展、组网融通,着力打造一批德技双馨、创新协作、结构合理的创新团队,形成"双师"团队建设范式,为全面提高复合型技术技能人才培养质量提供强有力的师资支撑。创新团队建设要把教师能力提升作为核心任务,加强专项培训。将"双高"院校等优质高校专业资源、国家级创新团队建设模式经验和培训基地特色优势融合整合,形成符合创新团队建设需求和发展规律的培训模式和课程体系。要重点围绕师德师风、"三全育人"、教学标准、职业技能等级标准、课程体系重构、课程开发技术、模块化教学设计实施等内容,突出创新团队自身建设和共同体协作的方法路径,通过全程伴随式培训和指导帮带,全方位提高创新团队教师能力素质。要优先保障创新团队教师企业实践,充分利用各级企业实践基地和对口企业,通过参加技能培训、兼职锻炼、参与产品研发和技术创新,不断提升实习实训指导和技术技能创新能力,每年累计时长不少于1个月,且尽量连续实施

2.地方政府层面政策体系

从地方政府层面的政策看,各地各级政府管理部门积极响应国家号召,制定了关于"双师型"教师队伍建设的实施细则和配套政策,涵盖职业教育人才引进、"双师型"教师培训和提升、"双师型"教师评估机制等,具体如表3-4所示。这些地方政府层面的政策制度为"双师型"教师队伍建设提供了具体的实施指导和保障,推动了职业教育的发展,提升了教师队伍的能力和素质。同时,也为教师提供了更好的发展机遇和平台的支持,促进了教育资源优化配置和教育服务的质量提升。

表3-4　地方政府层面政策及主要内容

发布单位	名称	时间	主要内容
北京市教育委员会	《"十四五"时期北京市职业院校教师素质提高计划项目管理办法(试行)》	2022年	"十四五"时期北京市职业院校教师素质提高计划"双师型"教师认定和实践计划的目标是继续推进"双师型"教师认定工作,职业院校"双师型"教师占专业课教师的比例不低于82%;推进落实专业教师企业实践要求,每位专业教师每年至少累计1个月以多种形式参与企业实践
上海市人民政府	《关于全面深化新时代教师队伍建设改革的实施意见》	2018年	加快职业院校"双师型"教师队伍建设。构建职业教育教师能力标准,突出专业能力和行业实践经历。实施新任专业教师入职培训合格后持证上岗制度。加强"双师型"教师队伍培养,专业教师每年必须赴行业企业学习实践,每5年有在行业企业学习实践一定时间的经历,并把学习实践情况与教师资格注册、职称晋升、评优评奖等挂钩。建立职业院校教师与企业工程技术人员、高技能人才双向聘用制度,探索职业院校聘用的行业企业高级技师享受高级讲师待遇。鼓励职业院校设立大师工作室,聘请行业能工巧匠、管理精英等担任特聘教授或导师。对职业院校聘用"大国工匠""上海工匠"以及"上海市技术能手"等高技能人才,可适当放宽学历要求。落实中等职业学校正高级讲师职务(职称)评聘制度。鼓励职业院校教师参加行业职称评审
广州市人民政府	《关于加快发展现代职业教育的实施意见》	2017年	推进"能工巧匠"计划,落实专业教师企业实践制度,力争"双师型""一体化"教师占专业教师比例达70%以上。改革教师职称(职务)评聘办法,建立以专业经验、技能水平、教学实绩、技术开发能力为导向的人才评价机制。探索相关专业技术职称系列与职业教育教师职称系列的有效对接
中共南京市委办公厅	《关于完善现代职业教育体系推进职业教育高质量发展的实施意见》	2023年	落实政策激励措施,鼓励以引企驻校、引校进企、校企一体等方式,吸引优势企业与学校共建共享生产性实训基地、技术研发中心、产业人才培养培训基地、"双师型"教师培养培训基地和技能大师工作室,按规定享受相关优惠政策。支持行业领军企业主导建设全市乃至全省性职教集团,打造实体化运行的示范性职教集团(联盟),推动建设20个具有辐射引领作用的市级高水平专业化产教融合实训基地。进一步发挥专业学院功能,打造符合产业发展的专业群、产业链。支持高淳高等职业教育创新创业园,基于南京都市圈打造产教协同育人共同体,服务都市圈高质量发展

续表

发布单位	名称	时间	主要内容
成都市人民政府	《关于加快发展现代职业教育的实施意见》	2014年	加强"双师型"教师队伍建设。鼓励职业院校在编制内按不少于编制总数的25%聘请企业管理者、高技能人才等担任专兼职教师。支持职业院校在编制外以政府购买服务等方式建设"双师型"教师队伍。依托示范(骨干)院校和大中型企业建立"双师型"教师培养培训基地。落实教师企业实践制度。建立中职学校教师专业技术职务(职称)单独评审制度,积极争取部、省政策支持。争取在中职学校设置正高级教师职务(职称),增加中职学校特级教师评选比例 调动多元主体,激发职业教育办学活力。强化行业指导职责、健全企业参与制度、支持社会力量兴办职业教育、探索现代职业学校制度建设及深化职业教育集团建设
苏州市人民政府	《关于加快发展全市现代职业教育的实施意见》	2015年	加快"双师型"教师队伍建设。根据职业教育特点,合理确定职业院校教师和专业技术人员结构比例。依托示范(骨干)院校和大中型企业建立"双师型"教师培养培训基地,建立健全高校与地方政府、行业企业、中等职业学校的协同培养机制,完善教师定期到企业实践制度,到2020年,"双师型"教师占比中职学校达75%以上,高职院校达85%以上
杭州市人民政府	《杭州市深化职业教育改革实施方案》	2021年	制定职业院校教师自主招聘政策,设立"双师型"素质教师引进绿色通道,职业院校在核定编制总量内可适当放宽学历、职称要求,自主招聘符合教育教学要求的企业经营管理人员、专业技术人员和高技能人才。 建立"双师型"导向的教师考核评价体系,将教师参与企业共同技术研发、产品设计、社会培训、课程开发等内容纳入教师考核评价体系。到2025年,建设5个高质量职业院校师资海外研训基地,培育一批市级"双师型"教师培养培训企业实践基地
深圳市人民政府	《关于加快建设现代职业教育体系的意见》	2017年	改革创新,特色发展。聚焦职业教育发展的重点领域和关键环节,紧跟产业变革,深化职业教育改革,在体制机制创新、国际化办学、产教融合、人才培养、"双师型"队伍建设等方面取得新突破,打造职业教育的深圳标准,办出职业教育的深圳特色

3. 各地高校层面政策体系

从各地高校出台的政策体系层面来看,各校多措并举旨在提升和优化"双师型"教师的数量和素质结构,如表3-5所示,具体涵盖教师培训计划、特色"双师"培养体系、"双师"素质教师校外实践基地等。高校层面的措施,伴随着国家和地方政策背景的支持,进一步激发了"双师型"教师队伍的建设和专业化发展的动力。这些措施不但给教师提供了更多的发展机遇和成长平台，也进一步优化了职业教育的教育资源和教学服务质量，从而提高了职业教育的水平。

表3-5　2021年"双高校"层面政策及主要内容

学校名称	双师素质专任教师比例	政策
重庆航天职业技术学院	99.03%	学校实施五年一轮的教师培训计划,建立了国家级"双师型"教师培养培训基地,暑假期间选派教师到各企业进行岗位实践及交流学习,同时不断完善人才建设激励引导机制,完善师资队伍建设保障制度,有序开展各类人才推荐、培训工作,为教师向"双师型"发展提供平台。学校按照航天企业现代班管理方法探索专业教学团队建设,打造了一支专兼结合的"双师型"教师队伍
江苏海事职业技术学院	96.77%	学校搭建多元化教师成长平台,建设校企合作"双师型"教师培养培训基地,促进教师综合素质全面提升 学校构建了"培、导、配、训、兼、赛、考、评"的"双师"培养体系,形成了一套具有鲜明海事特色的"双师"培养方案。通过开展专项培训、加强思想引导、遴选企业一线技术能手与专任教师一对一结对、持续开展"百名教师寒暑假到企业实践"活动、与大型航运企业合作建设混编式师资队伍、开展覆盖全体专任教师并由企业一线专家命题的技能大赛、组织教师按照讲授科目参加国家海事局组织的航海类教师资格考试、健全"双师型"教师评价体系等方式,建立了一只技艺精湛、专兼结合的高素质"工匠型""双师型"教师队伍
湖南工艺美术职业学院	93.46%	利用职教集团、湖南工艺美术协会等平台的资源优势,与企业建设"双师"素质教师校外实践基地,同时建设多个名师大师工作室,引大师入校,送教师入企,鼓励教师积极参加培训,多途径提升教师专业素养及实践能力
浙江警官职业学院	92.12%	学校实施人才强校战略,以提高师德素养和业务能力为核心,以高层次人才、中青年教师的培养为重点,通过挖潜增才,盘活现有人才;政策引才,加大人才引进力度;内涵育才,提升人才培养质量;机制励才,充分激发人才队伍活力等多个举措,全面加强教师队伍建设,努力打造了一支高素质"双师型"教师队伍

综上，高职院校"双师型"教师培养的重要性日益凸显，国家、地方和高校层面都积极行动，促进"双师"队伍建设制度的完善。这些综合性的努力可以进一步确保"双师型"教师培养的质量和有效实施，高职院校可以更好地满足现代职业教育的需求，并培养出更多符合行业要求、具备实践能力的高素质人才，不断完善的制度保障体系将为"双师型"教师培养的发展提供支持，进一步推动职业教育的发展和提升。

3.2.3　"双师"队伍素养比例稳步提升

随着高职院校"双师型"教师培养的推进，"双师"队伍素养比例正在稳步提升。这使得教师队伍拥有更多具备实践经验和专业知识的教师，为实施技能型人才培养模式提供了坚实的支持。

2023年3月23日，教育部召开新闻发布会，介绍2022年全国教育事业发展基本情况。全国共有高等学校3013所。其中，普通本科学校1239所（含独立学院164所）；本科层次职业学校32所；高职（专科）学校1489所；成人高等学校253所。另有培养研究生的科研机构234所。各种形式的高等教育在学总规模4655万人，比上年增加225万人。职业本科招生7.63万人，比上年增长84.39%。高职（专科）招生538.98万人，另有五年制高职转入专科招生54.29万人。数据显示，全国共有高等教育专任教师197.78万人。其中，普通本科学校131.58万人；本科层次职业学校2.78万人；高职（专科）学校61.95万人；成人高等学校1.47万人。普通、职业高校研究生以上学历教师比例78.54%，比上年提高1.04个百分点。无论从学校规模还是教师配备，均稳步上升。其中，职业教育"双师型"教师队伍不断优化。本科层次职业学校、高职（专科）学校、中等职业学校专任教师由2017年的132.2万人增长到2022年的136.6万人，新增4.4万人，为加快建立现代职业教育体系提供了有力的师资保障。职业教育教师培训力度不断增强，2017年至2022年，中央财政共安排41亿元实施职业院校教师素质提高计划，"职教国培"示范引领项目培训骨干教师校长2400名，培养一批职业教育改革带头人，职业教育教师培养培训体系不断健全，五年来高水平学校和行业企业共同组建170个国家级"双师型"教师培训基地，实现校企资源优势互补。

麦可思研究对193所"双高校"公布的高等职业教育质量年度报告（2022）中的"双师"素质专任教师比例数据进行了分析，排名前50的"双高校"的"双师"素质专任教师比例均超过了87%。其中超过90%的有32所，最高的是重庆航天职业技术学院（99.03%），其后依次为江苏海事职业技术学院和江苏建筑职业技术学院，比例分别是96.77%和96.07%。"双师"素质专任教师比例较高的多为行业特色型院校，涉及航天、海事、农牧、电子、交通、水利等多个领域。从地区分布来看，这些"双高校"遍布15个省份或直辖市，江浙两省上榜学校数量最多，均为11所，之后是广东（6所）、山东（5所）和重庆（4所）。浙江省共计15所高校入选全国"双高"建设计划，占全国"双高校"的8%，但在"双师"素质专任教师比例TOP50"双高校"中入选数为11所，占比达22%；江苏省共计20所高校入选全国"双高"建设计划，占全国"双高校"的10%，而在"双师"素质专任教师比例TOP50"双高校"中入选数为11所，占比达22%，数据显示江浙地区不仅职业教育发展潜力巨大，且高校"双师"教师队伍建设成效显著。

2022年2月14日，上海市教育委员会印发《上海市职业教育发展"十四五"规划》（沪教委职〔2022〕4号）。"十三五"期间，教师培训规范化，连续5年开展新进教师规范化培训，形成国家、市级、区级和校本多层次师资培养培训体系。推动教师走出去，落实专业教师每5年赴企业10个月实践制度，支持职业学校校长和教师赴德国、英国培训或考取国际通用职业资格证书。推动人才引进来，开展近3000名特聘兼职教师资助工作。打造名师名校长，推动建成30个职业教育名师工作室和30个技能大师工作室，中职增设正高级讲师职称，职业教育"双师型"教师素质明显提升。未来将从以下几方面加强"双师型"教师队伍建设：①突出"双师型"教师个体成长和"双师型"教学团队建设相结合，兼顾公共基础课程教师队伍建设，着力提升教师思想政治素质和师德素养，提高教师教育教学能力。出台上海市"双师型"教师认定标准，"双师型"教师占专任教师总数达到65%。支持高水平学校建设职业教育教师学院或培训基地。加强职业教育名师名校长培育，建成50个职业教育名师工作室和50个职业教育技能大师工作室，建设100个市级职业教育教师教学创新团队。②探索创新产教融合人才培养、多元协同育人的治理模式，推动校企双元育人全方位全过程深度融合。稳步推进职业学校参与职业技能等级证书制度。实施20个行业龙头企业与高水平职业学校一对一结对计划，合作开展中国特色现代学徒制，20%的高职专业和中高职贯通专业施行中国特色现代学徒制。坚持主体在校、企业为主、多元投入、政府统筹，在职业本科学校校园内建设国家职业教育虚拟仿真公共实训基地。积极培育产教融合型试点企业，深度打造10个国家级示范性职教集团。③加强师德师风建设，全面提升教师素养。健全完善职业学校、行业企业、用人单位多元参与的"双师型"教师评价考核体系。加强职业技术教师教育学院建设。支持高水平学校和大中型企业共建"双师型"教师培养培训基地。健全行业企业优秀人才职业学校任教标准。培养50名高水平专业带头人，建设校企共同参与的10个国家级和100个市级职业教育教师教学创新团队，50个上海市职业教育名师工作室。组建高水平、结构化教师教学创新团队，探索教师分工协作的模块化教学模式。

根据《2023上海高等职业教育质量年度报告》，2022年，上海高职院校"双师"素质专任教师比例为56.62%，高级专业技术职务专任教师比例为24.27%。其中，上海思博职业技术学院打造由名师工作室引领的"能研、会做、善教"的"双师"团队，优化"基础共享、模块分项、融贯互选"的四线复合专业群课程体系，推进"引培孵助"理念下的四阶递进"双创"教学模式。上海城建职业学院强化前瞻布局，深化体系建设，通过"引育用管"并举、改革创新制度化，大力推动"双师"建设体系化。使用方面，企业兼职教师广泛参与学校专业人培方案修订，课程、教材与实训基地建设，劳模工匠精神育人，指导学生技术技能大赛、创新创业教育等，专业课行业企业兼职教师授课比例超20%。管理方面，通过择优选聘、协议管理、建档立册、有进有出，一体化强化规范建设；通过纳入学校教师考核体系与教学质量评价体系，一体化强化绩效管理；通过改善工作条件、保证薪酬待遇、足额经费保障，一体化强化条件支持。目前，学校"双师型"教师占比 72%，企业兼职教师占比超 45%，是教育部"双师型"教师培养培训基地，5 名教师入选全国职业教育行指委/教指委。

3.2.4 职业教育国家培训基地初具规模

根据中华人民共和国教育部相关统计，2017 年至 2022 年，中央财政共安排 41 亿元实施职业院校教师素质提高计划，"职教国培"示范引领项目培训骨干教师校长 2400 名，培养一批职业教育改革带头人。职业教育教师培养培训体系不断健全，五年来高水平学校和行业企业共同组建 170 个国家级"双师型"教师培训基地，实现校企资源优势互补。

职教国培基地在职业教育师资培养培训体系中扮演着重要角色。它是实施职业学校教师素质提高计划、推进"职教国培"示范项目、培养名师（名匠）和名校长计划等国家级培训任务以及地方各校教师培训的关键力量。2022 年 12 月，教育部印发《关于公布国家级职业教育"双师型"教师培训基地（2023—2025 年）的通知》（教师厅函〔2022〕28 号），公布了 170 个职业教育"双师型"教师培训基地，如表 3-6 所示。

表 3-6 国家级职业教育"双师型"教师培训基地名单（2023—2025 年）

序号	专业大类	专业中类	基地牵头单位
1	电子与信息大类	电子信息类	武汉职业技术学院
2	电子与信息大类	电子信息类	湖南铁道职业技术学院
3	电子与信息大类	电子信息类	山东理工大学
4	电子与信息大类	电子信息类	河北师范大学
5	电子与信息大类	电子信息类	南京信息职业技术学院
6	电子与信息大类	电子信息类	浙江工业大学
7	电子与信息大类	电子信息类	河北交通职业技术学院
8	电子与信息大类	电子信息类	上海电子信息职业技术学院
9	电子与信息大类	电子信息类	内蒙古电子信息职业学院
10	电子与信息大类	电子信息类	重庆邮电大学
11	电子与信息大类	集成电路类	浙江大学
12	电子与信息大类	计算机类	哈尔滨工业大学
13	电子与信息大类	计算机类	北京师范大学
14	电子与信息大类	计算机类	天津大学

续表

序号	专业大类	专业中类	基地牵头单位
15	电子与信息大类	计算机类	华中科技大学
16	电子与信息大类	计算机类	电子科技大学
17	电子与信息大类	计算机类	重庆电子工程职业学院
18	电子与信息大类	计算机类	上海交通大学
……	……	……	……

（资料来源：教育部办公厅关于公布国家级职业教育"双师型"教师培训基地（2023—2025年）的通知（教师厅函〔2022〕28号））

上述《通知》中170个职教国培基地涵盖了电子与信息、装备制造、交通运输、财经商贸等19个专业大类和46个专业中类。通过加强专业建设、组建高水平培训团队以及深化校企合作，全国职业院校教师培训基地致力于优化培训模式，改革课程体系，并持续跟踪指导，以示范引领的方式打造国培基地品牌，全国职业院校教师培训基地的布局将得到优化和完善，以更好地满足职业教育发展的需求，为打造职业教育中的"良匠之师"提供有力支持，进一步推动"双师型"教师队伍建设迈向更高水平。

3.3 高职院校"双师型"教师队伍的特点

虽然近年来，党中央、国家、地方政府出台了教师队伍建设的一系列制度，采取了一些举措指导鼓励职业教育"双师"队伍建设，一些高职院校在"双师"队伍建设方面取得了显著的成效，但从整体来看，高职院校的"双师型"教师队伍建设仍有优化的空间，"双师型"教师队伍具有以下特点。

3.3.1 高素质的"双师型"教师数量不充足

2019年全国高职开始扩招，高职院校共有专任教师49.8万人，按师生比18：1计算，加之考虑教师退休等自然减员情况，每年约需补充6.5万名高职老师才能满足扩招的要求。但是到2021年全国高职院校专任教师为59.9万人，比2019年仅仅增长9.7万人，高职院校教师数量整体短缺。其中"双师型"教师在专业课教师的占比超过55%，达到了教育部提出"双师"教师过半的要求，但与在校生数量和增长趋势相比，仍有较大需求空间。详见表3-7，而且生师比整体呈现进一步扩大的趋势，如图3-1所示。全国政协委员李孝轩测算结果显示，按2022年教育部《职业学校办学条件达标工程实施方案》中18：1的生师比标准测算，当前我国高职院校专任教师数量缺口约为31万人。

根据《教育部2022年全国教育事业发展统计公报》，高职（专科）学校1489所，比上年增加3所，校均规模10168人。高职（专科）招生538.98万人（不含五年制高职转入专科招生54.29万人），同口径比上年增加31.59万人，增长6.23%。高职（专科）在校生1670.90万人，比上年增加80.80万人，增长5.08%。高职（专科）毕业生494.77万人，比上年增加96.36万人，增长24.19%。高职（专科）学校61.95万人，高职（专科）学校生师比19.69∶1。此外，高职院校在校均规模、在校生人数、专任教师方面，都低于普通本科，只有毕业生人数2022年比普通本科多23.2万人。尤其在校均规模上，普通本科是高职院校的1.7倍；在专任教师数量上，普通本科是高职院校的2倍之多。2022年，本科层次职业学校32所，与上年持平；本科层次职业学校校均规模19487人，比普通本科学校校均规模多2694人（2022年普通本科学校校均规模16793人）。职业本科招生7.63万人，比上年增加3.49万人，增长84.39%，另有专科起点本科招生3.31万人。职业本科在校生22.87万人，比上年增加9.94万人，增长76.91%。本科层次职业学校专任教师2.78万人；生师比18.31∶1。

表3-7 高职院校基本情况一览

年份	高职院校数量	高职院校校均规模（人）	高职院校生师比	招生人数（万人）	毕业生人数（万人）	在校生人数（万人）
2013	1321	5876	17.10	318.40	318.75	973.64
2014	1327	6057	17.60	337.99	317.99	1006.63
2015	1341	6336	17.77	348.43	322.29	1048.61
2016	1359	6528	17.73	343.21	329.81	1082.89
2017	1388	6662	17.74	350.74	351.64	1104.95
2018	1418	6837	17.89	368.83	366.47	1133.70
2019	1423	7776	19.24	483.61	363.81	1280.71
2020	1468	8723	20.28	524.34	376.69	1459.55
2021	1486	9470	19.85	552.58	398.41	1590.10

（资料来源：高等教育事业统计报表统计整理）

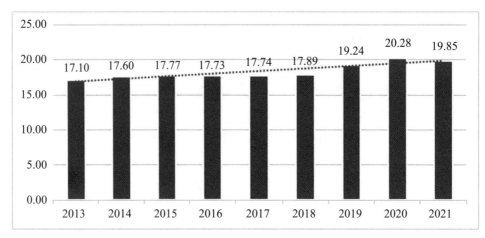

图3-1　2013—2021年高职院校生师比

2019年"职教师资12条"明确：到2022年，职业院校"双师型"教师占专业课教师的比例超过一半，建设100家校企合作的"双师型"教师培养培训基地和100个国家级企业实践基地，选派一大批专业带头人和骨干教师出国研修访学，建成360个国家级职业教育教师教学创新团队，教师按照国家职业标准和教学标准开展教学、培训和评价的能力全面提升，教师分工协作进行模块化教学的模式全面实施，有力保障1+X证书制度试点工作，辐射带动各地各校"双师型"教师队伍建设，为全面提高复合型技术技能人才培养质量提供强有力的师资支撑。

但从目前状况看，一方面，我国高职院校专任教师数量缺口会进一步加大，另一方面，从高职师资队伍结构看，高学历和高素质的教师配比偏少，素质高的"双师型"教师尤为缺乏，其主要原因有如下几点：

第一，高职教师队伍结构不完善。在过去的发展过程中，高职教育更注重职业技能的传授和实践能力的培养，较少关注教师的教学能力和学科背景。因此，许多教师缺乏深入的学科专业知识和教学经验，无法充分发挥"双师型"教师的作用。

第二，高职教师的培养与引进机制还不完善。相比于普通本科教育，高职教师培养与引进的重视程度和资源投入较低。缺乏专门的师范类教育学院和研究生教育，限制了高质量的教师培养。同时，在教师招聘过程中，对教育教学能力和学科背景的要求相对简单，没有充分考虑到"双师型"教师的综合素质。此外，"职教师资12条"同时明确自2019年起，除持有相关领域职业技能等级证书的毕业生外，职业院校、应用型本科高校相关专业教师原则上从具有3年以上企业工作经历并具有高职以上学历的人员中公开招聘。但目前各大高校中，特别是应用型本科高校的教师，大部分还是来自高学历刚毕业的研究生，缺乏在社会历练的工作经历和实践经历。

第三，高职领域教师的职业发展路径和激励机制有待进一步完善。首先，高职教师的职业发展普遍缺乏明确的规划和指导，缺乏明确的晋升途径和阶梯。教师在职业生涯中不清楚应该如何提升自己的教学能力和专业素养，缺乏明确的目标和方向。这使得一些优秀的教师无法充分发挥自己的潜力，也不利于教师队伍的整体提升。其次，在激励机制方面，目前高职教师的激励政策相对简单，主要以工资提升和职称评定为主。这种单一的激励方式无法充分激发教师的积极性和创新力，也不能有效促进教师的专业发展和进步。缺乏多样化、有针对性的激励措施，使得许多优秀的"双师型"教师缺乏持续学习和发展的动力。再次，高职教师的晋升主要以学历和工作经验为评价标准，对于教育教学能力和学科发展的要求相对较少。这导致教师在晋升过程中缺乏更具体、更公正的评价标准，教学能力和学科研究的贡献无法得到应有的认可和重视。同时，晋升机会有限，使得优秀的教师难以进一步发展和发挥更大的作用。

总的来说，目前我国高职教育中，高素质的"双师型"教师数量不足。这种现状与教师队伍总体数量结构的不完善、培养与引进机制的不完善以及职业发展路径的不健全等因素有关。需要改善教师培养和引进机制，提供更多的培训机会和发展空间，加强教师培养和发展，提高教师队伍的素质和能力，以促进高职教育的进一步发展和提高教育质量。

3.3.2　党建引领下的顶层设计有待加强

2021年4月，习近平总书记在清华大学考察时指出，"要坚持把立德树人作为根本任务，把服务国家作为最高追求，把学科建设作为发展根基，把深化改革作为强大动力，把加强党的建设作为坚强保证，不忘初心、牢记使命，为党育人、为国育才"。可见，党建引领是包括高职院校"双师型"教师队伍建设在内的师资队伍建设的坚强保证，必须重视和加强。但从目前来看，党建引领下的顶层设计仍是高职院校"双师型"教师队伍建设的薄弱环节之一，具体表现在以下方面。

首先，对党组织引领"双师"队伍建设工作还存在工作认识上的误区。面对新形势和新要求，要把"双师"队伍建设作为党建工作的抓手和依托，是迫切需要解决的瓶颈问题。2019年高职质量年报统计显示，四分之三的高职院校技术服务到款额不足100万元，半数院校在10万元以下，横向课题和纵向课题到款额为0的分别占到四成和两成。2020年的高校科技统计报表中显示，985/211高校、普通高校、高职高专院校建立科研项目协作交流平台的比例分别为35.29%、31.17%、13.01%。当前教师的技能、教育内容、教学组织发展革新滞后，跨学科、综合性的教育教学模式需求迫切，对教师产教研需求能力进一步加大。党建引领可以举全校之力，在高度重视的基础上加快教师能力提升的步伐。

其次，党组织引领"双师"队伍建设作用发挥不明显，成效不够显著。调研表明，个别高职院校还有存在党建、业务"两张皮"现象，一些高职院校已经通过党组织引领在教师队伍建设和产教研能力提升方面取得良好的成效，一些成效还不明显。党组织引领院校治理内容多、头绪多、环节多，以上海电子信息职业技术学院为例，通过调研问卷可以看出学校党委始终重视学校基层党建建设，尤其是党的十九大召开以后，组织部制定出台了系列文件，进一步提升学校基层党建工作规范化水平，学校先后建成全国"样板党支部"等，积累了不少经验，也通过切实有效的举措取得实质性成效，党建作用发挥明显。但面对瓶颈问题时缺乏聚焦发力，比如在学校面向全校党员专任教师提升党组织建设调研中发现，在党员队伍作用的发挥、党组织的组织力、党组织发挥战斗堡垒作用和成效方面尚有较大的提升空间，希望在组织教师"双师"能力提升、开展产教融合、科研等工作方面给予更多的引领。

再次，党建引领"双师"队伍建设没有形成长效运行机制。党组织引领高职院校各项工作开展形成了一些好的经验和做法，但是更为系统的顶层设计和长效运行的制度设计需要进一步思考。通过分析高职院校发布的制度和办法可以看出，在党组织开展思想政治和师德师风工作方面已经形成比较完善的制度体系，也有一些党建协同保障业务工作开展的机制，但是对党组织引领业务工作开展方面尤其聚焦"双师"教师企业实践的激励机制、教师产教研能力提升等不能满足教师要求，在针对"双师"队伍建设的调研过程中，教师普遍认为在基地建设和常规激励方面形成一些制度，但在更多的激励、教师晋升和一些具体激励中有些缺失，尤其在最新的教育部"双师"标准认定工作中除了学院认定，要有后续的具体激励制度。在调研中也发现学校的激励政策和培养管理机制最为关键，2023年上海电子信息职业技术学院"双师型"教师队伍建设动态调查报告显示：学校的激励机制在"双师"队伍建设中影响作用最大，具体见下图3-2。在落实坚持党对一切工作的领导与提升党建质量和解决高职院校瓶颈问题的背景下，建设党组织引领激发教师活力的长效机制尤为重要和迫切。

图3-2 影响"双师型"教师培养的关键因素

3.3.3 "双师型"教师队伍认定标准和能力水平参差不齐

高职"双师型"教师是指具备行业经验和教育背景的双重素质教师，他们能够将行业实践与教育相结合，为学生提供实用性的教育。然而，"双师型"教师认定标准参差不齐，能力水平也是参差不齐。

1. 针对"双师型"教师的认定标准指标，通常在学校内部制定，并用于评估和招聘"双师型"教师。首先，目前各大高校并没有统一的标准，比如认定标准的必备条件，部分高校设定为大学本科以上学历和高校教师资格证，部分高校设定为具有讲师及以上教师职称。其次，现有的认定标准在考虑教师的能力和素质时往往只关注某一个方面，而忽视了其他方面的重要性。比如认定标准往往忽视对"双师型"教师实践教学能力的评价，导致缺乏相应的评价标准。有的又过于关注教师的行业经验，要求教师在某个特定行业从业多年，并获得一定的荣誉和成绩。这一标准认为行业经验是"双师型"教师最重要的素质，而忽视了教育背景和教学能力等其他重要因素。即使一位教师在特定行业有丰富的经验和成就，但他可能缺乏教育背景和教学经验，无法有效地将自己的行业知识和经验转化为实际的教学。

这种参差不齐的认定标准指标可能会导致以下问题。首先，只依据行业经验来认定"双师型"教师可能会造成认定结果的片面性。教师的教育背景、教学能力和专业素养等都是评估教师能力的重要因素，仅仅依靠行业经验是不全面的。其次，可能会导致对人才的错失。一些具备教育背景和教学经验，但行业经验相对较少的教师可能被排除在"双师型"教师的范畴之外，而他们实际上可能有很强的教学能力和潜力，能够为学生提供具有实用性的教育。

因此，对于高职"双师型"教师的认定标准问题，有必要对认定标准进行全面的评估和调整，综合考虑教师的行业经验、教育背景、教学经验和专业素养等多个方面。只有在综合考量的基础上，才能更好地认定和培养出具有"双师型"教师素质的教师。目前在教育部文件的指引下，一些地方政府和高职院校出台了最新的认定标准，开始进行全面、综合考量。

2. 教师的职业资格和实践经验存在背离。研究发现教师获取职业资格和实践经验之间存在背离的现象，且并非个别案例。一方面，教师必须具备丰富的理论知识和教育背景，以满足专业教学的要求。为此，他们通过参加专业培训和考试获得了行业职业资格的认证。这种资格证书通常代表了教师在相关领域的理论掌握和专业知识水平。但另一方面，实践经验对于教师来说同样重要，特别是高职院校的教学环境中。然而，这种实践经验的培养相对不足，导致教师在应用知识和实践能力方面存在一定的缺陷。

在许多行业中，行业职业资格通常被认为是能力和专业知识的象征。教师通过参加行业培训、考试和实践课程，取得了相应的资格证书，以证明他们掌握了相关领域的理论和技能。例如，在金融证券领域，教师可能已经取得从业资格证书，尽管这些证书在理论层面上确保了教师的专业素养，但它们并不总能反映出教师在实践中的能力。

职业资格的取得通常需要教师完成一定的学历和考试。这些证书代表了教师在理论知识和教学技能方面的一定水平。例如，教师资格证书的获得，彰显了教师在教育理论和教育法律法规方面的知识掌握。然而，这种职业资格对实践经验的培养相对较少。教育系统更加注重理论教育和基础知识的传授，但对于实践技能的培养相对较弱，结果导致一些教师在实践经验方面缺乏丰富的积累。

实践经验是培养高职"双师型"教师的关键因素。实践经验使教师能够更好地理解行业发展动态、应用理论知识于实际工作、处理复杂情况和交流技能等。然而，在目前的教育体系中，实践经验的培养体系构建不完善，实践机构对象未纳入高校统一管理，缺乏与行业部门的合作，实践考核目标的设置还是偏重于科研指标。

总的来说，职业资格和实践经验的背离是高职"双师型"教师所面临的一个主要特点。尽管教育体系机构已经意识到这一问题并进行了一些改进，但在短期内解决这个问题仍然有一定的难度。

3. 贯彻党中央和国家对高等职业教育人才培养的要求，特别是弘扬大国工匠精神，需要高等职业院校不断提升"双师型"教师队伍的整体能力水平。然而，目前在"双师型"教师队伍能力水平方面还存在着不小的差距，现有"双师型"教师的能力水平也参差不齐。综合来看，"双师型"教师的能力水平参差不齐的原因主要有以下几个。

第一，"双师型"教师的标准在过去很长一段时期内没有统一和严格落实。从本书第一章关于"双师型"教师的内涵和相关制度看出，长期以来对"双师型"教师的认定缺乏统一标准或者要求尺度不一，各地方、各高职院校统计口径也有差别。虽然各地相继出台了地方高职院校"双师型"教师认定办法，但认定标准都处于试行的"探索期"，存在认定标准不同、质量参差不齐、评价主体单一等情况。教育部在2022年10月出台了《职业教育"双师型"教师基本标准（试行）》（教师厅〔2022〕2号）的新制度后，各地据此制定了相应的不低于教育部标准的认定标准和办法等相关制度，但是不同地区出于各地实际情况不同，提出了不同的具体标准，"双师型"教师的认定标准等制度体系及配套政策还需要更多的完善和优化。

第二，专门为职业院校培养"双师型"教师的机构不能充分满足需要，教师来源多元性导致能力差异和后续培养培训的复杂性。职业院校教师的主要来源是普通高校毕业生，这类群体具备较高的学位，他们的学术和专业能力强，但是教育教学和实践能力方面相对薄弱。还有一个来源是其他普通高校的教师，这一类群体一般是高层次人才，具有固化思维，对职业教育的适应性不强。另外一个来源是行业企业的技术技能人才，这一类人群实践能力强，有较强的动手操作能力，但教育教学能力方面可能存在不足。

第三，职业教育涵盖的行业领域广泛，量化的"双师型"标准难以整齐划一，致使权威式认定困难。一方面，具备"双证"的"双师型"教师，在"双素质"方面未必满足要求。另一方面，有些领域难以通过"双证"认定和衡量，比如非物质文化遗产领域，有的技能就是一项"绝活"，无法用证书来评估能力。因此，目前很多职业教育"双师型"教师的质量名不副实，拥有教师资格证和工程师资格证书的教师虽然有"双证"，但这仅反映某一方面达到了一定的专业技能水平，并不代表其理论能力、实践能力就强。

第四，高校受限于经费紧张投入不足、教学统筹安排紧张、行业企业主动配合度低等因素，大多高校满足于"双师型"教师数量达标，但在提升"双师型"教师质量上用力不够。特别是在许多民办高职院校中，教师的实践教育能力存在明显不足。作为骨干的青年教师，他们不仅需要承担大量的教学和科研工作，还受到培养成本和名额等多个因素的制约。这使得他们在企业实际实习的时间相对较短，心有余而力不足，难以充分提高自身的实践技能。

第五，缺乏配套的激励机制致使教师个人缺乏"双师型"能力提升的内在动力。许多职业学校在教师的业绩考核和职称评审方面仍然受到普通教育考核规则的制约。对于教师提升实践能力、教育教学能力等方面的业绩评价，仅仅会"在同等条件下优先考虑"，这导致一些教师面对"双师型"要求时，只追求达到基本要求而缺乏主动提升的动力，内在自发动力不足。尤其在当前的中国教育体系中，一般来说，高职院校教师较其他职业来说相对稳定，待遇方面也有保障，处在相对"舒适"的生存境地。他们满足于一味地不更新地讲授传统课程，满足于评上高级职称就实现职业预期，满足于保持现有的专业水平与现状而漠不关心产业结构的调整和前沿技术的发展，仿佛温水煮青蛙般，失去了追求一流和卓越的意愿，失去工匠精神，缺乏去适应双岗需求的源生动力。造成这种源生动力不足很关键的原因是缺乏配套的激励机制。在本书第七章关于对上海电子信息职业技术学院"双师型"教师与"非双师型"教师在学校福利待遇方面的区别的调研，数据显示50.8%的教师表示并不清楚，33.33%的教师认为"双师型"与"非双师型"待遇差不多，10.8%的教师认为好一点，仅5.06%的教师认为"双师型"教师待遇要比"非双师型"教师好很多。其中50.57%的教师认为学校"双师型"教师队伍培训制度尚不健全。大多数教师也觉得学校对于"双师型"教师评定以及管理制度不健全，相关政策不健全。希望学校能更多提供企业实践的机会和平台，尤其提供"双师型"教师的培训平台。

3.3.4 数字化背景下的素质能力不足

21世纪企业所需的技术技能人才体现在六大素养上：提出问题和解决问题的能力、独立思考和创新的能力、有效沟通和合作的能力、自我导向的学习能力、信息检索和媒体采集能力以及一定的文学素养和数学基础能力。特别是在当前数字化背景下，企业需要的人才技能和素养已经发生了很大的变化。"双师型"教师作为教育这个领域中的从业者，需要具备与时俱进的素质和能力，以满足高速发展的科技和社会的需求。"双师型"教师应该具备：①数字技术能力——"双师型"教师应熟练掌握数字技术工具和平台，包括电子教室、在线学习管理系统、多媒体教具等，能够灵活运用数字技术来支持教学和创新；②数据驱动思维——"双师型"教师需要具备数据分析的能力，善于从教育数据中获取价值信息，并根据数据进行教学决策和改进；③协作能力——数字化时代注重跨学科合作和团队合作，"双师型"教师应具备与其他教师、专家和学生合作的能力，共同设计和实施跨学科的项目和活动；④创新思维——数字化时代要求创新能力，"双师型"教师应具备独立思考、解决问题和创新的能力，能够设计和实施创新的教学活动和项目；⑤学习能力——"双师型"教师应具备自主学习和持续学习的能力，跟随技术和教育发展的步伐，不断提升自己的专业知识和技能；⑥教学设计能力——"双师型"教师需要具备教学设计的能力，能够根据学生的特点和需求，设计符合数字化教学的课程和教学活动。

在当前经济快速发展和数字化的背景下，高职"双师型"教师面临着自我知识更新和实践经验更新的挑战，出现素质能力不足的情况。包括：①由于数字化教育的快速发展，一些"双师型"教师缺乏必要的数字技术能力，不熟悉基本的电子教学工具和平台的使用，无法充分发挥数字技术在教学中的作用。比如教学内容与信息技术的融合（微课、微视频、慕课）；教学情境与信息技术的融合（虚拟仿真平台建设）；利用大数据技术分析学情；利用信息技术设计评价方案和指导学生职业生涯规划，教师对以上信息技术的操作和使用并不熟悉，也不关注，从而无法提高教师信息化教学的能力。②数字化教育注重数据的收集和分析，但一些"双师型"教师在教学中没有充分利用数据驱动的思维方式。他们缺乏从数据中获取有价值信息的能力，无法有效利用数据来改进教学和学生学习。具体来说，就是"双师型"教师没有建立有效的数据收集机制和方法，无法在教学过程中系统地收集各种与学生学习相关的数据，如学生成绩、学习活动记录、课堂互动数据等。即使教师收集到了一些数据，在分析和解读数据时也可能存在困难。

"双师型"教师可能缺乏数据分析的基本工具和方法，无法将数据转化为有意义的信息和洞见。③在数字化教育中，跨学科合作和团队合作变得更加重要，团队合作是跨学科项目中至关重要的一环。然而，一些"双师型"教师可能缺乏团队合作的技能，例如协作、沟通、冲突解决和目标达成等。这导致他们在跨学科项目中无法与其他团队成员顺利合作，影响整个项目的进展和成果。跨学科合作要求教师具备跨学科领域的知识和理解，并能够将其整合到教学实践中。然而，一些"双师型"教师可能没有深入了解其他学科的教学内容和方法，难以在跨学科项目中发挥应有的作用。另外，跨学科项目通常需要进行有效的项目管理，包括项目规划、资源管理、任务分配、进度控制等。然而，一些"双师型"教师可能缺乏项目管理的基本知识和技能，无法有效地组织和管理跨学科项目，导致项目无法按计划进行。④在经济快速发展和数字化时代，行业知识和技术在不断变化和演进。这要求高职"双师型"教师具备快速学习和适应新知识的能力。然而，由于工作压力和时间限制，教师可能难以及时获取最新信息。另外，对于一些前沿技术和新兴行业，教师可能缺乏相关背景和专业知识，难以跟上最新的发展。还有，实践经验更新的挑战。随着经济的发展和技术的进步，行业及职业要求也在不断变化。然而，教师的实践经验往往来自过去的工作经历，可能滞后于当前的行业实际情况。特别是对于一些新兴产业和快速发展的领域，教师可能没有最前沿的实践经验来指导学生。

尽管高职"双师型"教师在数字化背景下素质能力方面面临挑战，但仍可通过积极参与专业培训、定期自我评估、与行业合作以及与同行的交流分享等方式，不断提高自己的综合素质和专业能力。

3.3.5 "双师型"教师培训体系缺乏系统性

随着国家对职业教育的重视和职业教育领域的发展与改革，职业院校已经普遍认识到要尽快建设"双师型"教师队伍的重要性和迫切性，但从具体实施情况来看，多数职业院校缺少整体建设规划，在制定发展战略的过程中，也缺乏对学校实际情况、教师的职业生涯规划的考虑，导致"双师型"教师队伍培训体系不够完善，教师培训力度远远不足，培训体系也毫无保障。同时在实际培训过程中，无论是培训内容还是培训方式，重理论轻实践的现象都比较突出。归根结底，"双师型"教师队伍培训缺乏长期性、系统性的培训规划，最终导致人力、物力、财力的浪费，收效甚微。

首先，培训体系缺乏系统性规划。从师资源头来看，职业技术师范院校是我国培养"双师型"教师的重要基地，优质的高职院校师资主要来源仍是职业技术师范院校的应届毕业生，但职业技术师范院校数量不足，且达到硕博培养层次的单位较少，不能满足高职院校对教师的数量和质量要求。从师资职前培训来看，应届高校毕业生和普通高校教师大多数存在指导实践教学能力不足的问题，行业企业人员则存在教育教学能力比较薄弱的问题，而现有职前培训时间很短，而且培训和考核形式大于内容，对于全面提高"双师"素质和能力的作用深受局限[1]。从师资职后培训来看，青年教师普遍存在企业实践经验不足、专业技术应用和职业教育教学能力不强等现象，亟待强化培训。但一方面教师的教学任务繁重，很少有机会离岗进行长时间的集中式培训，尤其缺少针对性和高水平的培训，另一方面培训方式不够灵活，导致有效的职后培训规划缺位。

其次，需要改进的方面是"双师型"教师的培养课程体系，目前存在的问题是缺乏系统性的设计。根据《职业教育"双师型"教师基本标准（试行）》的要求，"双师型"教师的培养需要有系统性的课程设计作为支持，然而这正是目前存在的弱点。具体表现为以下两个方面：一是现有的师资培训内容不够全面。当前的职业教育师资培训主要侧重于理论和理念的培训，而忽视了对教师实践应用能力的培养。这包括将专业技术应用于教学的能力以及职业教学方法等实践与教学能力的培养。二是现有的师资培训形式不够科学。职业教育的师资培训常以理论讲授、专家演讲或专题报告等形式进行，而培训形式单一，无法完全满足职业教育教师能力培养的需求。此外，现有的企业实践经验常常碎片化，缺乏形成教学体系的整合，因此受限于企业实际情况的制约较多。

再次，考核体系缺乏系统性评价。叶煜、李敏等（2019年）认为"双师"政策在落地执行过程中完全依赖于执行者对政策文件的理解和解读。执行者有没有充分理解政策内容和精神、政策执行过程是否到位、执行结果是否偏离政策目标，以致违背政策本意或降低政策质量和效率，这些都需要相应的考核评价机制。在推动职业教育发展、促进"双师型"教师队伍建设的政策指引下，职业教育教师队伍素质虽有显著提高，但仍与政策目标有较大差距，这与"双师"政策执行缺少评价体系不无关系。具体表现在：一是对政策落地的最后一公里缺乏顶层设计。需确立系统、科学的评估和监督机制，对政策的执行过程进行监测和评估，并对政策的价值和效益进行判断，通过建立此类机制，可以确保政策的可行性和可持续性，及时发现潜在问题和改进空间，并为教师提供持续的支持和发展机会。此外，科学的评估和监督机制还能够帮助政策制定者了解政策的实际效果和影响，为未来的政策调整和优化提供依据。二是"双师型"教师培训过程缺乏监督和评价体系。培训过程的质量直接影响"双师型"教师素质能力提高的水平。然而，在实践企业的选择、筛选、认定过程中，以及企业实践期间的监督、考核等方面，缺乏系统性的评价机制，导致教师企业实践的形式大于内容，培训效果参差不齐。此外，"双师型"教师的培训效果缺乏跟踪性评价。由于教师的发展和能力要求始终处于动态变化之中，需要全程跟踪和评价。应该形成一个闭环，从培训开始到实际发挥效

---

[1] 叶煜,李敏,文燕. 高职院校"双师型"教师队伍建设:政策、问题与建议[J]. 职业教育研究,2019(10):69-73.

果，再到跟踪反馈的过程中进行全面评价，为"双师型"教师培养体系的完善提供科学依据。

最后，目前"双师型"教师培训缺乏一套统一的标准和指导，导致不同地区、不同学校甚至不同专业的"双师型"教师培训存在差异。缺乏统一标准的情况下，教师培训往往没有明确的目标和指导方针，培养出的教师往往缺乏一致性和共性。这种差异性可能包括培训内容的差异、培训方法的差异以及培训时间和资源的分配差异等。在一些地区和学校，可能存在较为精细和系统的"双师型"教师培训计划，涵盖教育理论、教学技巧和行业知识等多个方面。而在其他地区和学校，可能只提供有限的培训机会，缺乏完善的培训计划和资源支持。另外，相关的培训教材和资源匮乏。高职"双师型"教师需要掌握特定行业的实践知识和技能，但当前缺乏针对"双师型"教师的教材和教学资源。教师在进行"双师型"教学时往往只能依靠个人经验和其他教师的分享，缺乏系统性的培训教材和资源的补充。

总体而言，高职"双师型"教师培训体系目前存在缺乏规划、缺乏培训框架及考核评价体系等问题，使得"双师型"教师的培养缺乏系统性。

3.3.6 行业企业的参与度和支持度乏力

校企合作是职业教育人才培养模式的显著特征，产教研深度融合是"双师型"教师培养的有效载体和必然选择。但长期以来，行业企业的参与度和支持度乏力一直是制约校企合作与产教研深度融合的短板和痛点。

首先，规范化的企业实践基地数量无法满足"双师型"教师培养的需求。教育部等六部门2016年印发文件规定，职业学校专业课教师（含实习指导教师）要根据专业特点每5年必须到企业或生产服务一线实践累计不少于6个月的时间，没有企业工作经历的新任教师应先实践再上岗。教育部办公厅2022年又印发文件要求，推进职业院校教师每年完成至少1个月的企业实践。以2021年全国职业学校专任教师数量（共有129万人）进行测算，按照每5年轮训一次的要求，每年要有20%的专任教师约25.8万人参与企业实践。现有的202个国家级企业实践基地远远不能满足需求。

其次，行业企业参与和配合的积极性不高。除了经各级各类认定的企业实践外，行业企业整体上对校企合作，特别是"双师型"教师的共同培养积极性不高。而"双师型"教师实践能力提升，尤其是与行业企业新方法、新技术、新工艺、新标准不断发展相关的实践能力更新，必须得到行业企业的配合。否则会流于形式，缺乏实效。其中的原因当然很多，但主要是企业感觉很难在其中获益，反而平添了隐性成本，甚至会因为磨合问题影响生产经营进度，导致积极性不高。对近200家企业的调研显示：关于哪个部门应当履行"双师型"教师培养的责任问题，认为政府部门履责的有113人次、认为企业履责的有154人次、认为学校履责的有176人次、认为社会其他部门履责的有66人次。由此可见履行"双师型"教师培养责任的主体依然是企业和学校，校企双方需要破除障碍，强化培养优质师资队伍主要责任；企业对"双师型"教师到企业实践的态度愿意合作的有75家、在一定条件下可以接受的有117家、不愿意合作的有5家。说明企业对教师到企业实践持开放态度，双方资源共享具有良好的合作基础，但是企业考虑经济效益比较多，希望院校有一定的投入，或者上级有关部门给予补贴。

再次，教师赴企业实践的成效有待进一步加强。根据相关通知要求，教师到企业实践的目的是让参训教师深入了解企业生产的组织方式、工艺流程、产业发展趋势等基本情况，熟悉企业相关岗位职责、操作规范、技能要求、用人标准、管理制度、企业文化等，学习所教专业在生产中应用的新知识、新技术、新工艺、新材料、新设备、新标准等。企业实践在国内开展时间已经不短，但效果差强人意。一方面，企业很少愿意将上述核心内容传授给教师；另一方面，教师参加企业实践的主动性不够，很多教师参与企业实践只是为了应付或完成职称评定和工作要求，主动学习提交的动力不足；同时，从学校方面来说，日常教学工作已经较为繁重，不希望教师在工作时间参加实践，利用寒暑假或业余时间赴企业实践，如果教师脱产到企业开展课题研究，有的学校还要求教师带回一定的横向课题经费，致使教师感觉企业实践的压力越来越大，积极性受挫。

总体而言，在校企合作教师队伍建设中已经开展支持加强对教师的理论教学能力和实践教学能力的培训、专业建设、课程改革、横向课题等，有的企业专门提供教育培训，但企业只能提供有限的实践岗位，没有对教师队伍实践能力提升整体规划占到半数以上，教师实践时间短难以全面接触，深入的工作内容还是欠缺，"双师型"教师下企业参加实践的积极性不足，一些企业觉得学校对于"双师型"教师实践过程缺乏有效监督，实践过程应付公事的情况时有发生。说明校企双方在"双师型"教师到企业实践依然还有优化和完善的内容，需要聚焦问题，互相协作，共同解决。

3.4 高职院校"双师型"教师培养存在的问题

3.4.1 师德师风视域高职院校"双师型"教师队伍建设存在的问题

2019年，教育部等七部门印发《关于加强和改进新时代师德师风建设的意见》（教师〔2019〕10号），以习近平新时代中国特色社会主义思想为指导，深入学习贯彻习近平总书记关于教育的重要论述和全国教育大会精神，把立德树人的成效作为检验学校一切工作的根本标准，把师德师风作为评价教师队伍素质的第一标准，将社会主义核心价值观贯穿师德师风建设全过程。

师德师风视域涵盖以下多个方面：①教育教学素养。教师应具备学科知识和专业素养，不仅要了解学科的基本概念和理论，还要掌握学科的前沿动态和应用技能，以便能够在教学中准确传授知识。教师也需要积累丰富的教育教学经验，包括教学设计、课堂管理、学习评估等方面的经验。他们应能够根据学生的学习特点和需求，制订合理的教学计划和教学方案。同时，教师应熟悉并能够灵活运用多样化的教学方法和教学手段，如讲授、讨论、实验、案例分析、小组合作等，以激发学生的学习兴趣和提高他们的学习效果。②公平公正。教师应秉持公平、公正的原则对待每一位学生，坚持公正的评价标准，不给学生特殊待遇或不公平的制度安排。教师尊重每一个学生，无论学生的社会背景、性别、种族、宗教信仰、身体状况等因素如何，都应该公平和平等地对待学生，不偏袒或歧视任何学生。③学术诚信。教师不抄袭或剽窃他人的学术成果，包括文字、图表、研究方法等。他们应该通过引用相关文献和注明出处的方式，充分尊重他人的劳动成果。教师在科学研究与实验过程中应当保持诚实和真实，不伪造数据或篡改实验结果。按照科学研究的规范进行实验和数据处理，并确保结果的准确性和可靠性。另外，教师以身作则，成为学生学习学术诚信的榜样。他们应该向学生传授学术道德规范，引导学生遵循学术诚信原则，零容忍抄袭、剽窃等不诚实行为。最后，教师在学术交流与合作中应保持诚实和诚信，不夸大自己的成果或贬低他人的成果。他们应积极参与学术讨论和合作，尊重他人的观点，并在合作中遵循公平和诚实的原则。④持续自我提升。教师应不断提升自己的教学水平和专业素养，积极参加各类专业培训、研讨会、讲座等，学习最新的教育理论和教学方法。这些培训活动可以提供新的教学观念和方法，帮助教师不断拓展自己的教学技能和知识储备。另外，教师应定期反思自己的教学实践，思考教学中的问题和改进的方向。同时，通过自我评估和同行评估，从他人的角度来审视自己的教学水平和专业素养，并找到改进的方向。持续自我提升不仅有助于教师个人的职业发展和成长，也对提高教育教学质量和满足学生的需求至关重要。

高职院校"双师型"教师队伍建设中的师德师风十分重要，但从现实发展看，仍存在如下问题。

一是一些教师缺乏教育伦理和社会责任感，非常看重考试成绩和职业前途，忽视了学生的综合素质和发展潜力，而仅仅追求短期的成绩。这样的教师无法充分发掘学生的个性特长和潜能，同时，传递错误的价值观给学生。他们可能通过自己的行为和言论，向学生传递不良的观念和行为准则，背离了教育的初衷。

二是缺乏包容性和多样性的挖掘。一些教师可能对学生群体进行一刀切的教学，忽视了学生的差异性和多样性。每个学生都具有独特的性格、背景、兴趣和学习风格等特点，教师如果不注重观察学生的表现和行为，不了解他们的需求和困难，就无法根据学生的差异性独立进行教学。一些教师没有充分去挖掘学生的个性和特长，没能为他们提供足够的展示和发挥自我的机会，无法引导他们发掘自我潜能。教师采用的教学方式和手段单一，很难满足不同学生的需求。一些教师还从未尝试通过课程设计、学习任务等多种方式创造不同的学习场景，以致无法让不同兴趣和认知风格的学生都找到适合自己的学习方式。

三是部分教师甚至存在个人感情上背离师德的行为。与学生之间建立不恰当的关系，包括但不限于私下会面、交流甚至涉嫌性骚扰等行为，这不仅会危害学生的健康成长，也会损害学校的声誉和学生的心理健康。这类行为严重背离了师德，违反了教育法律法规和伦理规范。

3.4.2 工匠精神视阈下的高职院校"双师型"教师培养存在的问题

工匠精神是一种执着专注、精益求精、一丝不苟、追求卓越的精神，强调对于工作的专注、追求卓越和精益求精的态度，将工作视为一种艺术和创造的过程。工匠精神关注细节、质量和实用性，注重技艺、技术与实践的融合。

在工匠精神视阈下，培养高职教育"双师型"教师体系是服务于国家战略转型发展的重要途径。该视阈下，高职院校"双师型"教师培养强调教师需要具备如下素质：①执着专注——教师应该对教育教学工作保持执着专注的态度，致力于学生的成长与发展。对教学充满热情，并始终保持对学科知识和实践技能的执着追求；②精益求精——教师应该追求卓越，注重对学科知识和实践技能的不断提升与完善。不断反思和改进自己的教学方法，以提供更好的教育教学体验和效果；③技艺与技术的融合——教师应该将学科知识与实践技能相结合，通过自身的实际经验和技术运用，为学生提供更贴近实际的教育教学。具备与行业发展相适应的实践能力和创新能力；④质量和实用性的关注——教师应该注重教学质量和实践教学成果的实用性。教师应该关注学生的综合素养发展，并确保学生能够在校园和社会实践中应用所学知识；⑤创新能力——教师需要具备创新思维和创造力，能够在教学中引入新颖的教学方法和教育资源，提高学生的学习兴趣和创新能力。鼓励学生积极思考、勇于尝试，培养学生的创新精神。

尽管目前在"双师型"教师培养方面陆续出台了政策并已经取得了一些成效，但仍然存在如下问题需要关注和解决。

1. 脱离工匠精神创新的本质

高职院校"双师型"教师培养脱离工匠精神创新的本质，主要表现在以下几个方面。

第一，部分教师缺乏创新思维和创造力，无法有效地引入新颖的教学方法和教育资源来激发学生的学习兴趣和创新能力。比如商务英语课程，在这门课程中，老师们缺乏新颖的教学方法和教育资源，大多采用监考点播、背单词等传统方式。这导致学生们在课堂上缺乏学习动力和兴趣，很难主动去学习。需要尝试运用技术手段增加互动性、创造性地设计课程内容等来激发学生的学习兴趣。

第二，部分教师们可能过于依赖传统的教学方式，缺乏对于新兴技术和教育方法的了解及应用，导致教学内容和方法相对落后。这可能会导致学生在未来的职业生涯中不能根据市场的需求进行发展和变化，从而不能掌握最前沿的技术和信息，这将影响到他们的就业和职业发展。比如金融专业的投资课程，本身金融行业需要教师时刻保持信息更新和对金融市场的敏感度，对新的金融产品主动分析和理解，了解其特性和内在风险，并着重结合现实案例帮助学生理解。这对于部分教师来说，具有一定的障碍，无法时刻保持主动学习的自我意识，导致在课堂中还是讲述最传统的金融知识和案例，将该案例放在现阶段的时间节点，可能反而得出错误的结论。

2. 偏离工匠精神技术与实践融合的本质

工匠精神强调对技术和实践的专心致志，并将技术技能与实践经验相结合。高职院校"双师型"教师培养偏离工匠精神技术和实践融合的本质，主要表现在以下几个方面。

第一，过于偏重理论知识的灌输，可能导致学生在技术和实践方面的能力积累不足。比如电子工程专业的电路设计课程，教学中过于注重理论知识的传授，而忽视了实践环节的设计和教学安排，二者学时比例安排不合理。教师讲授，学生看幻灯片、演示或者实验视频的时间居多，给予学生实际动手、自我设计和调试的时间偏少，导致学生对于实际的电子元器件的使用、电路的设计和调试等方面缺乏实际操作经验。有些课程的实践环节中只是简单地进行模拟或仿真实验，而没有真实的实践操作。这种情况下，学生无法真正接触到实际的问题和挑战，缺乏解决实际问题的能力，导致学生在毕业后面临着实际应用方面的挑战。

第二，实践环节与教师素质不匹配。部分教师可能缺乏实际工作经验或者技术能力，导致无法有效指导学生进行实践操作。这种情况下，学生可能无法得到实际技巧和经验的传授，限制了其技术和实践能力的发展。尽管目前针对这一现象，部分院校出台了相关政策，要求教师每隔一定期限必须到企业实践6个月，但实践过程中对教师主动认知能力和实操能力缺乏有力的评判标准，即该教师较6个月前，对于该行业的自我认知提高了多少，可用在教学中的能力提高了多少，缺乏评价手段和依据，从而导致实践流于形式，教师并未因增加实践环节而对自身实践经验有所丰富和提升。

3. 缺乏工匠精神注重的质量和实用性

工匠精神强调质量和实用性。高职院校"双师型"教师培养缺乏工匠精神注重的质量和实用性，主要表现在以下几个方面。

第一，缺乏质量意识培养。在"双师型"教师培养中，可能只注重教师的理论知识和教学技能的培养，而忽视了对质量意识的培养。这意味着培养出来的教师虽然具备一定的教学技能，但缺乏对教学质量的关注，无法将质量意识渗透到教学中，从而无法提供高质量和实用性的教学内容和方法。比如工业工程专业，应该是一个关注提高生产过程效率、降低成本、优化质量和增强产品可靠性的学科。在这个专业中，质量是一个核心关注点，并且在教学和实践中非常明显。教师将重点教授与质量相关的知识和技能，如质量管理原理、质量控制方法、六西格玛和统计过程控制等，学生将学习如何进行质量控制和质量改进，通过应用统计方法、质量工具和技术来分析和解决质量问题。缺乏教师质量意识的培养，可能导致培养出的学生同样缺乏对质量意识的关注，无法将质量管理的原理与方法应用到实际生产过程中。

第二，缺乏实践教学的机会和支持。在"双师型"教师培养中，可能未能为教师提供充分的实践教学机会和支持。教师往往缺乏与实际行业紧密结合的实践经验和案例，无法将真实的工作环境和需求引入教学中，从而限制了培养出来的教师对质量和实用性的关注和理解。其中一个主要原因是教师培养过程中缺乏与行业合作的机会。教师可能只获得纯理论的教学内容，而缺乏与实际行业的直接接触和参与。这使得教师难以了解行业的实际需求、技术发展和质量标准，无法贴近实际教学的要求，缺乏案例或案例与实际行业脱节，这进一步限制了他们对实用性的关注和理解。

3.4.3 教师改革创新视域高职院校"双师型"教师队伍建设存在的问题

教师改革创新是指在教育领域中，通过引入新的理念、方法和策略，以及改变教师的角色和职责，推动教育体系的转型和提升。教师改革创新从根本上旨在提升教育质量、适应时代发展需求、培养高素质的学生，以及提高教师的专业水平和职业满意度。

1. 教师改革创新的视域十分广阔，涵盖了多个方面。首先，教师改革创新要关注教育理念的更新。传统的教育理念注重知识传授，而现代教育理念则更注重学生能力的培养和素质的全面发展。教师应积极探索新的教育理念，如以学生为中心、以问题为导向的教学方法，以激发学生的创造力和批判性思维能力。其次，教师改革创新需要关注教学方法和教学手段的创新。传统的教学方法往往是以讲授为主，而现代教学方法注重学生参与、合作和实践。教师应根据学科特点和学生需求，灵活运用多种教学手段，如信息技术、互动教学、实践案例等，提高学生的学习效果。再次，教师改革创新要关注教师培训和专业发展。教师是教育改革的主体，他们的专业发展与素养水平直接影响到教育质量和学生成长。教育部门和学校应提供多样化、高质量的教师培训机会，帮助教师更新知识、提升专业能力，培养教师的创新思维和教育领导力。此外，教师改革创新还要关注教师评价体系的完善。教师评价体系应包括多个维度，如学生综合发展能力的考量、同行评价、学校评价等，以综合评价教师的教学能力和教育质量。同时，评价结果也要与教师的职称晋升、奖励机制和培训需求相结合，形成有利于教师专业成长的激励机制。

总体来说，教师改革创新是一个动态的、综合性的过程。它要求教师具备开放的思维和勇于尝试的精神，需要教育部门、学校和教师共同努力。但从现实发展看，仍存在如下问题。

第一，教育理念不够先进。虽然高职院校"双师型"教师队伍的建设已经开始注重提升教育质量，但在教育理念上仍存在问题。部分教师仍受传统教育观念的影响，过于注重知识的灌输，忽视学生能力的培养和素质的全面发展。这导致教学过程只是纸上谈兵，与实际职业需求脱节。

第二，教师主动改革和创新的动力不足。教师在教学、科研和其他职责方面面临着巨大的工作压力和时间限制，他们需要备课、批改作业、参与会议等，这些工作任务占用了大部分时间和精力，使得教师难以拥有足够的时间和精力去主动地致力于教育改革和创新工作。另外是缺乏激励机制。在一些高职院校中，教师改革和创新的付出往往没有得到相应的激励和回报。教师可能感到缺乏动力去主动开展改革和创新，因为他们看不到明确的利益和成就感。这种情况下，教师更倾向于维持现状，而不愿意主动投入改革创新的工作中。

第三，风险意识和保守心态。一些教师仍然受限于传统的教育观念，习惯于传统教学模式的重复和沿袭。他们可能缺乏对教育改革的认知和理解，对新的教学方法和教育技术持怀疑态度，不愿意改变教学方式。另外，部分教师对改革和创新带来的风险和不确定性持保守态度。他们担心改革失败或面临挑战，可能损害自己的职业发展和声誉。这种保守心态限制了教师的创造力和勇于尝试新方法的动力。

2. 在教育教学改革中，职业技能竞赛导向是指以职业技能竞赛为导向的一种教育模式。它强调通过参与职业技能竞赛来培养学生的实践技能、实际操作能力和解决问题的能力。以赛促教、以赛促学、以赛促改，通过强调实践、竞争、应用和职业素养，旨在培养能够胜任现实职业需求的优秀人才，是职业教育的重要抓手。职业院校技能竞赛创办于 2009 年，是我国职业教育的制度创新。截至目前，已经形成国家、省、校三级技能竞赛体系。职业技能竞赛导向与"双师型"教师培养之间存在密切的关系，二者相辅相成。职业技能竞赛导向的教育模式要求学生具备一定的职业能力和实践经验，从而在竞赛中取得好成绩，而"双师型"教师培养能够为学生提供更贴近实际职业需求的教学内容和实践机会。通过与行业专家的合作，学生可以更好地理解职业领域的专业知识和技能，并能够在教学中直接应用这些知识和技能。另外，职业技能竞赛导向的教育模式也对教师提出了更高的要求。教师需要与行业专家保持密切的联系，了解行业发展趋势和新技术的应用，以便将这些最新的知识和技能传授给学生。职业技能竞赛导向的"双师型"教师发展要求教师具备跨界合作能力、持续学习更新观念和实践导向等能力。

世界技能组织通过前期研究积累，在2015年巴西圣保罗第43届世赛中，首次设立了世界技能标准规范（World Skills Standards Specification，缩写为WSSS），并在第46届世赛前修改为"世界技能职业标准"（WSOS）。该标准旨在规定竞赛项目的技术和职业所需的最高国际水平知识、理解力和具体技能，以及反映全球范围内对行业或工作或职位的理解。竞赛项目设立的目的是展现本竞赛项目在全球最高水平下所应遵循的世界技能职业标准（WSOS）。因此，竞赛项目的WSOS以类似于职业技能标准的形式呈现，既是竞赛标准，也是该竞赛项目的备赛和训练的指导标准。每个竞赛项目的世界技能职业标准（WSOS）被分成若干章，类似于我国职业技能标准的"职业功能"，每章均配有标题和编号，每个部分有一个百分率来表示它在标准中的重要性，通常被称为权重，所有章的权重之和是100。通常，每个竞赛项目的世界技能职业标准（WSOS）由通用能力和专业能力组成。其中，通用能力通常包括工作组织与管理、人际沟通与交流等，各竞赛项目之间基本相同；专业能力则是指该竞赛项目暨该职业所特有的专业能力要求，因各竞赛项目而不同。每一章的具体内容由两部分组成：一是"了解和理解"，规定了该职业的从业者即选手应具备的理论知识，对应我国职业技能标准的职业功能的"相关知识要求"；二是"应具备的能力"，规定了该职业从业者应该掌握的实践技能要求，对应我国职业技能标准的职业功能的"技能要求"[①]。

2023年3月，根据《关于推动现代职业教育高质量发展的意见》《关于深化现代职业教育体系建设改革的意见》，教育部办公厅印发了《全国职业院校技能大赛执行规划（2023—2027年）》，明确通过科学规划、系统推进，到2027年，大赛的体制机制更加完善，赛事质量和专业化水平明显提升；纵向贯通、横向融通的职业院校竞赛体系基本形成；赛项设置更加合理，实现对2021版专业目录中专业大类全覆盖，专业类覆盖率超过90%；赛项规程和赛题编制更加科学，与教学和产业需求衔接更加紧密；大赛成果在教学和生产一线得到广泛应用；对职业教育专业建设、教学改革、人才培养、对外交流的示范引领作用更加突出；大赛的社会关注度和影响力大幅提升，彰显中国职教特色、具备国际水准的技能赛事品牌得到认可。

目前职业技能竞赛导向的教师改革创新仍然存在如下问题。

---

① 陈晓曦,张瑞. 世界技能大赛的职业标准体系、专业能力建设对我国职业技能竞赛专业人才培养和职业技术教育与培训的启示[J]. 职业，2021(05):18-21.

1. 教师能力及认知的匹配度不高

高职院校"双师型"教师能力及认知与职业技能竞赛导向的需求匹配度不高，部分教师在职业技能竞赛中缺乏培训能力、指导能力，无法引导学生发现问题、分析问题及解决问题。主要表现在以下几个方面。

第一，教师专业知识与行业需求不匹配。职业技能竞赛导向的教育要求教师具备与行业需求紧密相关的专业知识。然而，由于行业发展迅速，教师在某些领域的专业知识可能相对滞后。这导致教师在教授相关内容时无法准确把握行业最新动态、实际需求以及技术进展，影响教学的有效性。

第二，教师教学方法与职业技能导向不匹配。职业技能竞赛导向的教育要求注重学生的实践能力和解决问题的能力，强调学生在实际工作中的应用能力。然而，传统的教学方法往往强调理论的讲解和知识的传授，而且传统教学方法通常以教师为中心，教师起主导作用，而学生则扮演被动的接受者角色，而在职业技能导向的教育中，学生应该成为学习的主体，积极参与实践活动，通过实际操作来掌握技能和解决问题的能力。

2. 自我决定性的内在动机不足

自我决定理论是由美国心理学家爱德华·德西和理查德·瑞安等人在20世纪80年代提出的一种关于人类自我决定行为的动机过程理论。自我决定是一种关于经验选择的潜能，是在充分认识个人需要和环境信息的基础上，个体对自己的行动做出自由的选择，其强调自我在动机过程中的能动作用，即个体基于内部动机和目标，自主选择并主动参与各种活动，而不是受外部压力或激励所驱动。

在职业技能竞赛导向的"双师型"教师发展中，自我决定性的内在动机可能受到一定程度的削弱。教师更多地关注于外部奖励、任务的完成以及竞争压力，而忽略了自主性、兴趣和个人成长的重要性。

第一，学习动机的丧失。即教师在职业技能竞赛导向的发展中逐渐丧失对学习和发展的内在动机和自主性。造成动机丧失的原因有：①奖励导向。在竞争导向的环境中，教师可能更关注外部奖励和认可，而忽视了内在动机。教师可能认为只有获得特定的技能水平或胜出竞赛才能获得奖励，因此只专注于已经被确定为竞赛项目的内容，而忽略了其他领域的学习和发展。这种奖励导向的思维方式使他们对个人学习兴趣和自主性的追求减少。②限制和压力。职业技能竞赛导向的发展环境往往给教师带来巨大的压力和焦虑感。教师可能感受到来自竞争对手、学生、家长和学校的压力，而无法真正享受学习的过程。竞争的强度和焦虑感可能使他们放弃追求新的知识和技能，只关注于符合竞赛要求的内容。他们可能认为学习其他领域的知识与技能会分散注意力和精力，不利于竞争。③目标的功利性。竞赛导向往往聚焦于实现特定目标和达到特定效果，将任务视为完成竞赛的要求，而没有将学习视为自我增值的过程。教师可能将注意力集中在达到特定技能的要求上，而忽视了对于学科知识的深入学习、思考和探索的动机。

第二，外部奖励的追求。教师在追求职业技能竞赛胜利时，更加关注外部奖励和认可，如获奖、晋升或加薪，而忽视了内在动机。在职业技能竞赛导向的环境中，教师可能将外部奖励作为主要的动机，而非内在的兴趣。因此，他们的行为主要是为了追求外部奖励的目的，而非真正的内在动机。

第三，缺乏合作与支持。在职业技能竞赛导向的发展中，常常强调个人成绩和竞争，而忽视了教师之间的合作和支持：①个人成绩的凸显。在竞争导向的环境中，教师往往注重个人的成绩和表现，追求个人的荣誉和奖项。这种个人主义的氛围可能导致教师不愿意与他人合作，更关注自己的个人利益和声誉，而忽视团队合作和协作的重要性。②缺乏协作机会和资源分配。职业技能竞赛导向的发展往往以个人竞争为主，因此可能缺乏组织教师合作的机会。教师可能难以获得充分的协作资源和支持，无法与其他教师分享经验和知识，缺乏合作与支持的渠道和平台。

3. 脱离行业需求和企业需求

在职业技能竞赛导向的"双师型"教师发展中，教师的教学内容和技能培训不与实际行业需求和企业需求相匹配，导致教育过程与实际就业需求脱节。

第一，教学内容的脱节。职业技能竞赛导向的"双师型"教师发展中，教师往往过于关注竞赛项目和要求，而忽视了实际行业需求和企业的需求。教师的教学内容可能更加偏向于竞赛所要求的知识和技能，而忽略了工作中需要的实际操作技能和应用能力。这种脱节使得学生在实际工作中无法充分发挥所学技能的价值。另外，部分竞赛的内容过于理想化，在现实中不可能出现，比如部分参数的设置和选取较为片面和落后，还有部分竞赛的标准落后于现有技术，无法推广到企业实际生产运营中。

第二，技能培训的片面性。在竞赛导向的发展中，技能培训可能过于片面，只注重某些特定的技能，而缺乏综合性的能力培养。教师可能过于重视竞赛技巧的自我训练和传授，而忽视了自身综合素养和综合能力的培养。因为脱离了实际工作需要的综合能力，所以教师自身及学生都难以适应复杂多变的工作环境。

3.4.4　产教融合视域高职院校"双师型"教师队伍建设存在的问题

产教融合是产业界与教育界的紧密结合与合作，旨在提高教育质量、培养适应产业需求的人才。它强调教育与产业之间的互动和合作，通过将产业界的资源、智慧和经验引入教育领域，与学校和教师合作，共同培养符合市场需求和产业发展需要的高素质人才。

　　产教融合包括以下几个内涵：①课程与实践的结合。产教融合强调将教育课程与实际产业需求相结合，使学生在学习的同时能够接触和参与实际工作项目，培养实践能力和实际操作技能。②师资与产业专家的合作。产教融合需要学校与企业合作，吸引产业界专家参与教学过程，与教师共同授课，使学生能够接触到实际工作中的问题和挑战，了解实际操作和行业动态。③实习与就业的对接。产教融合注重实习和就业的对接，学校与企业建立密切的合作关系，帮助学生在校期间进行实习实训，增加实践经验和就业机会，提升毕业生的就业竞争力。④产业需求导向的课程设置。产业界的需求是产教融合的重要指导方向，在课程设置上根据行业的需求，设计符合实际工作需要的课程内容和教学方法，使学生具备对接市场需求的能力和技能。通过产教融合，学生能够更好地适应实际工作环境，提高就业竞争力，同时也能够使教育与产业更好地互相融合，促进产业的发展和进步。

　　产教融合与校企合作有一定的区别和联系，从定义层面讲，校企合作是学校为实现人才培养目标接近企业、寻求与企业联合办学的教育策略。产教融合是在校企合作的基础上，以对接产业发展为先导，以系统培养技术技能为目的，强化实践教育及合作育人。产教融合是校企双向互动与整合的过程，校企交往由单向走向双向自发，具有较高的交融性和稳定性，是校企合作的高级阶段。

　　产教融合视域下高职院校"双师型"教师队伍建设存在一系列亟待解决的问题，其中包括角色定位不明确、专业知识更新不及时、缺乏实践经验和行业联系以及教师培养体系不完善等。这些问题的存在对高职院校教师队伍的发展和学生的教育质量都带来了一定的挑战。

1. 自我角色定位不明确

　　首先，在产教融合视域下，高职院校的"双师型"教师既需要具备专业教育素养，又得了解行业需求和融入企业实践。然而，目前没有制度统一对"双师型"教师进行整体系统的阐述。不同学校对"双师型"教师的理解和实践存在差异，导致角色定位不统一。此外，各高校针对"双师型"教师的后续培训和考核要求也不一致，可能导致教师对自身角色定位的认识模糊。

　　其次，在产教融合的模式下，由于针对高职院校的教师多重素养的要求，导致教师在具体角色定位方面常常存在困惑。他们需要扮演教学者、行业导师、咨询顾问和企业员工等多重角色，做好每种角色都需要具备不低的素质和能力，是全面兼顾还是有重点和偏向地开展工作，缺乏明确的引导、职责定位和角色界定。

2. 协同机制功能失调

　　产教融合视域高职院校"双师型"教师培养强调的是企业、高校、教师和行业协会（专家）的协同与协作。这几个主体的协同合作是产教融合的核心要素之一。然而，从目前的发展情况看，该协同机制并未良好运转，存在功能失调的现象。

第一，导致协同机制功能失调很重要的原因是尚未充分构建协同合作平台。目前与企业的沟通交流，从一定程度上还是教师的自发行为，企业、高校、教师和行业协会（专家）之间并未形成一个有机整体，并未统一纳入平台协作机制，这样造成的结果就是各主体分散运作，无法形成合力，达不到产教融合的培养目标。

第二，沟通与信息不对称。企业、高校、教师和行业协会（专家）之间信息交流的效率不高，存在沟通障碍和信息不对称的情况。这可能导致合作中出现信息不准确或不全面的情况，影响教学内容的实际需求和实践能力的培养。比如，企业可能拥有最新的行业动态和技术发展趋势，但高校教师可能无法及时准确获取。

第三，资源共享不充分。各个主体之间在教学资源共享和共同开发方面存在不足。例如，企业可能不愿或无法提供足够的实践基地和教育资源，高校可能对企业的需求理解得不够准确，行业协会和专家的参与程度可能不够充分。这些问题导致资源利用不均衡，限制了协同机制的有效性。

3. 实践基地数量缺乏

现有企业实践基地数量无法满足"双师型"教师培养的需求。按照"双师"教师企业实践的要求，以2021年全国职业学校129万专任教师计算，按照每5年要求一年的企业实践，每年要有20%的专任教师进行企业实践，大约25.8万，目前国家、省级教师企业实践基地远远不能满足需求，部分高职院校开展的校级企业实践基地尚未形成规模和良好的运行机制。

4. 企业实践的成效有待进一步加强

教师赴企业实践的成效有待进一步加强。教师企业实践的目的多元，但效果差强人意，存在多方面原因。一方面，企业很少愿意将上述核心内容传授给教师；另一方面，教师参加企业实践的内在动机不足，有的教师参与企业实践只是为了被动满足工作要求或者职称评定、晋级需要，有的只是蜻蜓点水了解皮毛；同时，也有部分高职院校由于编制紧张，教师队伍建设整体数量不足，教师承担的日常教学工作繁重，不希望也无法安排教师参加企业实践或者考虑成本因素较多，教师脱产到企业开展课题研究，要求教师承担横向课题，致使教师感觉企业实践的压力越来越大，积极性受挫。

5. 评价考核机制乏力

在产教融合的视域下，高职院校的"双师型"教师队伍建设是至关重要的。评价考核机制的强度和有效性是评估产教融合效果的重要手段。从目前的发展情况看，评价考核机制存在不合理及乏力的情形。

第一，缺乏针对性指标。传统的评价考核机制往往以学术研究为核心，忽视了教师在产业界实践和产教融合教学方面的表现。这导致评价考核机制的指标体系不够针对产教融合教学中"双师型"教师的需求，无法全面评估教师在产学合作、实践教学等方面的贡献和能力。

第二，缺乏综合评价方法。评价考核机制往往倚重于传统的定性评价和定量指标，未能充分发挥"双师型"教师的专业实践和教学能力的特点。对于产教融合教学，需要综合考虑教师的专业背景、实践经验、教学成果等因素，并结合学生评价、企业评价等进行评价。

第三，考核结果与激励机制脱节。评价考核机制与激励机制之间的脱节也是一个问题。如果评价考核机制不能准确反映教师的贡献和能力，就难以为教师提供激励和成长的动力。这可能导致教师对产教融合教学的投入不足，影响该模式的有效推行。

校企尚未形成合力。职业教育需要持续、深入跟踪各行业职业人才需求数据，职教教师需要不断根据行业前沿进行专业化提升，职教教师的发展需要与产业人才需求精准对接与融合。当前职教师资培训模式与产业发展没有紧密结合，培训方式还比较单一。总体来看，职教教师综合素质的提高跟不上产业人才专业化的需要，如何维护和开发教师与职场的关系是"双师型"教师队伍建设面临的一个挑战。

3.5　高职院校"双师型"教师队伍建设的影响因素

激励理论中，格伦迪和鲁宾逊（2004年）提出教师专业发展有两个激励因素：一是来自系统的外部驱动力，比如学校、产业界及社会等因素；二是个体自身的自发推动力，这受到教师生活需求、工作经验及职业生涯发展的影响。比如有的教师是为了谋生，把教师工作作为追求稳定的谋生手段，满足基本的物质生活需求；有的教师是把教育作为责任，以教育为己任；还有部分教师认为教师工作、教书育人可以带来幸福感、获得成就感。因此结合梳理"双师"队伍建设的历史脉络和现状问题，可以看出高职院校"双师"队伍建设的影响因素既有宏观政府层面的因素，也有企业、学校等社会外部因素，更有教师个体因素。

3.5.1　制度顶层设计的影响

"双师型"教师队伍建设看似是每所高职院校自身建设的个体性工作，其实是一项需要全社会共同关注并支持的系统性工程。近年来，国家出台的很多关于"双师型"教师队伍建设的文件，其中多部门联合发布是一个很好的例证。"双师型"教师队伍建设的有效推进既需要国家政策和法规的强制约束，也需要学校层面的抓实抓细和相应的政策保障，还需要行业企业等其他社会组织的一致认可和大力支持。

首先，国家政策法规属于顶层设计，具有统领性作用，对"双师型"教师队伍建设发挥着指挥棒的作用。"双师型"教师队伍建设的三个阶段就是最好的例证。中华人民共和国成立后到改革开放前的三十年，政府层面没有一项专门针对"双师型"教师队伍建设的政策性文件，"双师型"教师队伍建设未被纳入关注的视野，始终处于自发阶段。从改革开放到《国家职业教育改革实施方案》发布之前的近四十年，逐步加大对有关职教师资培养的政策文件的出台，有效推动了我国"双师型"教师培养向专门化方向发展。2019年，《国家职业教育改革实施方案》的出台，使我国职业教育的发展迎来了春天，由此，一系列关于"双师型"教师队伍建设的政策密集发布，使"双师型"教师队伍建设步入正轨，开启了常规化建设新时代。

其次，学校层面的实施细则类政策是"双师型"教师队伍建设"最后一公里"的保障。学校层面的政策完善程度体现了高职院校对"双师型"教师队伍建设的重视程度，政策的侧重点和结果运用关乎全体教师对"双师型"教师的理解和认同度，进而影响"双师型"教师占比和人才培养质量。学校层面的顶层设计要相关部门高度重视，要有对"双师"队伍建设的整体思考、校企合作"双师"队伍建设的思考和设计、职业本科和高质量发展的前瞻性制度，也要有激励和约束机制、对专任教师和兼职教师的管理、对"双师"教师职业发展的一体化思考设计，即实现从招聘到培育、从运作到发展、从个体到团体有序发展的"双师型"教师专业化发展体系。

最后，"双师型"教师的培养和认定离不开行业企业的积极主动参与，行业企业参与的积极性、主动性、有效性在很大程度上决定着"双师型"教师队伍建设的水平和成效，没有行业企业的认可和支持，"双师型"教师队伍建设只是停留在政府层面的文件上和学校层面，部分校企合作无法真正落到实处。造成行业企业积极性不高、参与程度不够的原因主要是校企利益诉求，企业主要是因为对人才的需求和院校合作，基本诉求是利益，但是接受教师到企业实践，企业需要付出一定的人员和资金成本，加之由于部分教师自身素养的问题，导致教师在企业实践中走过场，责任感不强，甚至由于自身水平有限和认知偏差，扰乱了企业的正常运转。本书编者先后走访二十余家校企合作单位，探访四家列入上海市教育委员会的教师企业实践基地，通过访谈和对比发现，如果没有稳定的投入和符合各方利益的合作机制，校企合作就会流于形式。

3.5.2　教师职前培养的影响

高职院校师资招聘的渠道，主要包括高校毕业生、教师和企业员工。单一的职前培养模式致使高职院校教师队伍在"双师"素质上总是缺一项。从普通高等学校招聘的高校毕业生或者教师，他们的特点是未离开校园，即从出校门再到入校门，这一类群体虽有一定的理论研究能力，但是非常缺乏企业的实操经验，自身实践经验不足。另外，来自行业企业的教师数量偏少，因为企业和高校的文化氛围和待遇有较大的差别，部分企业人员从自身发展角度不愿意来到学校教课。而且，部分技术能手或行业专家对某一特定领域的技术有较高见解和实操能力，但由于可能从未接触教育体系，缺乏课堂教学管理的方法或者授课经验，未必能很好地将实习实训技能操作传授给学生，一定程度上影响了学生学习技能的效果。

就整体来看，影响教师职前培养的因素主要包括"双师型"教师的认定标准、普通高校开设"双师型"教师专业的意愿、高职院校"双师型"教师的待遇水平等。

首先，"双师型"教师的认定标准直接影响"双师型"教师的培养，其概念界定和内涵不清晰影响了"双师型"教师培养的质量。比如，2004年，教育部在《关于全面开展高职高专院校人才培养工作水平评估的通知》的附件一和《高职高专院校人才培养工作水平评估方案（试行）》中对"双师型"教师的规定，在一定程度上引领了"双师型"教师的培养，但其"浮于"表面的双证认定法和难以操作的其他认定法，均难以真正实现"双师型"教师的能力培养。其次，普通高校开设"双师型"教师专业的意愿在很大程度上限制了"双师型"教师的培养，开设该类专业的院校逐步在萎缩，该类专业人才培养的质量亦不尽如人意，目前。全国仅有12所职业技术师范大学，远远不能满足需要。再次，高职院校"双师型"教师的待遇水平是影响从行业企业吸引高技能人才的重要影响因素。高职院校"双师型"教师的待遇水平普遍偏低，造成了行业企业优秀员工不愿意到高职院校任教，少量愿意到高职院校任教的行业企业员工，高职院校又不太中意的窘境。高职院校教师的待遇问题源于多个因素。一方面，高职院校的教师薪酬与普通大学相比普遍较低，缺乏与其责任和工作量相匹配的激励措施。另一方面，高职院校的教师晋升机制相对不够完善，缺乏明确的晋升路径和晋升标准。这使得一些有着行业经验的专业人士在考虑职业发展时更倾向于选择行业企业而非高职院校。此外，高职院校与行业企业之间的连接还不够紧密，缺乏充分的合作机制。行业企业希望吸引并留住高水平员工，而高职院校也需要这些具有实践经验的专业人士担任教师岗位。然而，由于待遇水平和其他一些因素的影响，这种连接与交流相对有限，限制了高职院校和行业之间的良性互动与共享资源的机会。

3.5.3 教师职后培训的影响

尽管各高职院校针对"双师型"教师的考核和认定标准有所区别，但也体现了各自的特点。部分院校虽然已出台相关的培养和建设文件及方案，但在职称评定、评优评先、提升待遇等方面并未有明显的倾斜，造成部分教师缺乏动力，成为"双师型"教师的愿望降低[①]。

---

① 傅冬,曾娅丽,高慧. 高职院校"双师型"教师队伍建设的问题与对策[J]. 现代商贸工业,2019,40(4):1.

归根结底，影响教师职后培训的因素主要包括政策与教师切身利益关联的广度和深度。

首先，关联的广度直接影响广大教师对"双师型"教师培养重视的覆盖面。一般而言，教师从入职到退休大致可分为适应阶段、发展阶段、稳定阶段和临近退休阶段。除掉临近退休阶段，目前的"双师型"教师相关的政策很少覆盖到前三个阶段，比如"双师型"标准是否作为招聘录用的底线？"双师型"教师标准是否纳入年度或聘期考核范畴，甚至引入淘汰制？当前的"双师型"教师标准大多仅涉及其中的某个环节，比如作为晋升职称的前置条件等，缺乏持续性的政策措施。

其次，关联的深度直接影响广大教师对"双师型"教师培养重视的关注度。如果"双师型"教师标准缺乏与教师个人利益的紧密联系，一方面难以引起全体教师的关注和重视，另一方面也难以激发教师追求"双师型"教师标准的内在动力。因此，在制定教师培训政策时，需要综合考虑高职院校教师职业发展的各个阶段，并从根本上激发教师提升自身"双师"素质的内在动力。目前，教师培训政策和培训机制在与教师利益的关联方面还存在一定的不足。培训政策往往偏重于硬性指标和规范，缺乏对教师个人成长和发展的关注。这使得教师们在参与培训的过程中可能感到缺乏动力和意义。有些教师可能只是出于形式性要求而参加培训，而缺乏真正的投入和积极的学习态度。因此，对于"双师型"教师培养政策的制定和执行，需要更加注重教师个人利益的关注。培训机制应该建立有效的激励机制，为教师提供实际的奖励和提升机会，通过个人成长和发展对教师产生积极影响。此外，培训内容应该更加贴近实际教学工作和教师的需求，帮助教师解决实际问题和提升教学能力，进一步增强教师参与培训的内在动力，从根本上激发教师去提升自己"双师"素质的内生动力。

3.5.4　教师个体的影响因素

从一定程度上来说，"双师型"教师的专业化程度不高，会影响自身的能力和素养的提升。教师的专业化并不是一蹴而就的，而是潜移默化、逐渐发展的，在教师专业化的过程中，教师个人的信念、价值态度以及知识技能都是在不断修订和调整的，需要重新进行审视，迎接挑战。教师职业生涯阶段的自我发展是高职院校"双师型"教师发展的内在驱动力，也是影响"双师型"教师素养能力发展的首要因素。

首先，教师的专业化包括多方面的内容，这其中包括教师进行在职培训以及不断接受专业教育。现代社会不断发展，对于教师的要求也越来越高，教师要具备一定的专业技能、专业知识和职业修养。当前教师在职业生涯中面临技术快速迭代的重大挑战，产业对人员要求不断变化和提高，比如数字化素养，教师要不断自我学习和实践，跟上科技发展，适应时代需要。现在"双师型"教师35岁以下占的比例接近41%，大部分是研究生学历。但是在年龄35岁以下的"双师型"教师里面，有85%是非师范学校的毕业生，虽然他们有一定的专业理论知识，但是在教育教学和心理学方面掌握的知识有所欠缺，进而就导致了他们的实际教学能力可能并不是很高。教师具备的很多知识虽然有自我的认知，但是可能并不能够真正传递给学生。来自企业的教师虽具有企业经历，但如果长期脱离生产一线，技术技能也会过时，必须不断提升来满足专业教学的需求。

其次，教师个人因素也会受到工作氛围、制度建设以及继续教育制度等因素的影响。从总体上来看，现在职业院校教师承担的社会服务工作在不断增加，一些年轻的教师表示学习时间短，工作任务重，感到没有精力去进行科研、精心备课以及反思。在工作和培训中感到力不从心，并不能够充分提升自己的各项能力。这也对他们的心理产生了消极影响，在一定程度上制约了"双师型"教师的进一步发展。在调研访谈中，发现很少有教师能够真正去接受继续教育，虽然每年都会参加认证考核且合格，但事后不记得培训的具体内容，甚至一些教师是为了凑够学时而参加培训的，并没有真正从实际出发，考虑培训的内容是不是专业所需要的知识。长此以往，一些教师渐渐忘记了继续教育的本质，为了参加培训而参加培训，丧失了培训的价值，进一步限制了"双师型"教师的发展。

再次，在与高职院校"双师型"教师进行交流的过程中，也发现虽然他们没有中小学教师所面临的升学上的压力，但是他们的工作内容和工作量也非常大，有时候也会感到力不从心。众所周知，相对于普通高等院校的学生来说，职业院校的学生在学习成绩以及行为习惯等方面有一定的欠缺。职业院校的学生需要教师付出更多努力和劳动去弥补，也有一些学生可能有心理阴影，容易自暴自弃，这需要老师更多地付出和关注，可能需要消耗较大的精力。但是高职院校的教师本身也是需要被关注、被关切的，这类群体也有心理脆弱的时候，特别是年轻的教师，还没有形成完善的教育理念，也会面临各种各样的烦心事，容易产生心理落差，进而也会对他们的发展带来一定的限制。在针对这一群体教师的心理辅导、关心和帮助，还存在一定的欠缺。另外，部分群体不认同高职院校的学生素质和教学质量，进而对职业院校的教师也产生了一定的偏见，认为高职院校的教师工作非常轻松，不用提升自己，不用努力地备课和教课，这种心理也会给"双师型"教师的队伍建设带来不利影响。

3.6 "双师型"教师培养的国际经验和借鉴

3.6.1 国际经验

虽然国外没有"双师型"教师的概念，但是有更为丰富的实践经验以及比较健全的制度保障，可以为我国"双师型"教师培养提供借鉴和参考。以下分析德国、澳大利亚和英国在高职教师培养方面的先进经验。

1. 德国[①]

德国的双元制职业教育模式是一种独特的教育体系，将学校教育和企业培训紧密结合起来，学习的内容是工作，通过工作实现学习，旨在培养适应实际工作需求的高素质技术人才。

（1）教师资格认证

德国教师资格认证制度是一个严格的评估和认证过程，旨在确保教师具备必要的专业知识和教育能力。职业教育教师必须具备职业教育的资质证书，德国实行的是全欧洲的职业教师资格认证体系，所取得的专业教师资格认证更是得到了全欧洲的认可。在资格认证的过程和要求方面，认证标准是一项综合性的工作，既对高职教育教师的学历、证书、学分等做出了规定，也对高职教育师资的素质、能力等做出了相关要求，并密切联系了时代的发展要求。

（2）培训制度体系

德国的教师在职培训制度是为了确保教师保持专业能力、提高教学水平，并适应不断变化的教育需求。这是一个系统化和有组织的制度，为教师提供了各个层次和选择，以满足其专业发展和职业晋升的需要。

根据德国的法规，教师在职培训需要符合《教师培训法》和《学校法》的要求，并遵循各州法规的规定。这些法规明确了在职培训的目标，规定了培训机构的细节以及申请和批准的程序，还就未参加培训的教师是否免除教学责任等问题提供了具体准则。在职培训分为国家、地区和学校三个层次。国家层面的培训由州文化教育部门组织，一般为期一周。地区层面的培训由州政府举办，每次学习周期一到两天。学校层面的培训则由学校自行安排，时间较为灵活。这样的层次设置旨在满足教师的不同需求和灵活性。

通过参加在职培训，教师可以更新教育课程、学习新的教学方法，提高学科知识水平，并进一步掌握教学技能。这有助于教师保持专业能力和教学水平，并为其职业发展打下坚实基础。此外，教师通过参加培训还可以获得相应的证书和资质，这将对他们的职业晋升和就业机会产生积极影响。

（3）"双元制"职业教育体系

德国的《职业教育法》规定：18岁以下的青年必须接受职业教育。参加"双元制"职业教育的青年要与企业签订职业教育合同，他们具有学员和学徒的双重身份，在企业接受实际操作技能培训，在学校进行理论学习。国家承认的教育职业约350个（该数量

---

① 赵雅倩. 安徽高职院校"双师型"教师培养对策研究[D]. 合肥：安徽建筑大学，2023：33-38.

随社会生产发展变化而变化），每个职业有《职业教育条例》，它是职业培训和考试的基本依据。根据该条例及相关法律、法规，"双元制"培训考试一般分为中间考试和结业考试。结业考试在企业考技能，在学校考理论。它既是"双元制"的出口考试，也是从事职业的入口考试。

在德国，"双元制"职业教育体系源于学徒制度，即从职业教育的招生到培训都有企业的广泛参与。教育机构和企业联合举办职业教育，企业和职业学校、教师和企业培训师共同来培养学生，职业教育最大限度地利用学校和企业里的资源优势，是强调理论和实践相结合，从而培养出具有专业理论知识，又具有专业技术和技能以及解决职业实际问题能力的高素质技术人才的一种教育制度。此外，绝大多数大型企业拥有自己的培训基地和人员，学生有大量的时间在企业进行实践操作与技能培训，关于考试及资格的认证也有企业组成的行业协会主管。

2. 澳大利亚[①]

澳大利亚的职业教育师资培训体系旨在为职业教育教师提供适应行业变化的知识和技能，并提高他们的教学质量和领导能力。

（1）"双师"标准及持续教育

澳大利亚对职业教育教师的要求很严格，主要包括教育层次、实践要求和学者标准。

第一，在教育层次方面，教师需要具备"五证"：学历证书、教师资格证书、职称证书、技能等级证书和继续教育证书。这些证书是确保教师具备相应教学能力和专业知识的基础。

第二，在实践要求方面，澳大利亚政府要求高等职业学校的教师至少在企业工作三到五年，或者每年至少实习一个月。这样的实践要求能够保证教师具备实际行业经验，能够更好地教授实践技能。

第三，学者标准是指教师必须具备科研能力。澳大利亚高等职业学校的教师需要具备学术背景和研究能力。

如果不符合以上要求，教师需要继续进修来提升自己的学术水平。澳大利亚的职业教育以 TAFE（Technical and Further Education）教育最为突出。TAFE 学校所招收的教师不仅要求具备教育学背景，还需要有一年以上的企业工作经验。入职后，新教师可以边工作边进修，TAFE 学院每年为教师提供至少两周的带薪培训机会。在招聘教师时，TAFE 学院的招聘团队一般由行业专家、行政管理人员和专业教师组成。这样的多维度考核和招聘体系确保了教师既具备学术背景，又有实际行业经验。

总的来说，澳大利亚对职业教育教师的要求非常严格，包括教育层次、实践要求和

---

① 赵雅倩. 安徽高职院校"双师型"教师培养对策研究[D]. 合肥：安徽建筑大学，2023：33-38.

学者标准。这些要求确保了教师具备全面的教学能力、实践经验和学术背景，以提供高质量的职业教育教学。

（2）"双师"标准培训包

澳大利亚职业教师资格标准培训包囊括八个能力模块和 五十五个能力单元，它不仅是职业教师岗位评价的依据，而且是职业教师的继续培养目标的蓝本。

这些能力模块包括：教学环境协调能力、教学设计能力、课堂授课与促进学习能力、考评能力、培训咨询服务能力、管理与质量服务能力、语言和数理表达能力、其他通用能力。特别是在管理与质量服务能力模块下，其中包括五个能力单元，对教师的能力提出了较高的要求。教师需要具备调研和分析市场变化的能力，以及指导和组织教学评估工作的能力，以提升教学质量和团队建设。

3. 英国

英国职业教师培训制度通常以以下两种主要途径为基础：初始教师培训（Initial Teacher Training, ITT）和职业发展培训（Continuing Professional Development, CPD）。

（1）初始教师培训（ITT）

在 ITT 之前，英国政府已经采取了一系列措施为教师职业生涯的每个阶段提供高质量的培训和支持，其中包括早期职业框架改革，为所有初任教师提供资助，使他们在职业生涯的开始阶段就能获得为期两年的高质量专业发展，以及在秋季为教师和领导人推出一套经过改革的国家专业资格（National Professional Qualifications）。

英国教育部于 2019 年 11 月发布新教师入职培训的核心内容框架，框架以《教师标准》和《早期职业框架》为依据，确立了受训者在职业起始阶段所需要掌握的五项知识与技能（行为管理、教学法、课程知识、教学评估和专业行为）。该框架不仅体现了英国政府从源头把控教师质量的政策意图，同时也将入职培训体系所倡导的一些核心理念，比如基于持续专业发展视野、坚持实践导向的培训过程以及凸显专家同事的指导作用贯彻始终[①]。

2021 年 12 月，英国政府宣布将对初任教师培训（ITT）课程进行改革，提高教师初始培训标准的改革具体包括：①新的强化培训和实践；②为学员提供新的导师；③严格的质量保证以确保每位学员都能获得高质量的体验；④根据新的质量要求对所有 ITT 机构进行认证。

（2）职业发展培训（CPD）

1999 年英国首次颁布了职业教育的教师国家标准，2007 年颁布《终身学习部门教师、辅导人员和培训者的专业标准》，2014 年颁布了《教师与培训者标准》并最终确定

---

① 吴慧平，李文卿. 英国新教师入职培训（ITT）的核心内容新框架探析[J]. 教师教育论坛，2020，33（12）：79-82.

了英国职业教育教师"双专业"标准。其中,《终身学习部门教师、辅导人员和培训者的专业标准》由职业价值观与实践、学习与教学、专业学习与教学、学习规划、学习与评价、学习进阶等 6 个领域,职业价值观、职业知识与理解、职业实践等 3 个维度和166 条要求组成[①]。这一标准不仅体现了教师"教学活动"的原则和职业教育"理实一体""知行合一"的理念,而且明确要求职业教育教师都必须具备本专业 3 级水平资格,即终身学习部门预备教学资格证书、终身学习部门教学证书和职业教育教学资格证书[②]。

3.6.2 借鉴

德国、澳大利亚和英国在职业教师培养方面的先进经验,综合体现了对教师综合素质和专业能力的高度重视。这些经验不仅可以为我国职业教育教师培训和师资建设提供借鉴和参考,还可以启示我们深化教育体制改革,推动职业教育质量提高和产业结构升级。

1. 明确"双师型"教师的标准体系

教师的准入条件不仅直接关系到教师的素质和水平,也关系到教育体系的健康发展。然而,目前我国对于教师的准入条件设置较为模糊和笼统,实践能力要求与标准的描述也较为主观,没有明确的定量化标准,每个高校针对"双师型"教师的定义和内涵也不尽相同。相比之下,澳大利亚与英国在职业教育师资的标准制定方面更为严格。

基于以上,需明确"双师型"教师的标准体系,到底达到什么要求和标准的教师可以纳入"双师型"教师的范围,这一范围的教师具备何种学历和资格证书,需要有多少年的企业经验和实践经历等,这有利于进一步明确"双师型"教师师资队伍建设的标准。

2. 注重职后培养体系

澳大利亚职业教育师资的标准制定中,职前和职后培训被视作同等重要的培养环节。澳大利亚政府鼓励和支持职业教育教师的职业发展,为职业教育教师提供具有弹性的职业路径,同时,将职后培训纳入职业教育教师资格认证的重要维度之一。通过制订并执行职后培训计划,不断提高教师的专业水平,使职业教育教师能够适应不断变化的社会经济形势,切实提高职业教育质量。英国职业教育教师职后培训体系的建设同样具有可借鉴之处。英国政府设立了职业发展基金和继续职业发展资金,鼓励职业教育教师参与职后培训,提高教师的教学和管理能力。同时,英国政府加强了对职业教育教师职后培训的监管,确保职后培训计划的质量和效益。

---

① 涂三广. 英国职教教师"双专业"标准:理念、策略与启示[J]. 中国职业技术教育,2017,(36):34-43.
② 翟志华. 从发达国家职业教育教师标准看我国的"双师"建设——以德国、美国、英国和澳大利亚为例[J]. 武汉工程职业技术学院学报,2020,32(4):78-82.

目前，我国职业教育对职业教师职后培训体系的建设和完善不足，导致教师的专业素养和教学能力水平参差不齐。我国的职业教师职后培训的主体还是高校，"双师型"教师培养体系中缺乏企业的积极参与，或者企业参与度不高，原因可能在于：其一是传统观念和体制束缚。在我国的教育体制和观念中，高校被赋予了培养师范专业教师的主要任务，而企业更多地关注员工的实践技能培训。这种观念和体制上的差异导致了企业并不主动参与到职业教师培养中。其二是缺乏合作机制和平台。我国高校和企业之间在职业教育教师培养方面缺乏有效的合作机制和平台。双方之间缺乏有效的沟通和合作渠道，难以达成共识开展合作。其三是培训需求不匹配。企业对于教育教师培训的需求和高校的培训内容之间存在差异。企业更关注实际工作需求和实践技能培养，而高校更注重理论学习和教育教学方法培训。双方之间缺乏共同语言和合作基础，限制了企业参与度的提高。

借鉴国际上职业教育教师职后培养的经验，可以促进我国职业教育教师职后培养体系的完善。应着重推进职后培训计划各个环节的质量保证，严格审核培训机构和培训师资，建立有效的职后培训计划评估体系，制订具有实效性的职后培训计划，以便为我国教师持续提高专业素养和教学能力提供必要保障。

第四章 新时期高职院校"双师型"教师队伍建设面临的新要求

新时期高职院校面临新经济、新技术的发展浪潮和高职教育高质量发展的新要求，教师担负着落实立德树人根本任务，潜心教学、开拓创新，当学生健康成长的指导者和引路人，培养德智体美劳全面发展的社会主义建设者和接班人，特别是技术能手和大国工匠的时代重任。高职院校"双师型"教师面临着在新的发展背景和新形势下适应和符合新要求的挑战，本章在分析"双师型"教师队伍建设的影响因素的基础上，剖析其面临的挑战，并从师德师风要求、教育教学要求、社会服务要求和数字素养要求四个方面分析"双师型"教师建设的指标体系和具体要求，以形成对"双师型"教师队伍建设的整体需求。

4.1 高职院校"双师型"教师队伍建设面临的新形势

在理解和把握"双师型"教师队伍能力素养新要求的同时，高职院校还要考虑高职扩招的数量要求和设置本科层次职业教育专业中专业专任教师的要求，教育部办公厅2021年印发的《本科层次职业教育专业设置管理办法（试行）》（教职成厅〔2021〕1号）要求：设置本科层次职业教育专业须有完成专业人才培养所必需的教师队伍，全校师生比不低于1∶18；所依托专业专任教师与该专业全日制在校生人数之比不低于1∶20，高级职称专任教师比例不低于30%，具有研究生学位专任教师比例不低于50%，具有博士研究生学位专任教师比例不低于15%。本专业的专任教师中，"双师型"教师占比不低于50%。来自行业企业一线的兼职教师占一定比例并有实质性专业教学任务，其所承担的专业课教学任务授课课时一般不少于专业课总课时的20%。因此要适度超前谋划职业本科"双师"队伍建设，系统思考、协同推进，更好地满足职业本科懂产业也懂专业的"双师结构"教师队伍建设要求。

4.1.1 高职院校面临数字经济发展的新浪潮

从世界范围来看，人类已经经历了三次产业革命，以云计算和人工智能为标志的第四次产业革命正在影响许多领域，社会日趋智能化、自动化、数字化。全球的经济格局和经济范式发生巨大的变化，制造业模式和创造价值的方式都在发生持续的革命性的变化。新工业革命将产生以互联网为支撑的大规模定制、智能化生产方式。与制造模式变革相匹配的新的生产组织方式已经产生，概括为"分散生产，就地销售，共享使用"，发达国家开始重新思考实体经济与虚拟经济的关系，重新认识到以制造业为核心的实体经济是保证经济健康发展和国家竞争力的基础，实施制造业回归计划。

在制造业回归的同时，发达国家对人力资本和职业教育更加重视，成为国家理念的法律实践，各国积极开展高端技能人才计划。随着全球化的深入，中国经济进入新常态，新常态所包含的需求个性化、多样化与差异化竞争，对新技术、新产品、新业态、新模式投资，人力资本质量和技术进步重要性等特征进一步凸显。集成电路、人工智能、在线经济等新产业、新业态发展对学校人才培养提出新的挑战，对人力资源改革提出迫切要求。以信息技术为代表的新一轮科技革命进入实现重大突破的重要"窗口期"，以集成电路、人工智能等领域为核心的新产业快速发展，在线经济等新业态不断涌现，我国"十四五"规划和2035年远景目标纲要中明确提出，迎接数字时代，加快建设数字经济、社会，以数字化转型整体驱动生产方式、生活方式和治理方式变革。2021年，我国数字经济的规模为45.5万亿元，2022年已经突破50万亿元。对于相应技术技能人才的依赖度更大、需求量更多，数字化转型正在重塑社会、劳动力市场和未来工作形式，多个国际组织与各国政府不断探寻职业教育改革发展的新格局，我国实施"教育数字化战略行动"使职教肩负新的使命，对教师的教学、科研和服务能力也提出更高要求。高校人力资源建设必须主动适应科技发展新革命、产业转型新趋势和人才需求新变化，主动进行学校职能部门调整、专业结构优化等变革，以更好地支撑学校整体发展战略，确保高素质劳动者和技术技能人才的供给能力。

4.1.2 高职院校面临人力资本需求的新变化

根据国家统计局数据，2018年中国技能劳动者约1.7亿人，但其中高技能人才只有0.5亿人，2022年国民经济和社会发展统计公报数据显示我国技能人才总量超过2亿人，占就业人员总量的26%，其中高技能人才超过6000万人。以我国的电子信息产业为例，技师、高级技师占技术工人之比仅有3.2%，而发达国家一般在20%以上，有的甚至达到40%。根据2021年发布的《智能制造领域人才需求预测报告》，预测到2025年我国智能制造产业将有近100万名工程技术人员的缺口。中国信通院发布的《2022年数字经济就业影响研究报告》指出中国数字化人才缺口接近1100万。

我国处在经济转型关键期，职业教育需要挑起培养中国经济转型所需大批高技能人才的重担。传统上的教育是以知识传授和理解为主的，但在知识记忆和简单理解方面，人工智能在很多方面已经赶超人类,在未来,靠记忆和简单理解为主的工作将全面被人工智能所取代,所以整个教育体系的目标必须全面地加以调整,由知识记忆为主,逐步转向能力培养为主,更加注重培养人的批判性思考能力、创造能力、创新精神和创业精神,更加注重培养人机合作的能力[①]。

未来人才所应具备的关键技能,包括创新思维、创业精神、合作能力等,由于很难在标准化考试中体现出来,学生的学习需求越来越复杂和多样化,如何为不同的人提供不同的教育,发展学生面向未来的核心素养,让学生的成长充满无限空间,已经成为时代赋予学校和教师的全新使命。随着时代的发展,未来学校和教师将从"批量生产"模式走向"私人订制"模式,未来学校包括三部分:一是学习场景相互融通,任何可以实现高质量学习的地方都是学校;二是学习方式灵活多元,把知识学习与社会实践结合起来,正式与非正式学习融为一体;三是学校组织富有弹性,让学生站在教育舞台的正中央。这是一项系统性改革,不仅包括基础设施和软硬件建设,也包括学习方式、课程结构、组织形态等方面的变革。今后更便宜、更好用的机器人将在世界各地的工厂里加速取代人类员工,将制造业的人力成本压缩16%。同时,大规模使用机器人将使工作效率提升,质量更加稳定。

案例:工业机器人行业人才需求

我们以工业机器人行业为例调研了如下企业(表4-1),以具体分析高职院校人才需求变化。

表4-1 调研对象

企业名称	性质	企业地址或职务
上海 ABB 工程有限公司	独资	上海市浦东新区康新公路4528号
上海福赛特机器人有限公司	合资	上海市徐汇区虹梅路180号A区凯科国际大厦308室
北京华航唯实机器人科技有限公司上海分公司	合资	上海市浦江镇联航路1688弄浦江国际39号楼
南京旭上数控技术有限公司	民营	南京江宁城北路68号
奥特斯(中国)有限公司	合资	上海市闵行区莘庄工业园区金都路5000号
联合汽车电子有限公司	合资	上海榕桥路555号
英华达(上海)科技有限公司	合资	上海市浦星公路漕河泾出口加工区789号
上海通用汽车	合资	浦东新区新金桥路230号

[①] 肖辉,周海,吴计生.大学生就业指导[M].北京:中国水利水电出版社,2018.

续表

企业名称	性质	企业地址或职务
上海先进半导体制造股份有限公司	合资	虹漕路385号
上海微电子装备有限公司	国企	上海浦东张东路1525号
上海通汇汽车零部件配送有限公司	合资	浦东新区金京路1500号
上海泰瑞电子科技有限公司	合资	奉贤区大叶公路1888号
上汽集团股份有限公司乘用车分公司	合资	上海市安研路201号
上海美蓓亚精密机电有限公司	合资	上海市青浦区金泽镇沪青平公路8313号
上海龙润机电科技有限公司	民营	上海市奉贤区奉城镇工业园神州路639号
上海航天803所	国企	宜山路900号A座3楼
上海傲意信息技术有限公司	民营	运营总监
上海容数信息科技有限公司	民营	CTO首席技术官
意法半导体公司	合资	教育计划负责人
百度云智学院	民营	解决方案架构师
华为公司	民营	AI解决方案架构师
国智清创雄安机器人产业技术研究院	民营	技术总监
上海有个机器人有限公司	民营	总经理、人工智能学会会员
上海启培智能科技有限公司	民营	总经理

通过调研，我们发现以下三个方面的变化。

第一个变化是需求类型的变化。通过走访企业技术人员、发放问卷等，目前与工业机器人直接相关的企业主要有机器人制造厂商、机器人系统集成商以及机器人的应用企业三大类[1]，各类企业人才需求类型见表4-2。

表4-2　工业机器人人才需求类型分析

企业类型	人才需求方向
机器人制造厂商	机器人本体设计、核心零部件研发；控制系统开发；机器人组装；售前、售后技术支持和营销人才
机器人系统集成商	机器人工作站的开发、安装调试、技术支持等专业人才
机器人的应用企业	机器人工作站调试维护；运行管理；操作编程；二次开发等综合素质较强的技术人才

---

[1] 陈江魁. 论基于产教融合的工业机器人专业课程建构策略[J]. 职业，2019(33)：75-76.

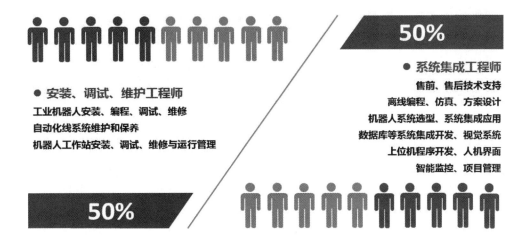

图4-1　工业机器人岗位分析

通过进一步走访企业，并对调研的数据分析归纳，我们发现与工业机器人直接相关的技术岗位主要分为两大类，一类是工作现场的安装、调试、维护工程师；一类是系统集成工程师。这两大类的人员比例及主要工作内容见图4-1，具体人才需求分布见图4-2。

图4-2　工业机器人岗位需求分布

目前，高职类学生适应的岗位主要有工业机器人安装、调试、维护岗位和售前售后技术支持以及部分初级的集成应用岗位。

第二个变化是需求数量的变化。伴随着机器人井喷发展的是一个巨大而急切的工业机器人应用人员的人才缺口。目前，全球每销售5台机器人，就有1台是在中国安装的。工业机器人是一个复杂的系统工程，不是买来就能用的，需要对其进行编程，把机器人本体与控制软件、应用软件、周边设备等结合起来，组成一条完整的生产线，才能进行生产。1台工业机器人（机械臂）能否投入生产，以及能发挥多大的作用，取决于生产工艺的复杂性、产品的多样性和周边设施的配套程度，而如果需要解决这些问题，根据相关统计，可能需要3到5名相关的操作维护和集成应用人才。

国际机器人联合会（IFR）发布的2022年世界机器人报告显示，全球制造业机器人密度在2021年的平均值为每万名员工141台工业机器人，中国则以每万名员工322台工业机器人的密度跻身世界第五位。工业机器人密度是衡量制造业自动化程度的关键指标，2021年全球制造业自动程度最高的五个国家分别是韩国、新加坡、日本、德国和中国。美国的工业机器人密度在2021年为每万名员工274台，排名第九。据IFR综合调研数据测算，2022年全年，中国工业机器人市场规模达87亿美元，到2024年这一数字有望超过110亿美元。

2023年5月18日，上海市人民政府办公厅印发《上海市推动制造业高质量发展三年行动计划（2023—2025年）》的通知，明确规模以上制造业企业数字化转型比例达80%以上，工业机器人使用密度力争达360台/万人，规模以上工业单位增加值能耗持续下降。瞄准人工智能技术前沿，构建通用大模型，面向垂直领域发展产业生态，建设国际算法创新基地，加快人形机器人创新发展。推动传统制造业企业加快机器人应用。实施智能工厂领航计划，制定"一厂一方案"，打造20家标杆性智能工厂、200家示范性智能工厂，新增应用工业机器人不少于2万台。

在今后10年，上海平均每年新增的工业机器人从业人员中，适合高职就业的岗位数量如表4-3所示，可以说是需求巨大。

表4-3 高职学生从业岗位需求数

工业机器人高端从业岗位	从业人员比例	每年新增人数（名）
安装、调试、维修工程师	50%	4500-9000
售前售后技术支持工程师	25%	2250-3750
系统集成应用人员（初级）	5%	450-750

第三个变化是技能需求的变化。机器人行业岗位职业能力分析如表4-4所示。

表4-4　机器人行业岗位职业能力分析表

主要岗位	典型工作任务	核心职业能力
机器人及系统安装、调试、维护工程师	机器人本体组装及系统测试； 工业机器人工作站安装、调试、维修； 自动化系统维护和保养； 机器人工作站维修与运行管理	机器人系统安装测试能力； 工业机器人系统安装调试； 自动化系统维护和保养； 机器人工作站安装、调试、维修与运行管理调试、维修；
售前售后技术支持工程师	工业机器人工作站集成系统的市场销售及售后服务； 工业机器人技术服务资讯； 工业机器人及系统维修维护；	机器人和机器人系统的市场销售、售后服务； 机器人系统技术支持； 车间工业机器人及自动化成套设备的技术管理、组织工作等能力； 机器人机系统维修维护能力；

我们从问卷调查表中分析了企业目前招聘的工业机器人从业人员现状。目前从事工业机器人相关的技术人员中，拥有中高级职业技能证书的约占70%，其中，中级、高级及技师的比例如图4-3所示。

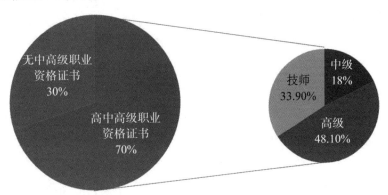

图4-3　从业人员拥有职业技能证书比例

经过对企业的调研，发现企业对员工有一定的学历、工作经历要求，其对岗位素质的要求统计见下图4-4所示，由于工业机器人应用是典型的多学科交叉融合的行业，需要不同领域的人才通力合作完成，企业尤其注重团队精神、协作能力。

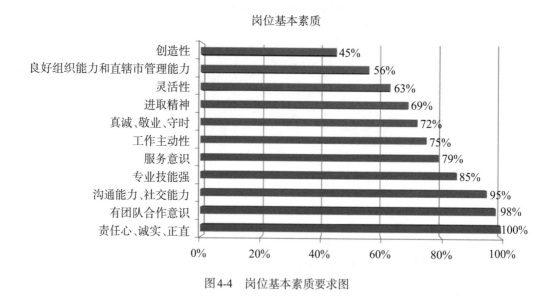

图4-4 岗位基本素质要求图

经济结构调整冲击的另一个方面是就业决定机制的市场化使结构调整过程时期劳动力市场的波动更加明显。由于结构调整，不断有产能过剩行业的衰退和新兴行业的进入，使得工作转换及以高校毕业生为主的城镇新增劳动力面临工作搜寻难度加大的情形。另外，由于中国的高等教育模式和教育内容难以满足市场化的岗位需求，新职业、新技能的知识和技能需求在教育部门得不到及时的反映，导致与企业需求的匹配性难度增大，摩擦性和结构性的就业问题突出。制造业行业未来的发展趋势具有明显的岗位技能不断深化特征，即需要技能和知识型综合型人力资本的提升，不仅需要具备一定的生产技术技能，而且需要相应的设计、管理以及产品开发和营销的技能与知识。新兴产业所带来的就业需求跟许多产业相关联，产生大量的高人力资本岗位的需求，也是经济结构加速调整时期，就业岗位需求和就业结构变化的主要源泉之一[①]。就业岗位的升级趋势很明显，即从中等收入、中等技能岗位向中高收入、中高技能岗位，高收入、高技能岗位升级，就业岗位的增长率随之升高，就业结构也是呈现正在升级的趋势与特征。对高职院校人才需求的变化要求职业教育变革，而这一切的关键在于教师。

4.1.3 高职院校面临高质量发展的内在要求

职业教育是国民教育体系的重要组成部分，也是人力资源开发的重要组成部分。现代职业教育改革发展面临经济转型升级和人才培养的新需求，职业教育也发挥了越来越大的作用。高职教育是高等教育的重要组成部分，主要培养适应生产、建设、管理、服

[①] 窦争妍,高丽坤. 经济新常态下人力资本需求变动及对策研究[J]. 中国商论，2015(32)：36-38.

务第一线需要的高技能人才。这一属性决定了高职教育应以能力培养为中心，其培养的学生不仅应具有必备的专业知识，还应具有较强的专业技能，包括解决实际问题的实践能力、学习能力和创新能力等综合能力。要培养高技能学生，高职院校需要拥有高水平的教师队伍。这对教师提出了更高的要求，包括宽厚的知识背景、精深的专业知识和有效的教育教学能力，同时还需要具备实践经验和动手操作能力。因此，高职教育需要全面提升师资队伍的水平，通过必要的调整、培养和补充，建立起素质高、能力强、结构优、专兼结合、相对稳定的教师队伍。

新时代以来的10年，习近平总书记一直心系职业教育，特别是党的十九大后，党中央、国务院多次专题部署职业教育改革工作。2019年印发的《国家职业教育改革实施方案》，明确了我国职业教育制度框架和改革蓝图。2021年4月，全国职业教育大会对加快构建高质量现代职业教育体系做出一系列重大部署，标志着我国高职教育开启了以提高质量为核心、以立德树人为根本的内涵式发展新征程。2021年《关于推动现代职业教育高质量发展的意见》明确了构建现代职业教育体系的目标框架、重点任务、进度安排。在《现代职业教育体系建设规划（2014—2020年）》中提到，要不断优化高职教育，对高职教育做调整，充分利用高职教育的资源，让高职教育更加合理。2022年，新修订的职业教育法将职业教育改革实践经验上升到立法层面。

过去的10多年间，我国的经济和社会都发生了深刻的变化，走上新型的工业发展道路，在此过程中，我国高等职业教育的贡献功不可没。学校的数量增多，规模越来越大，高等职业教育现在已成为我国高等教育里面重要的组成部分，为我国屹立于世界民族之林提供了强有力的支撑。我国已经建成世界上最大规模的职业教育体系，构建了职业教育与普通教育协调发展的教育格局，数据显示高职院校的人数占到了高等教育人数的一半以上，以下为近年来高职院校在校生人数（图4-5）和校均规模（图4-6），我国高职教育不断发展，尤其高职教育入学人数以及办学规模都在不断提高，但是教师队伍建设发展滞后。

图4-5　高职院校在校生人数

图 4-6　高职院校校均规模

　　我国的高职教育为促进现代化的教育体系的建设做出了很重要的贡献，但是在此我们也要看到，在高等职业教育中，技术水平不高，实习条件差，教师队伍能力有待提升，教学内容比较落后，人才培养的模式不合理，培养目标不明确，没有精确的办学定位等问题仍然存在，进而影响到高职院校的进一步发展。在新时期，我国的高职教育也同时在面对着机遇和挑战。2022年12月，教育部职业教育与成人教育司司长陈子季提出党的二十大对职业教育重视程度之高前所未有，职业教育在整个教育体系中的分量之重前所未有，以一体推进教育、科技和人才三大强国建设的宏阔视野，深化现代职业教育体系建设改革的任务之艰巨也前所未有，对职业教育的战略定位越来越突出、实践要求越来越明确、规律认识越来越深入。高职教育质量保障也从技术层面的质量管理转向了价值层面的文化建构，需要更好地适应和积淀，高职院校的办学历史尚短，如何更好地明晰定位，办出特色，适应社会需求，实现高质量发展，需要进一步关注和解决。

　　在新一轮的发展中，国家和地方的一流高职院校建设对高职院校产教研创新提出明确具体的任务。2017年12月，《国务院办公厅关于深化产教融合的若干意见》提出要深化产教融合，促进教育链、人才链与产业链、创新链有机衔接，是当前推进人力资源供给侧结构性改革的迫切要求。深化产教融合的主要目标是，逐步提高行业企业参与办学程度，健全多元化办学体制，全面推行校企协同育人，用10年左右时间，教育和产业统筹融合、良性互动的发展格局总体形成，需求导向的人才培养模式健全完善，人才教育供给与产业需求重大结构性矛盾基本解决，职业教育、高等教育对经济发展和产业升级的贡献显著增强。2019年1月，《国务院关于印发国家职业教育改革实施方案的通知》明确界定"双师型"教师是指"同时具备理论教学和实践教学能力的教师"，要求"双师型"教师数量占专业课教师总数一半以上。在内涵上赋予新时代职业院校教师新的要求。"能力"反映了"双师型"的要求,实践时间、技术经历、证书形式等要求告诉我们,职业院校"双师型"教师队伍建设不能简单地追求形式、堆砌证书,更需要拿出真才实干。2021年10月,中共中央办公厅、国务院办公厅印发了《关于推动现代职业教育高质量发展的意见》,提出要强化"双师型"教师队伍建设,制定"双师型"教师标准,建设一支高素质"双师型"的教师队伍。2019年3月,《上海深化产教融合推进一流专科高等职业教育建设试点方案》提出"深化产教融合、校企合作,鼓励高等职业院校创新体制机制",鼓励"打造高水平的应用技术研发团队,切实解决企业生产面临的技术问题。搭建协同创新平台。鼓励企业联合高等职业院校设立产业学院、大师工作室,加强成果孕育与转换。与行业企业共建先进的生产性实训基地"等,而这一切的关键在于教师,在于教师产教研协同创新能力的提升。

2022年10月,教育部出台《关于做好职业教育"双师型"教师认定工作的通知》,体现了党和国家在立德树人、思想政治、师德师风和劳动精神、工匠精神等方面的素质层次要求。在能力层次方面突出校企合作教学创新和实践能力提升,要从教学能力、实践能力、社会服务、数字创新能力四个维度评价"双师型"教师的能力层次要求。整体来讲,新时期对"双师型"教师队伍的新要求如下图所示:

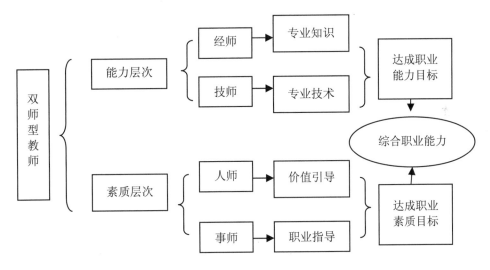

图4-7 新时期对"双师型"教师队伍的新要求

4.1.4 高职院校教师队伍建设面临党建引领的新引擎

党的十九大报告指出,"要坚持党对一切工作的领导"。教育部《关于高校党组织"对标争先"建设计划的实施意见》提出有效提升基层党组织的组织力,突出政治功能,充分发挥基层党组织的战斗堡垒作用和党员的先锋模范作用,为加快一流大学和一流学科建设、实现高等教育内涵式发展、办好人民满意的教育提供坚强的政治保证、思想保证、组织保证。以提升基层党组织活力为重点，完善高校党委、院系、支部、党员四位一体党建工作体系。要把党组织的组织资源转化为推动发展资源、组织优势转化为推动发展优势、组织活力转化为推动发展活力，要把党组织建设成激发教师活力的堡垒，党建、学术齐头并进。

习近平总书记在全国教育大会上讲话时指出：教师是人类灵魂的工程师，是人类文明的传承者，承载着传播知识、传播思想、传播真理、塑造灵魂、塑造生命、塑造新人的时代重任。建设一支政治素质过硬、业务能力精湛、育人水平高超的教师队伍，是学校党建工作的重要任务。2019年4月，《中国特色高水平高职学校和专业建设计划》指出落实党委领导下的校长负责制，充分发挥党组织在学校的领导核心和政治核心作用，牢牢把握意识形态主动权，引导广大师生树牢"四个意识"、坚定"四个自信"、坚决做到"两个维护"。加强基层党组织建设，将党的建设与学校事业发展同部署、同落实、同考评，有效发挥基层党组织的战斗堡垒作用和共产党员的先锋模范作用，带动学校工会、共青团等群团组织和学生会组织建设，为学校改革发展提供坚强组织保证。

2021年4月，《中国共产党普通高等学校基层组织工作条例》提出坚持和加强党对高校的全面领导，健全高校党的组织体系、制度体系和工作机制，推动高校党的建设与高等教育事业发展深度融合，以高质量的党建引领推动高校为党育人、为国育才、实现高质量发展。党组织是直接联系、管理党员的"毛细血管"，要充分发挥组织力量，让每个"细胞"都充满活力。高职院校要充分发挥党组织的政治引领力、组织覆盖力、发展推动力，强化党组织在"大党建"格局中的领导核心作用，通过激发教师活力实现高职院校高质量发展来谋划党建工作。教育部出台《关于做好职业教育"双师型"教师认定工作的通知》突出政治引领。"双师型"教师标准充分体现了党和国家的一系列新要求、新规定，在立德树人、思想政治素质、课程思政、师德师风以及弘扬劳模精神、劳动精神、工匠精神等方面提出了明确要求。

在产业结构转型升级、数字经济背景下，职业教育自身高质量发展对教育和人力资本提出了新的需求。国家先后颁布了《国家职业教育改革实施方案》《实施中国特色高水平高职学校和专业建设计划》《建立和实施"学历证书+职业技能等级证书"制度》，进一步明确了职业教育不同于普通教育，它是以服务和促进社会发展为宗旨，以提高就业率为导向；在人才培养机制方面更注重实践性，即产教融合和校企合作，突出对实践技能的培养。职业教育是深化教育改革的重要突破口，能够有效分流高考压力，提供更多样的人才成长路径，能直接培养劳动型人才和技术技能人才，是解决社会需要人才结构性矛盾最重要的途径。面对新形势下人力资本需求的新变化，高职院校要不断应对，培育政治素养高、具备"双师"素养的结构化教师队伍是职业教育高质量发展的关键。

综上所述，新时期高职院校"双师"队伍需要政治引领，"双师型"教师必须师德高尚、理论扎实、技能过硬，才能成为符合职业教育特色发展的高素质教师队伍。同时还需具备行业职业道德，熟悉并遵守职业操守，并清楚理解其具体内容及制定过程，通过言传身教，培养学生良好的行业职业道德和操守。

其次，必须具备行业和职业的基本理论、知识和实践的能力；具备把行业和职业知识、实践能力融合于教育教学过程的能力。即根据行业分析、市场调查、职业及职业岗位群分析，调整和改进培养目标、教学内容、教学方法和教学手段，注重学生行业知识的传授、实践实操技能及综合职业能力的培养，注重产教研社会服务能力的提升，深化团队合作和平台建设，在职业教育立德树人、产教融合、三教改革等教育教学重要一线岗位，承担教书育人和改革创新的重要任务职责，发挥骨干和引领作用。

再次，具备一定的协调和社会交往能力，"双师型"教师既需要校内沟通与协调，也需要与校外企业、行业人员交流沟通，组织学生开展社会调查、社会实践，指导学生参与各种社会活动、实习、创新创业等。

此外，在数字经济赋能教育的时代，满足现有需求的基础上，需要进一步满足未来人工智能时代的新需求，全面提升教师教育教学理念、教育教学改革、教学资源开发、模块化教学设计、科技研发和信息技术应用等能力。更需要了解和掌握新技术赋能企业对专业人才培养的未来变化，不断实践创新，具有国际化水平，在"一带一路"建设中输出技术技能和标准，同时了解国际前沿教育理论和先进技术，在国际学术论坛、会议中分享中国经验，提高国际影响力，真正成为学生成长的领路人。

4.2 新时期高职院校"双师型"教师面临的新要求

4.2.1 师德师风新要求

1. 政策的更新

为党育人、为国育才，培养一批又一批担当民族复兴大任的时代新人，培养一代又一代德智体美劳全面发展的社会主义建设者和接班人，是党和国家赋予大学的崇高使命。为党育人、为国育才，关键在教师。教师是人类灵魂的工程师，是人类文明的传承者。长期以来，广大教师贯彻党的教育方针，教书育人，呕心沥血，默默奉献，为国家发展和民族振兴做出了重大贡献。新时代对广大教师落实立德树人根本任务提出新的更高要求，要求进一步增强教师的责任感、使命感、荣誉感，规范职业行为，明确师德底线，引导广大教师努力成为有理想信念、有道德情操、有扎实学识、有仁爱之心的好老师。

为此，结合《教育部关于建立健全高校师德建设长效机制的意见》（教师〔2014〕10号）和《教育部关于高校教师师德失范行为处理的指导意见》（教师〔2018〕17号）等文件精神，教育部印发《新时代高校教师职业行为十项准则》（教师〔2018〕16号），对新时代高校教师职业行为提出十项准则，为广大高校教师规范职业行为，守牢师德底线，努力成为党和人民满意的"四有"好老师提供了基本遵循。《教育部办公厅关于做好职业教育"双师型"教师认定工作的通知》（教师厅〔2022〕2号）关于"双师"队伍建设标准文件中的"突出政治引领"指明了职业院校"双师"队伍建设的新方向。

2. 指标体系的变动

新时代高校教师职业行为准则一共有十个，具体包括坚定政治方向、自觉爱国守法、传播优秀文化、潜心教书育人、关心爱护学生、坚持言行雅正、遵守学术规范、秉持公平诚信、坚守廉洁自律和积极奉献社会等方面的指标，既有正面要求也有负面清单，详见表4-5。

表4-5　新时代高校教师职业行为准则

指标名称	正面要求	负面清单
坚定政治方向	坚持以习近平新时代中国特色社会主义思想为指导，拥护中国共产党的领导，贯彻党的教育方针	不得在教育教学活动中及其他场合有损害党中央权威、违背党的路线方针政策的言行
自觉爱国守法	忠于祖国，忠于人民，恪守宪法原则，遵守法律法规，依法履行教师职责	不得损害国家利益、社会公共利益，或违背社会公序良俗
传播优秀文化	带头践行社会主义核心价值观，弘扬真善美，传递正能量	不得通过课堂、论坛、讲座、信息网络及其他渠道发表、转发错误观点，或编造散布虚假信息、不良信息
潜心教书育人	落实立德树人根本任务，遵循教育规律和学生成长规律，因材施教，教学相长	不得违反教学纪律，敷衍教学，或擅自从事影响教育教学本职工作的兼职兼薪行为
关心爱护学生	严慈相济，诲人不倦，真心关爱学生，严格要求学生，做学生的良师益友	不得要求学生从事与教学、科研、社会服务无关的事宜
坚持言行雅正	为人师表，以身作则，举止文明，作风正派，自重自爱	不得与学生发生任何不正当关系，严禁任何形式的猥亵、性骚扰行为
遵守学术规范	严谨治学，力戒浮躁，潜心问道，勇于探索，坚守学术良知，反对学术不端	不得抄袭剽窃、篡改侵吞他人学术成果，或滥用学术资源和学术影响

指标名称	正面要求	负面清单
秉持公平诚信	坚持原则,处事公道,光明磊落,为人正直	不得在招生、考试、推优、保研、就业及绩效考核、岗位聘用、职称评聘、评优评奖等工作中徇私舞弊、弄虚作假
坚守廉洁自律	严于律己,清廉从教	不得索要、收受学生及家长财物、参加由学生及家长付费的宴请、旅游、娱乐休闲等活动,或利用家长资源谋取私利
积极奉献社会	履行社会责任,贡献聪明才智,树立正确义利观	不得假公济私,擅自利用学校名义或校名、校徽、专利、场所等资源谋取个人利益

资料来源:根据《新时代高校教师职业行为十项准则》制作。

3.具体要求

2018年11月,《教育部关于高校教师师德失范行为处理的指导意见》明确高校教师要自觉加强师德修养,严格遵守师德规范,严以律己,为人师表,把教书育人和自我修养结合起来,坚持以德立身、以德立学、以德施教、以德育德。

创新师德教育,引导教师树立崇高理想。将师德教育摆在高校教师培养首位,贯穿高校教师职业生涯全过程。青年教师入职培训必须开设师德教育专题。要将师德教育作为优秀教师团队培养,骨干教师、学科带头人和学科领军人物培育的重要内容。重点加强社会主义核心价值观教育,重视理想信念教育、法制教育和心理健康教育、劳动教育,发扬工匠精神。创新教育理念、模式和手段,积极开展课程思政,把校园文化和企业精神融入日常专业教学,以更好的素养引领学生发展;建立师德建设专家库,把高校师德重大典型、全国教书育人楷模、一线优秀教师等请进课堂,用他们的感人事迹诠释师德内涵。举行新教师入职宣誓仪式和老教师荣休仪式。结合教学科研、社会服务活动开展师德教育,鼓励广大高校教师参与调查研究、学习考察、挂职锻炼、志愿服务等实践活动,切实增强师德教育效果。

健全师德考核,促进教师提高自身修养。将师德考核作为高校教师考核的重要内容。师德考核要充分尊重教师主体地位,坚持客观公正、公平公开原则,采取个人自评、学生测评、同事互评、单位考评等多种形式进行。考核结果存入教师档案。师德考核不合格者年度考核应评定为不合格,并在教师职务(职称)评审、岗位聘用、评优奖励等环节实行一票否决。

注重师德激励,引导教师提升精神境界。完善师德表彰奖励制度,将师德表现作为评奖评优的首要条件。在同等条件下，师德表现突出的，在教师职务（职称）晋升和岗位聘用，骨干教师、学科带头人和学科领军人物选培，各类高层次人才及资深教授、荣誉教授等评选中优先考虑。根据《关于高校教师师德失范行为处理的指导意见》，对高校教师师德失范行为实行"一票否决"，在评奖评优、职务晋升、职称评定、岗位聘用、工资晋级、干部选任、申报人才计划、申报科研项目等方面体现激励约束。

对于职业教育发展，"双师型"教师是关键。作为"双师型"教师，必须认清作为人民教师所肩负的政治责任，必须自觉以习近平新时代中国特色社会主义思想为指导，始终把党建引领作为提升人才培养质量、推动事业发展的"方向引擎"，践行为党育人、为国育才的政治使命，并在教育教学中努力增强思想政治教育意识和课程思政能力，充分发挥党建引领作用。全面加强党的领导，严格执行党委领导下的校长负责制，坚持党的组织和党的工作全面覆盖原则，牢牢把握意识形态主阵地，落实党的工作与学校发展同步谋划、同步设置、同步开展；创新党建工作模式，探索开展校地、校企党建联盟；推动课程思政改革，探索"大思政"育人模式。

4.2.2 教育教学新要求

1. 政策更新

《教育部办公厅关于做好职业教育"双师型"教师认定工作的通知》（教师厅〔2022〕2号）明确提出，"双师型"教师要落实立德树人的根本任务，遵循教育规律和技术技能人才成长规律，做到工学结合、知行合一、德技并修。要突出对理论教学和实践教学能力的考察，注重教学改革和专业建设实绩。要熟悉行业企业情况，具有相应的专业技能，以及行业企业工作经历或实践经验。这一通知是在贯彻党的二十大精神，落实新修订的《中华人民共和国职业教育法》《中共中央国务院关于全面深化新时代教师队伍建设改革的意见》和中共中央办公厅、国务院办公厅印发的《关于推动现代职业教育高质量发展的意见》要求，"双师型"教师队伍高质量建设的背景下出台的最高层面的职业教育"双师型"教师认定指导性文件，为"双师型"教师的认定、考核等管理工作明确了方向，统一了标准，强化了监督。这一国家认定标准的实施对健全职业教育教师标准体系、加快职业教育"双师型"教师队伍建设和高质量发展具有十分重要的指导意义。

2. 指标体系的变动

按照国家《职业教育"双师型"教师基本标准（试行）》的要求，高职院校"双师型"教师的教育教学指标体系主要包括专业知识和技能、教育教学研究能力、专业建设能力、技术革新能力、企业相关工作经历或者实践经验、竞赛能力等方面，详见表4-6。

表4-6 新时代高职院校"双师型"教师的教育教学指标体系

指标名称	指标解释
专业知识和技能	初级:具有较扎实的专业知识和技能,掌握所教课程的课程标准、教学原理,以及教学、生产实习实训方法等,教学经验比较丰富,教学效果好
	中级:具有扎实的理论基础、专业知识和精湛的操作技能,了解本专业发展现状和趋势,掌握先进的教育理念、教学方法,教学业绩显著,形成一定的教学特色和可供借鉴的教学经验
	高级:深入系统地掌握本专业基础理论,具有丰富的专业知识和精湛的操作技能,掌握国内外本专业发展现状和趋势,掌握先进的教育理念、教学方法,教学业绩突出,教学特色鲜明,形成可供推广和借鉴的教学经验或模式
教育教学研究能力	初级:具有一定的组织和开展教育教学研究的能力,积极参与并承担教学研究任务
	中级:具有较强的指导与开展教育教学研究、实习实训教学研究的能力
	高级:在教育教学团队中发挥关键作用
专业建设能力	初级:在教育思想、专业建设、课程改革、实践教学改革、教学方法等方面积累了一定经验
	中级:具有较强的专业建设的能力
	高级:在专业建设、课程改革、实践教学改革、教学方法等方面取得显著成果,发挥示范引领作用
技术革新能力	初级:无
	中级:具有较强的技术革新的能力
	高级:在技术革新方面发挥示范引领作用
企业相关工作经历或者实践经验	初级:了解本专业工作过程或技术流程,在实习实训教学、设备改造、技术革新、成果转化等校企合作方面取得一定的成果,取得一定的经济效益和社会效益
	中级:掌握本专业工作过程或技术流程,在实习实训教学、设备改造、技术革新、成果转化等校企合作方面取得较突出的成果,取得较为显著的经济效益和社会效益
	高级:熟练掌握本专业工作过程或技术流程,在实习实训教学、设备改造、技术革新、成果转化等校企合作方面取得突出成果,取得重大的经济效益和社会效益
竞赛能力	初级:无
	中级:作为主要参与者获得技能竞赛类、教学成果类、科技发明类等代表本领域较高水平的奖项;或指导学生获得地市级及以上技能竞赛类、教学成果类、科技发明类等奖励
	高级:作为主要参与者获得技能竞赛类、教学成果类、科技发明类等代表本领域先进水平的奖项;或指导学生获得省级及以上技能竞赛类、教学成果类、科技发明类等奖励

(资料来源:根据《职业教育"双师型"教师基本标准(试行)》制作)

　　作为国家首版"双师型"教师认定标准,做出了标准分级、层级递进认定的规定安排,对高等职业学校教师设置了初级、中级、高级三个层级"双师型"教师相应的标准条件。这种三级递进模式解决了过去"双师型"教师认定中单一认定的问题,从静态认定提升到动态认定，有助于保障职业教育的类型特色、提升职业教育教师专业发展的内在动力，有助于提升广大职业院校教师的职业认同感和职业荣誉感，为对教师的激励和评价等方面提供参考依据。

3. 具体要求

按照《职业教育"双师型"教师基本标准（试行）》的要求，高职院校"双师型"教师首先需要满足四个方面的基本要求，然后再根据初、中、高级三个层级分别满足相应的等级要求。

（1）基本要求

①贯彻党的教育方针，热爱职业教育事业，具有良好的思想政治素质和师德素养，自觉践行社会主义核心价值观，弘扬劳模精神、劳动精神、工匠精神，为人师表，关爱学生。

②落实立德树人根本任务，遵循职业教育规律和技术技能人才成长规律，践行产教融合、校企合作，做到工学结合、知行合一、德技并修。在教育教学和技术技能培养过程中落实课程思政要求，形成相应的经验模式。

③具备相应的理论教学和实践教学能力，掌握先进的教学理念和教学方法，积极参与教学改革与研究。能够采取多种教学模式方式，有效运用现代信息技术开展教学。

④紧跟产业发展趋势和行业人才需求，具有企业相关工作经历，或积极深入企业和生产服务一线进行岗位实践，时长、形式、内容、标准等应符合职业学校教师企业实践的相关规定。理解所教专业（群）与产业的关系，了解产业发展、行业需求和职业岗位变化，及时将新技术、新工艺、新规范融入教学。

（2）等级要求

①初级"双师型"教师

第一，具有较扎实的专业知识和技能，掌握所教课程的课程标准、教学原理，以及教学、生产实习实训方法等，教学经验比较丰富，教学效果好。

第二，具有一定的组织和开展教育教学研究的能力，积极参与并承担教学研究任务，在教育思想、专业建设、课程改革、实践教学改革、教学方法等方面积累了一定经验。有发表、出版的学术论文、教学研究成果、著作或教科书等代表性成果。

第三，具有一定的企业相关工作经历或者实践经验，了解本专业工作过程或技术流程，在实习实训教学、设备改造、技术革新、成果转化等校企合作方面取得一定的成果，取得一定的经济效益和社会效益。获得相关的国家职业技能等级证书或职业资格证书，或具有本专业或相近专业非教师系列初级及以上职务（职称），或具有相应的能力水平。

②中级"双师型"教师

第一，具有扎实的理论基础、专业知识和精湛的操作技能，了解本专业发展现状和趋势，掌握先进的教育理念、教学方法，教学业绩显著，形成一定的教学特色和可供借鉴的教学经验。

第二，具有较强的指导与开展教育教学研究、实习实训教学研究、专业建设、技术革新的能力。参与过重要教学研究或科研项目，在教育思想、专业建设、课程改革、实践教学改革、教学方法等方面取得较突出的成果，起到带头人的作用。发表、出版过较大影响的学术论文、教学研究成果、著作或教科书等代表性作品，受到学术界的好评。

第三，具有较为丰富的企业相关工作经历或者实践经验，掌握本专业工作过程或技术流程，在实习实训教学、设备改造、技术革新、成果转化等校企合作方面取得较突出的成果，取得较为显著的经济效益和社会效益。获得相关的国家职业技能等级中级及以上证书或职业资格中级及以上证书，或具有本专业或相近专业非教师系列中级及以上职务（职称），或具有相应的能力水平。

第四，作为主要参与者获得技能竞赛类、教学成果类、科技发明类等代表本领域较高水平的奖项，或指导学生获得地市级及以上技能竞赛类、教学成果类、科技发明类等奖励。

③高级"双师型"教师

第一，深入系统地掌握本专业基础理论，具有丰富的专业知识和精湛的操作技能，掌握国内外本专业发展现状和趋势，掌握先进的教育理念、教学方法，教学业绩突出，教学特色鲜明，形成可供推广和借鉴的教学经验或模式。

第二，在教育教学团队中发挥关键作用，担任地市级以上专业带头人、教学名师、教学创新团队带头人、技艺技能传承创新平台负责人等，主持过重要教育教学改革项目、教学研究项目或科研项目，在教育思想、专业建设、课程改革、实践教学改革、教学方法等方面取得显著成果，发挥示范引领作用，在指导和培养其他教师方面做出了突出贡献。发表、出版过有重要影响的学术论文、教学研究成果、著作或教科书等代表性作品。

第三，具有丰富的企业相关工作经历或者实践经验，熟练掌握本专业工作过程或技术流程，在实习实训教学、设备改造、技术革新、成果转化等校企合作方面取得突出成果，取得重大的经济效益和社会效益。获得相关的国家职业资格高级证书或职业技能等级高级证书，或具有本专业或相近专业非教师系列高级职务（职称），或具有相应的能力水平。

第四，作为主要参与者获得技能竞赛类、教学成果类、科技发明类等代表本领域先进水平的奖项，或指导学生获得省级及以上技能竞赛类、教学成果类、科技发明类等奖励。

4.2.3 社会服务新要求

1. 政策的更新

《教育部关于深化高校教师考核评价制度改革的指导意见》（教师〔2016〕7号）指出要综合考评教师社会服务工作。具体包括综合评价教师参与学科建设、人才培训、科技推广、专家咨询和承担公共学术事务等方面的工作；充分认可教师在政府政策咨询、智库建设、在新闻媒体及网络上发表引领性文章方面的贡献。这为新时期高职院校"双师型"教师的社会服务能力建设提出了明确的方向。《国务院办公厅关于深化产教融合的若干意见》提出：健全高等学校与行业骨干企业、中小微创业型企业紧密协同的创新生态系统，增强创新中心集聚人才资源、牵引产业升级能力。引导高校将企业生产一线实际需求作为工程技术研究选题的重要来源。完善高校科研后评价体系，将成果转化作为项目和人才评价重要内容。《国家职业教育改革实施方案》要求：高等职业学校要培养服务区域发展的高素质技术技能人才，重点服务企业特别是中小微企业的技术研发和产品升级，加强社会教育和终身学习服务。《中国特色高水平高职学校和专业建设计划》指出：对接科技发展趋势，以技术技能积累为纽带，建设集人才培养、团队建设、技术服务于一体，资源共享、机制灵活、产出高效的人才培养与技术创新平台，促进创新成果与核心技术产业化，重点服务企业特别是中小微企业的技术研发和产品升级。以应用技术解决生产生活中的实际问题，切实提高生产效率、产品质量和服务品质。加强新产品开发和技术成果的推广转化，推动中小企业的技术研发和产品升级，促进民族传统工艺、民间技艺传承创新。《上海深化产教融合推进一流专科高等职业教育建设试点方案》提出"深化产教融合、校企合作，鼓励高等职业院校创新体制机制"，鼓励"打造高水平的应用技术研发团队，切实解决企业生产面临的技术问题。搭建协同创新平台。鼓励企业联合高等职业院校设立产业学院、大师工作室，加强成果孕育与转换。与行业企业共建先进的生产性实训基地"等。上海高校基于人才培养目标定位和学科专业结构的二维分类框架明确应用技能型高职院校以培养操作性技能应用型人才为主，适当开展或参与技术服务及技能应用型改革与创新。

2. 指标体系的更新

基于《教育部关于深化高校教师考核评价制度改革的指导意见》（教师〔2016〕7号）中对教师社会服务工作综合考评的要求，结合高职院校的特点和实际，本书构建了新时期高职院校"双师型"教师社会服务的指标体系，见表4-7。

表4-7 新时代高职院校"双师型"教师的社会服务指标体系

一级指标	二级指标	指标解释
社会培训	技能培训	面向企业职工、党政领导干部、教师、农村劳动者、在校学生、军人、老年人、残疾人以及其他人员开展的包括证书、企业定制、职业技能、专业技术、干部培训、文化普及、老年教育、社区教育、对口支援、职业体验等培训
	科技推广	面向社会的科学普及、技术传播,促进技术进步,一般具有公益性质
技术服务	横向技术服务	通过向企事业单位提供技术服务、技术咨询、技术开发、技术转让、技术许可等服务性项目而从后者获得的科研资金
	科技成果转化	学校对其拥有的科技成果、专利技术、专有技术等进行有偿转让取得的开具税务发票的收入
咨询服务	专家咨询	围绕国家和地方发展战略、重大项目建设和企业一线急需解决的重点难点问题,开展的可行性论证和智力咨询、技术服务活动
	政府政策咨询	为政府提供的研究咨询服务,在政府规划决策等过程中提供的基于事实数据、信息情报等的调研与分析服务
	智库建设	发挥学校科研机构在学科体系建设等方面的作用,提供规范化、制度化和科学化的咨询服务,并达到服务决策、服务社会的作用
学术贡献	公共学术事务	教师与公众、政府、企业等社会各界之间的交流、合作与互动活动,促进学术知识与智力资源的共享,推动学术界的社会责任和影响力
	专家观点引领	教师在提升产业与教育领域的知识和研究经验的声誉与影响力方面起到的作用
社会兼职	社会兼职	在各级各类行指委、教指委、行业协会中担任职务,为行业发展贡献智慧

3. 具体要求

与普通高校相比,高职院校社会服务的职能更为突出、意义更为重要。高职院校开展社会服务,既是区域经济社会发展的客观要求,也是学校自身生存发展的需要,更是"双师型"教师队伍综合竞争力的体现与检验。整体来看,高校"双师型"教师社会服务能力的提升和价值实现需要学校层面和教师层面协同发力。

在高职院校的各项指标体系中,都对教师技术和社会服务能力做了明确规定。职业本科办学标准对科研与社会服务提出了最基本的要求:"近五年高职院校累计立项厅级及以上科研项目20项以上;服务企业的技术研发和产品升级,解决生产一线技术或工艺实际问题,形成技术技能特色优势,近5年横向技术服务与培训年均到账经费1000万元以上;年均非学历培训人次数不低于全日制在校生数的2倍。"对社会服务工作的核心考核指标是社会培训量和社会服务收入,包括横向课题到账和社会培训收入,是指面向企业职工、退役军人、消防官兵、院校教师（不含本校教师），大中小学学生（不含本校学生）、机关单位、社区居民、境外留学生等，开展的各类证书、企业定制、职业技能、专业技术、干部培训、文化普及、老年教育或社区教育等，且经上级主管部门认定获取的社会服务收入等。

（1）学校层面

学校层面社会服务平台的搭建是推动社会服务走深走实的前提和保障，包括实体平台的搭建和长效机制的构建，为实施有组织的社会服务和持续提升教师社会服务能力提供更多可能性。

通过搭建高等学历继续教育和培训平台，高职院校不断明晰继续教育定位，优化方案和资源，围绕立德树人，开展相关专业学历教育，构建质量保障体系。积极开展培训，多渠道拓展非学历培训，为企业提供技术开发、技术培训、技能鉴定、继续教育等，服务地方经济社会和行业企业的发展。

以上海电子信息职业技术学院拓展社会服务功能为例，2022年，学校在电子信息类、智能制造、教育、设计艺术等行业中，面向产业工人、高校教师、社区居民等群体完成以公益为主的培训项目258项，合计培训人次67738人。帮助企业提升综合竞争力。学校依托国家级—市级—校级公共实训基地、上海市第22国家职业技能鉴定所为行业企业开设急需专业或先进技术短期培训班，开展社区服务主要针对中小学生及社区居民关心的社会热点、普及性知识、前沿科技和文化教育等需求，组织专家教师走进社区，积极参与学习型城市建设。

第二，组建职教集团。学院牵头成立了上海电子信息职教集团和长三角电子信息职教集团，在"共建、共享、共赢"的理念下服务于集团内企业、行业协会和职业院校，开展教师企业实践，访学，开展贯通人才培养、进行人才培养方案、优化课程体系和课程标准，促进集团内校企合作，整合集团内的优质资源，促进职业教育与社会的发展。

第三，打造产学研创平台，开展科技研究。围绕高端装备制造、半导体探测材料与器件、人工智能等领域重点打造四大工程技术研究中心。程道来教授领衔的上海水泵制造有限公司专家工作站驻扎生产一线，极大地提高了企业生产质量与效率，增强了企业自主创新能力和核心竞争力，该工作站被上海市科协列入2022年度第二批19家市级院士（专家）工作站之一。机电装备表面绿色智造专业技术服务平台列入2022年度24家市级专业技术服务平台之一，学校成为入围的五所高校中唯一的高职院校。孙丽兵教授团队与上海特来电新能源有限公司联合申报的《智慧增益型一体化绿色充电平台》项目成功获批2022年上海市文化创意产业发展财政扶持，学校两个科研平台获得上海市级科研平台立项，三项科技成果获得行业科技进步奖。此外，通过建设上海市、奉贤区、临港新区创新创业孵化基地，开展校企合作的教师队伍建设和人才培养。

第四，联合行业企业，建设产教融合联合体。学校牵头成立长三角职业教育产科教创新联盟。现有职业院校、行业协会、研究院所，政府、园区、龙头企业等成员单位47家。与上海市物联网行业协会共建数字化转型科创园，承接上海市物联网行业协会委托开发项目两项，累计到款500余万元，组织职业等级培训和鉴定2000余人。学校通过与行业协会合作，已经走在引领科学技术向行业领域、职业培训领域规模化应用的最前沿。另外，组建了上海闵行经济技术开发区产教联合体。联合闵行区开发区、闵行区江川街道、闵行区产业园区组建成立上海市市域产教联合体。学校积极搭建平台，深入长三角区域的科技管理机构、行业、高新技术企业、科技园区、第三方科技服务机构等开展调研，为引入高质量技术服务项目、产出高质量科技成果、形成畅通的科技成果运作渠道主动寻求契机。

第五，打造"双师"队伍团队。在原有教师教学创新团队、科研团队、技能大师工作室的基础上打造首席技师工作室团队、技能大师工作室团队，完善管理运行机制，形成带教机制，为新入职教师提供更好的"双师"发展通道，培育"双师"名师团队，激发"双师"教师荣誉感和活力，为企业解决技术难题，提升技术和社会服务能力。科学研究、技术和社会服务平台的搭建是高职院校长期以来积极探索高层次人才激励、产教融合、开展技术服务输出、推进高职院校科技成果转移转化的重大成果，也进一步彰显学校办学实力的提升。

（2）教师层面

《中国高等职业教育质量年度报告》结合高职院校服务贡献指出科学技术服务能力总体欠缺，已成为高职教育与产业发展有机衔接、深度融合的最大短板，科研和社会服务能力不足问题已经成为制约高职院校高质量发展的瓶颈。教学、科研与社会服务能力的兼备，是一个教师职业发展的必由之路，教师层面技术和社会服务能力的提升是落实社会服务基本功能的关键举措，包括在社会培训、技术服务、咨询服务、学术贡献和社会兼职等方面的全面提升。

4.2.4 数字素养的新要求

1. 政策的更新

为深入贯彻落实党的二十大精神，扎实推进国家教育数字化战略行动，完善教育信息化标准体系，提升教师利用数字技术优化、创新和变革教育教学活动的意识、能力和责任，教育部于2022年12月下发了关于发布《教师数字素养》教育行业标准的通知（教科信函〔2022〕58号）。需要职业教育数字化理念的新突破，设备设施的数字化加强，培养人才数字化能力的提高，这些关键在于教师提高数字化技术和数字化教育教学的能力。

教师数字素养是指教师适当利用数字技术获取、加工、使用、管理和评价数字信息与资源，发现、分析和解决教育教学问题，优化、创新和变革教育教学活动而具有的意识、能力和责任。

2. 指标体系的更新

按照《教师数字素养》教育行业标准，教师数字素养指标体系包括5个一级指标、13个二级指标和33个三级指标。其中一级指标包括：数字化意识、数字技术知识与技能、数字化应用、数字社会责任以及专业发展。详见表4-8所示。

表4-8　新时代高职院校"双师型"教师的数字素养指标体系

一级指标	二级指标	三级指标
数字化意识	数字化认识	理解数字技术在经济社会及教育发展中的价值
		认识数字技术发展对教育教学带来的机遇与挑战
	数字化意愿	主动学习和使用数字技术资源的意愿
		开展教育数字化实践、探索、创新的能动性
	数字化意志	战胜教育数字化实践中遇到的困难和挑战的信心与决心
数字技术知识与技能	数字技术知识	常见数字技术的概念、基本原理
	数字技术技能	数字技术资源的选择策略
		数字技术资源的使用方法
数字化应用	数字化教学设计	开展学习情况分析
		获取、管理与制作数字教育资源
		设计数字化教学活动
		创设混合学习环境
	数字化教学实施	利用数字技术资源支持教学活动组织与管理
		利用数字技术资源优化教学流程
		利用数字技术资源开展个别化指导
	数字化学业评价	选择和运用评价数据采集工具
		应用数据分析模型进行学业数据分析
		实现学业数据可视化与解释
	数字化协同育人	学生数字素养培养
		利用数字技术资源开展德育
		利用数字技术资源开展心理健康教育
		利用数字技术资源开展家校协同共育

续表

一级指标	二级指标	三级指标
数字社会责任	法治道德规范	依法规范上网
		合理使用数字产品和服务
		维护积极健康的网络环境
	数字安全保护	保护个人信息和隐私
		维护工作数据安全
		注重网络安全防护
专业发展	数字化学习与研修	利用数字技术资源持续学习
		利用数字技术资源支持反思与改进
		参与或主持网络研修
	数字化教学研究与创新	开展数字化教学研究
		创新教学模式与学习方式

（资料来源：根据《教师数字素养》（JY/T 0646—2022）制作）

（1）数字化意识是指客观存在的数字化相关活动在教师头脑中的能动反映，包括数字化认识、数字化意愿，以及数字化意志。

①数字化认识是指教师对数字技术在经济社会及教育发展中的价值的理解，以及在教育教学中可能产生新问题的认识，包括理解数字技术在经济社会及教育发展中的价值，以及认识数字技术发展对教育教学带来的机遇与挑战。

②数字化意愿是指教师对数字技术资源及其应用于教育教学的态度，包括主动学习和使用数字技术资源的意愿，以及开展教育数字化实践、探索、创新的能动性。

③数字化意志是指教师在面对教育数字化问题时，具有积极克服困难和解决问题的信念，包括战胜教育数字化实践中遇到的困难和挑战的信心与决心。

（2）数字技术知识与技能是指教师在日常教育教学活动中应了解的数字技术知识与需要掌握的数字技术技能，包括数字技术知识以及数字技术技能。

①数字技术知识是指教师应了解的常见数字技术知识，包括常见数字技术的概念、基本原理。

②数字技术技能是指教师应掌握的数字技术资源应用技能，包括数字技术资源的选择策略及使用方法。

（3）数字化应用是指教师应用数字技术资源开展教育教学活动的能力，包括数字化教学设计、数字化教学实施、数字化学业评价，以及数字化协同育人。

①数字化教学设计是指教师选用数字技术资源开展学习情况分析、设计教学活动和创设学习环境的能力，包括开展学习情况分析，获取、管理与制作数字教育资源，设计数字化教学活动，以及创设混合学习环境。

②数字化教学实施是指教师应用数字技术资源实施教学的能力，包括利用数字技术资源支持教学活动组织与管理，优化教学流程，以及开展个别化指导。

③数字化学业评价是指教师应用数字技术资源开展学生学业评价的能力，包括选择和运用评价数据采集工具，应用数据分析模型进行学业数据分析，以及实现学业数据可视化与解释。

④数字化协同育人是指教师应用数字技术资源促进学校、家庭、社会协同育人的能力，包括学生数字素养培养，利用数字技术资源开展德育、心理健康教育，以及家校协同共育。

（4）数字社会责任是指教师在数字化活动中的道德修养和行为规范方面的责任，包括法治道德规范以及数字安全保护。

①法治道德规范是指教师应遵守的与数字化活动相关的法律法规和道德伦理规范，包括依法规范上网，合理使用数字产品和服务，以及维护积极健康的网络环境。

②数字安全保护是指教师在数字化活动中应具备的数据安全保护和网络安全防护的能力，包括保护个人信息和隐私，维护工作数据安全，以及注重网络安全防护。

（5）专业发展是指教师利用数字技术资源促进自身及共同体专业发展的能力，包括数字化学习与研修以及数字化教学研究与创新。

①数字化学习与研修是指教师利用数字技术资源进行教育教学知识技能学习与分享、教学实践反思与改进的能力，包括利用数字技术资源持续学习，利用数字技术资源支持反思与改进，以及参与或主持网络研修。

②数字化教学研究与创新是指教师围绕数字化教学相关问题开展教学研究，以及利用数字技术资源实现教学创新的能力，包括开展数字化教学研究以及创新教学模式与学习方式。

3.具体要求

按照《教师数字素养》教育行业标准，教师数字素养在数字化意识、数字技术知识与技能、数字化应用、数字社会责任和专业发展等五个方面的具体要求如下。

（1）数字化意识的具体要求

第一，了解数字技术引发国际数字经济竞争发展；理解数字技术推动教育数字化转型的重要意义。

第二，认识到数字技术正在推动教育创新发展；意识到数字技术资源应用于教育教学过程会产生教学理论、教学模式、教学方法等方面的创新要求，以及可能出现伦理道德方面的问题。

第三，主动了解数字技术资源的功能作用，有在教育教学中使用的愿望；理解合理使用数字技术资源能够推动教育高质量发展。

第四，具有实施数字技术与教育教学融合的主动性，愿意开展教育教学创新实践。

第五，能够战胜教育数字化实践中面临的数字技术资源使用、教学方法创新方面的困难与挑战，坚信并持续开展数字化教育教学实践探索。

（2）数字技术知识与技能的具体要求

第一，了解常见数字技术的内涵特征及其解决问题的程序和方法。例如：了解多媒体、互联网、大数据、虚拟现实、人工智能的内涵特征及其解决问题的程序和方法。

第二，掌握在教育教学中选择数字化设备、软件、平台的原则与方法。

第三，熟练操作使用数字化设备、软件、平台，解决常见问题。

（3）数字化应用的具体要求

第一，能够运用数字评价工具对学生的学习情况进行分析。例如：应用智能阅卷系统、题库系统、测评系统对学生的知识准备、学习能力、学习风格进行分析。

第二，能够多渠道收集，并依据教学需要选择、管理、制作数字教育资源。能够依据教学目标，设计融合数字技术资源的教学活动。能够利用数字技术资源突破时空限制，创设网络学习空间与物理学习空间融合的学习环境。能够利用数字技术资源有序组织教学活动，提升学生参与度和交流主动性。

第三，能够使用数字工具实时收集学生反馈，改进教学行为，优化教学环节，调控教学进程。能够利用数字技术资源发现学生的学习差异，开展针对性指导。能够合理选择并运用数字工具采集多模态学业评价数据。能够选择与应用合适的数据分析模型开展学业数据分析。能够借助数字工具可视化呈现学业数据分析结果并进行合理解释。

第四，能够指导学生恰当地选择和使用数字技术资源支持学习，注重培养学生的计算思维和数字社会责任感。能够利用数字技术资源拓宽德育途径，创新德育模式。能够利用数字技术资源辅助开展多种形式的心理健康教育活动。例如：利用数字技术资源辅助开展心理健康诊断、团体辅导、心理训练、情境设计、角色扮演、游戏辅导。能够利用数字技术资源实现学校与家庭协同育人，主动争取社会资源，拓宽育人途径。

（4）数字社会责任的具体要求

第一，遵守互联网法律法规，自觉规范各项上网行为。

第二，遵循正当必要、知情同意、目的明确、安全保障的原则，使用数字产品和服务，尊重知识产权，注重学生身心健康。遵守网络传播秩序，利用网络传播正能量。

第三，做好个人信息和隐私数据的管理与保护。在工作中对学生、家长及其他人的数据进行收集、存储、使用、传播时注重数据安全维护。

第四，辨别、防范、处置网络风险行为。例如：辨别、防范、处置网络谣言、网络暴力、电信诈骗、信息窃取行为。

（5）专业发展的具体要求

第一，根据个人发展需要，利用数字技术资源开展学习。例如：利用数字教育资源进行学科知识、教学法知识、技术知识、教育教学管理知识的学习。

第二，利用数字技术资源对个人教学实践进行分析，支持教学反思与改进。

第三，参与或主持网络研修共同体，共同学习、分享经验、寻求帮助、解决问题。

第四，针对数字化教学问题，利用数字技术资源支持教学研究活动。

第五，利用数字技术资源不断创新教学模式、改进教学活动、转变学生学习方式。

随着新时代和新技术的兴起，传统的教学模式受到巨大的冲击，除了掌握基本专业知识，还要增加数字化能力，比如"慕课"和翻转课堂的设计、微课的录制、在线教学等。要进行新的教学模式与方法，更要在教学过程中了解专业对接产业的数字化升级改造，推进"三教"改革，开展课堂革命，增强职业教育适应性。

以下面职业本科企业数字化管理专业对教师队伍的新要求为例，我们可以感知对教师数字化综合能力提升的需求大大增加。

案例：职业本科企业数字化管理专业建设对教师的新需求

据中国信息通信研究院发布的《中国数字经济发展报告（2022年）》显示2021年中国数字经济规模达到45.5万亿元，2022年达50.2万亿元，占GDP比重提升至41.5%。数字技术作为新的通用技术，正引领以智能化为主要特征的第四次产业革命，成为全球产业变革和经济增长的核心要素，企业数字化管理人才需求迫切，《新职业——数字化管理师就业景气现状分析报告》发现，数字化管理师在企业中的角色相当于CXO，是继CTO、CMO、COO、CFO等的又一热门职业。

2021年7月，人社部中国就业培训技术指导中心联合钉钉推出了新职业在线学习平台3.0版。作为全国首家专注于新职业数字资源培训的线上服务平台，截至2021年10月，新职业在线学习平台承接新职业学习人数932万，学习人次3236万，包含钉钉自主版权课程"数字化管理师"学习认证人数超过229万。目前，这200多万名数字化管理师遍布在全国的一、二、三线等众多城市，很多通过参加钉钉在线培训成为数字化管理师的人获得了职业上很好的发展。

目前全国有7所职业本科院校开设了企业数字化管理（330601）专业，占32所职业本科院校21.88%。职业本科院校均高度重视数字经济、城市数字化与企业数字化转型带给职业本科院校的发展机遇,积极开展相关专业人才培养,开设新专业,进行前期调研和师资队伍的配备,在实际运行中,教师队伍尤其掌握新知识、新技术的"双师"队伍建设是重中之重。作为学科交叉知识交融的专业,对人才培养需求和课程体系设置如下:通识素养模块如语文、英语、法律、体育、心理、创新创业教育等;专业课程体系主要包括:专业基础模块(管理学原理、经济学原理、组织行为学、项目管理概论、企业管理原理、统计学基础、计算机理论基础、互联网技术应用基础、数据分析技术基础、大数据基础)、专业核心模块(数据库原理及信息操作系统、数字化管理基础、数字化财务管理、数字化人力资源管理、商业数据分析与设计、数据可视化应用、数字化运营管理、数字化营销管理、数据治理)、实训课程模块(数字化管理实训、数字化财务实训、数字化人力资源实训、数据治理实训、商业数据分析实训、数字化运营平台实训)。另有相关选修课程和拓展课程模块,课程由工商管理类和计算机类两部分构成,在人才培养、专业建设和教学实施中,对教师队伍建设提出新的要求,主要是需要有数字化的基础专业知识和技能,教师学科专业背景是计算机科学与技术专业、软件工程专业、网络工程专业、大数据管理与应用专业、数据科学与大数据技术专业、物联网工程专业、数字媒体技术专业、智能科学与技术专业、空间信息与数字技术专业等。

职业本科专业建设的过程中,短期可以统筹从类似电子技术与工程学院、通信与信息工程学院引进兼职师资。从本专业长远看,需要对现有教师进行数字化素养和能力的"双师"能力提升培训,引进和储备一批与本专业计算机课程相关的专任教师团队,也可引进企业在岗兼职师资,通过与数字化成熟较高的企业建立校企合作,引进具有丰富实战经验的从事数字化相关岗位工作的高级、中级工程师,或从事数字化人事、运营、财务、市场营销领域的管理岗人才担任兼职师资,以补充师资团队储备。

数字化技术更新迭代高速发展,学校作为教学单位受自身属性的约束,不能像企业那样对数字化新管理、新技术、新模式有快速反应,所以需要建立校企合作教师交流培养机制,以确保师资团队的教学知识结构与产业发展保持同步。

第五章 高职院校"双师型"教师"胜任力"模型构建及验证

在当今高等教育领域，培养具备高技能和创新能力的学生已经成为一项紧迫的任务。而要实现这一目标，高职院校必须倚重一支具备高水平教学能力和实践经验的教师队伍。故此，构建和验证高职院校"双师型"教师"胜任力"模型，成为当前高职教育领域的关键议题。

本章将探讨高职院校"双师型"教师"胜任力"模型的构建和验证，分别从"胜任力"系统性分析、模型构建、模型测度和验证、提升策略等几个方面具体展开，通过实证研究、问卷调查、专家访谈等方式，收集和分析相关数据，验证所构建的模型的可行性和有效性。通过本章的研究和探讨，希望能够深入理解"双师型"教师的核心素养和能力，为高职院校教师队伍的建设和发展提供科学依据和指导，进而推动高职教育的不断创新和提升。

5.1 高职"双师型"教师"胜任力"系统性分析

对高职"双师型"教师的"胜任力"进行全面系统的分析是确保教师的教育教学质量和教学效果的重要环节。在这个分析过程中，需要考虑教师的学科专业知识与技能、教学方法与策略的灵活运用、与学生互动的能力以及与行业实践的紧密结合等多个方面。只有通过全面分析教师的"胜任力"，才能为高职教育提供有力的支持和保障，培养出更适应社会需求的高素质人才。

5.1.1 高职"双师型"教师"胜任力"形成的可行性

"双师型"师资这一独特的概念，最早是在王义澄教授的论文中提出来的。他强调职业教育发展要发挥其职业特色，必须建立一支"文能兼备""数量充沛""结构合理""理论与实践结合"的"双师型"师资队伍。在我国大力推进职业教育改革的背景下，"双师型"师资面临着与以往不同的工作任务与能力需求，特别是"职教20条"实施后，关于"双师型"师资素质的研究更是少之又少，现有的"双师型"师资素质模型难以支撑当前高职院校人才素质的需求。"双师型"教师与一般大学教师在能力素质方面存在的失衡,阻碍了我们对"双师型"师资状况的全面了解与分析,而已有的研究无论是从样本的选取、样本的代表性以及研究工具的选取等方面都存在较大的差距。针对中职教育"重理论轻实践"的现状,从理论联系实际的角度出发,首次提出了适合中国实际的"双师型"师资队伍。但目前高职"双师型"教师的资格认定缺乏统一的量化标准,各地方院校根据自身的实际情况,纷纷出台符合职业院校实际情况的认定与管理办法,而且很难给出对初、中、高各层级的"双师型"教师的准入资格的区分。高职"双师型"教师资格的认定需要国家、区域以及各职业院校的联动。

国家自1995年以来不断出台"双师型"教师认定的相应政策,如《关于推动职业大学改革与建设的几点意见》《关于加强高职高专教育人才培养工作的意见》《关于加强高等职业(高专)院校师资队伍建设的意见》等。这些"双师型"教师系列政策文件指出要建立采用教师专业技术职称和教师"双师"认定资格的双职称评定制度,鼓励高职院校的教师重视企业实践锻炼,经过企业实际工作岗位的实践,鼓励教师取得与专业相符的职业技术等级认定和资格证书。随着产教融合的逐步推进,国家有关"双师型"教师认定的相应政策也不断推陈出新,2019年《国家职业教育改革实施方案》明确指出"双师型"教师应同时具备理论教学和实践教学能力,为"双师型"的认定明晰了发展方向。"双师型"教师的认定逐步向能力维度发展,逐步凸显教学能力、技术应用能力等能力因子在"双师型"教师认定中的作用。因此,将相同岗位中的表现优异者和表现平平者区别开来的个体潜在的、较持久的某些行为特征的"胜任力"理论引入"双师型"的认定具有可行性。依据"胜任力"理论,突出思想能力、教学能力、社会服务能力等能力因子在"双师型"教师认定中的作用。

构建"双师型""胜任力"模型既可以兼顾"双师型"教师胜任岗位所应具备的软性能力素质等隐性模块的指标进行,也可以兼顾"双师型"在实际工作场景和教学中的显性能力。因此,依据国家有关"双师型"教师认定的相关政策,建立"双师型""胜任力"评价模型具有可行性。

5.1.2 高职"双师型"教师"胜任力"形成的必要性

随着我国数字经济的迅猛发展,产业正在加速进行数字化转型,产教融合逐步走向深入融合。自2017年以来,国务院先后印发了《关于深化产教融合的若干意见》《国家职业教育改革实施方案》以及《关于实施中国特色高水平高职学校和专业建设计划的意见》等相关文件,从制度层面明确了全面推进产学协同育人的总体目标,提出要深化产教融合,健全国家职业教育的制度框架,明确提出"双高计划"学校和专业群要以产教融合为主线,服务区域经济发展,引领职业教育发展。新时期,我国高职教育正迎来创新发展前所未有的机遇，经济转型和产业的迅猛发展亟待大量跨越教学和企业工作场景的"双师型"教师。"双师型"教师具有教师和企业工程师的双重身份，有利于将企业工作场景中实际的瓶颈问题，引入教学场景中，这样有利于学生在课堂上了解到工作场景中真实的技术问题，形成对工作场景中瓶颈性问题的感性认识。"双师型"教师的双重身份也有利于将教学中的抽象理论与实际工作场景中的问题进行对接，尤其是促进职业院校教师的专利等科研成果转化率的提高，使教师的科研能真正服务于企业创新发展。"双师型"教师要担任企业和学校边界的联结者，需要具有教学能力、服务社会的能力以及职业素养等核心能力因子，因此亟待建立可以客观测度高职"双师型"教师"胜任力"的能力体系。

首先要做的是建立层次分明、结构严谨、操作性强、囊括显性指标和隐性指标的认定标准体系，"胜任力"模型能够为标准体系的指标框架的健全和完善提供必要的有效补充。以胜任素质模型为基础，建立科学规范的"双师型"师资培养新的、科学的、规范的"双师型"师资培养模式；各高职院校可参照《高职院校"双师型"教师"胜任力"自评问卷》编制的"双师型"师资测评量表，对高职院校"双师型"师资素质状况进行调查，进而提出"双师型"师资队伍建设中存在的问题及有待提高的问题。然后，分层次地对师资进行训练，以培养高质量的"双师型"师资队伍。同时，引导"双师型"教师对自己的能力进行反思，从而主动地推动自己的专业发展。目前，我国高职院校进行了全方位的改革，导致高职院校教师对自己的专业总体发展定位不够准确，职业紧张感、缺乏自我认识，都容易导致高职院校教师在具体工作中出现偏差。因此，建立"双师型"教师素质模型，可以激励他们对自己的能力进行检查，找出自己的优缺点，有意识、有目的地学习知识，提高自己的技能，从而持续推动自己的发展，增强自己的能力。

5.1.3 高职"双师型"教师"胜任力"形成的生态学分析

"双师型"教师"胜任力"的形成受宏观政策环境、中观区域环境以及微观高职院校现状的影响，因此"双师型"教师"胜任力"被嵌入一个复杂的生态系统。正如德国生物学家赫克尔指出在复杂的生态系统中，生态主体和生态环境相互依存。"双师型"教师"胜任力"是一个复杂的生态系统，国家、区域以及职业院校构成了"双师型"教师的外部生态种群，政府作为"双师型"政策的制定者，发挥智能监测、失衡预警与重塑调控等元政策制定的作用，省级政府作为中观政策的制定者，负责推行国家相关"双师型"政策的实施，各省市共同构成了"双师型"教师政策的群落，这些群落之间也会聚集在一起，共同推进国家"双师型"政策。高职院校自身构成生态系统中的微观主体，是整个生态系统中的生态因子，有自身的"双师型"教师评聘制度，以测度高职院校"双师型"教师的思想品德、教学能力、服务能力和教师素养。基于高职"双师型"教师"胜任力"的生态学分析,可知"双师型"教师"胜任力"的形成是多种能力因子构成的复杂生态系统,需要建立复杂的测评能力体系。

5.2 高职"双师型"教师"胜任力"概念模型构建

高职"双师型"教师"胜任力"的形成是一个复杂的能力体系,高职"双师型"教师"胜任力"的形成既关涉教师所嵌入的职业教育外部宏观环境,同时也受教师所嵌入的职业院校的中观环境影响,甚至更关涉教师自我对"双师型"职业的理解和职业认同。高职"双师型"教师"胜任力"的形成是一个动态的过程,是以党建引领为牵引力、教师的教育教学能力为核心、教师的社会服务能力和自身职业素养提升为两翼形成的复杂能力系统,高职"双师型"教师"胜任力"形成的概念模型如图5-1所示。

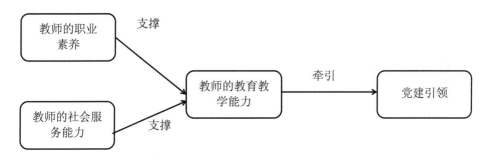

图5-1 高职"双师型"教师"胜任力"形成的概念模型

5.2.1 思想引导能力

思想引导是高校德育教育工作的重要内容,主要从教学能力、师德示范能力和对政治思想的把握三个方面进行论述。"双师型"教师可以通过对专业课程中所包含的思政要素进行挖掘,并把这些要素整合到课堂教学的各个方面,使其与知识系统的教育相结合。与此同时,"双师型"的教师可以通过自身的言行举止,自觉遵循道德准则和行为规范,体现出良好的师德品质和行为修养,起到为人师表的示范、引领作用。所以,作为对学生身心健康发展起到关键作用的老师,要大力强化思想政治学习,弘扬社会主义核心价值观,充分推进德育教育的基本使命,促进学生在成长过程中的全面协调发展。

5.2.2 教育教学能力

教育教学能力是开展所有课程活动的内在动力,其主要内容有:专业理论知识的掌握,教育理论的掌握,教学设计的能力,实施的能力,反思的能力。"双师型"教师同时承担着理论教学和实际教学两种教学任务,其教学质量的好坏直接关系到对课程的理解程度，专业知识的掌握程度，教学技能的使用情况，以及教学资源的有效整合。"双师型"教师既要具有较强的教育教学与专业理论素养，又要有较强的思维能力，有较强的课程意识，有较好的教学计划，有较好的教学效果。教育教学能力是教学活动的内在驱动力，它引导着教师对已有知识的更新，对新的教学方式的探索，是对自身职业发展的精神追求。

5.2.3 教学管理与社会服务能力

教学管理与社会服务能力是有效实施育训结合教学模式的集中体现。教学管理能力也叫项目管理能力，这里所说的"双师型"，就是可以对高职院校更高的教学目的进行有效管理与组织的能力，主要有校企合作项目能力，以及开展校内外培训；具备开展国际化项目的能力，以及校内外实习基地的建设和维护能力。"1+X"认证体系是一项重要措施，它可以提升"双师型"师资的校内外培养能力，让更多的大学生和社会成员掌握就业技能，扩大他们的就业和创业技能，满足生产、管理和服务等第一线的需求。力争在2035年前，使高职院校及专业群与世界接轨，服务于国家"双高计划"，促进职业教育的现代化。加强校企合作，开展校内外联合培训，建设实习基地，培养国际专业技术和技能人才是当务之急。我们迫切需要一支高质量的"双师型"师资队伍，深入参与到各项教学管理工作中去，担负着为国家、地区经济建设提供高质量、高水平的技能型、应用型人才的任务。

5.2.4 教师职业素养

提高高职院校教师的专业素质，是提升职业教育教学质量的基本保障。"双师型"教师的职业素养包括教师的基本素质、专业教育素质、专业发展能力和个性特征等方面。教师的职业素养并不都是冰山之下无法计量的因素，职业要求是一个资格准入条件，比如，普通话水平在某种程度上会对教学质量产生影响，是一种可以听到和感受到的最基本的素质。作为一名职业教育老师，特别是"双师型"的教师，应具备"一专多能"的素质，树立"终身学习"的意识。在观念上，扩大自己的认识范围，更新自己的知识体系，更新自己的职业教育观念，主动参加到职业技能的培养中去，在自己的岗位上下功夫，勇于探究，使自己的专业素养得到进一步提升，从而使整个教学水平得到提高。

5.3 高职"双师型"教师"胜任力"模型测度

目前，用来构建"胜任力"模型的主要方法有：行为事件访谈法、问卷调查法、职位分析法、专家小组意见法、团体焦点访谈法和借鉴修正后的"胜任力"模型等。本书在梳理现有"双师型"教师"胜任力"模型的基础上，采用文献分析法、教学名师分析法、访谈法等方法，获取并确认"胜任力"构成因素，并在此基础上设计相应的量表，选取适当的样本，对其进行问卷调研，并对其结果进行分析。

5.3.1 "胜任力"要素提取

本书通过对国内外"双师型"教师"胜任力"的深入剖析，结合赵艳云等人提出的"双师型"教师23项"胜任力"要素，采用行为事件法、德尔菲法等方法，对20位专家进行了访谈。访谈中涉及"您认为'双师型'师资应该具有怎样的能力素质""地方应用型院校'双师型'师资与高职院校'双师型'师资的能力需求是否存在差异"等问题，并对其进行重构，提炼出"双师型"师资素质的构成要素，确定"双师型"教师胜任力模型。

具体而言，主要分为职业素养、实践能力素养、教学能力素养三个方面的"胜任力"特征。职业素养主要有六个方面：公平公正对待学生，热爱教师职业，愿意为教育事业而奋斗，学习优秀教师，能够准确把握自己的工作职责，能够不断学习新的专业技能。实践能力素养首先强调的是实践性，这是与其他公共课教师之间最大的差异之处，实践能力素养还包括能够独立解决专业问题，能常申报并获批实践性较强的横向课题，能在各类实践教学活动和企业的实践活动中无缝对接，改进各类实际方法和技术，可以经常提高自己的实践技能，可以经常与同行探讨自己的专业问题，能够经常参加实习和实践七个方面。教学是"双师型"师资在高职高校中所要完成的最基本的工作，更是"双师型"教师必须具备的能力素质。教学能力的构成要素有：能够清晰表述自己的观点，能够经常在课堂上和学生进行交流与互动，能够将理论联系到实际中，能够开发出新的教学方法，具有较强的专业知识储备五个要素。

5.3.2 量表开发

量表的开发以自编的问卷形式呈现，第三章对《高职"双师型"教师工作分析表》验证、修正之后，依据其分析表中的工作职责（"胜任力"领域）和任务编制问卷题目。例如，"挖掘专业课程思政元素"这一项工作任务可以设置问卷题目为"在编制校本教材和设计教学方案时，能够挖掘教学目标和课程内容相对应的思政元素，融入教材和教学方案中"；"运用各种教学资源"这一项工作任务可以扩展问卷题目为"在教学过程中，能够运用教学设备、材料、工具等教学资源，实现教学目的"。随后请10位高职教育研究专家和10位"双师型"教师对细化的问题进行逐一审核并提出修改建议，根据修改意见调整、完善问卷内容。最后，预测问卷包含20项"胜任力"领域在内的66道测试题目。调查问卷第一部分为"双师型"教师个人基础信息，包括：所在单位、单位性质、性别、职称、是否为"双师型"教师、是否设置初中高三级"双师型"教师、"双师型"教师所处层级、学历、从教年限、所教专业，共 10 个问题；第二部分是自评问卷，主要采用李克特五点量表，量表选项"1"表示很不符合，"2"表示不太符合，"3"表示一般符合，"4"表示比较符合，"5"表示完全符合。

5.4 高职"双师型"教师"胜任力"模型验证

5.4.1 调查对象及数据收集

初步小样本测试，发放问卷 200 份，收回问卷 190 份，剔除无效问卷 5 份，获得有效问卷 185 份，有效回收率达 92.5%。经统计分析，克隆巴赫系数为 0.925，具有较好的信度，但作为主成分分析效度检验指标之一的 KMO 为 0.796，不具有较高的效度。编组通过咨询具有丰富"双师"经验的专家对量表进行完善，分析问卷效度低的原因，对量表深入探究，发现部分题项设置区分度不高，造成调查者选择时，出现无效答案。因此编组对量表题项进行二次开发，提高量表的信度。

第二阶段调查，为保证问卷的有效性，提高问卷的信度，选取国家示范性高职院校、国家骨干高职院校和普通高职院校的"双师型"教师或者从事理论与实践双重教学的职业老师为调查对象。向符合调查对象要求，具有"双师型"身份或具有"双师型"教学经历的教师发送问卷或问卷链接。第二次发放问卷 200 份，收回有效问卷 183 份，问卷的有效回收率达 91.5%。

5.4.2 研究数据分析

在正式测验中，选择江苏省示范性高职院校、国家骨干高职院校以及一般高职院校"双师型"师资，包括无锡职业技术学院、江苏建筑职业技术学院、江苏工程职业技术学院等高职院校 90 所。数据采集过程中，重点选取电气自动化技术、机械制造与自动化、数控技术、汽车检测与维修技术、机电一体化技术、计算机应用技术、汽车技术服务与营销、林业技术、园林技术、园林建筑、园艺技术、作物生产技术、畜牧兽医、宠物养护与疫病防治、软件技术、电子信息工程技术、模具设计与制造、计算机网络技术、电子商务等"双师"型教师占比较高的专业开展问卷调查，进行数据采集。

本书以问卷调查的方式，对江苏省"双师型"教师进行调查，共收集 400 份，去除了 32 份无效的数据，保留 368 份有效数据，回收率 92%。从办学层次来看，江苏省职业技术学院有 90 所；在男女比例方面，男教师占 69.6%，女教师占 30.4%；在职称结构上，有 80 名副教授，占 40.4%，60 名教授，占 30.3%。根据 2021 年高职教育专业分类，共有十六个专业大类：资源环境与安全、土木建筑、装备制造、交通运输、电子与信息、财经商贸等。经统计分析表明，本次问卷调查的受访者都是有代表性的。调查对象描述性统计结果见表5-1所示。

表5-1 调查对象描述性统计

类别	分类	数量	百分比(保留1位)
办学层次	双高计划高职院校	20	22.2%
	普通高职院校	70	77.7%
学历	大专	13	6.6%
	本科	70	35.4%
	硕士研究生	80	40.4%
	博士研究生	35	17.7%
职称	副教授	80	40.4%
	教授	60	30.3%
	其他	15	7.6%
性别	男	256	69.6%
	女	112	30.4%
专业	资源环境与安全大类	23	5.8%
	农林牧渔大类	35	8.8%
	能源动力与材料大类	12	3.0%
	土木建筑大类	23	5.8%
	装备制造大类	56	14.0%
	水利大类	36	9.0%
	轻工纺织大类	53	13.3%
	生物与化工大类	23	5.8%
	交通运输大类	45	11.3%
	电子与信息大类	9	2.3%
	食品药品与粮食大类	12	3.0%
	医药卫生大类	7	1.8%
	财经商贸大类	7	1.8%
	旅游大类	8	2.0%
	教育与体育大类	45	11.3%
	文化艺术大类	6	1.5%

5.4.3 信度检验

信度检验又称可靠性分析，目的是对量表中的题目进行测试，判断其一致性程度结果。通常采用克隆巴赫信度系数来检验问卷的信度。克隆巴赫信度系数的α值在 0 到 1 之间，α>0.8 时，表示量表信度很好；0.7～0.8 范围，表示量表信度可接受；0.6～0.7 范围，表示量表也可接受但需优化。结果为 0.956>0.8，这说明高职"双师型"教师"胜任力"测评量表信度很好。结果如下表所示：

表 5-2　信度检验结果

克隆巴赫 信度系数	项数
0.956	66

5.4.4 效度检验

效度检验又称有效性分析，即判断采用某测量工具测量事物结果与调查内容的吻合程度，越吻合则被测量的事物越一致，效度越高；反之，则效度越低。

KMO 通常被用来做主成分分析的效度检验，如果值在 0.9 以上，表示非常适合 做因子分析；0.8～0.9 范围，说明很适合；0.7～0.8 范围，说明适合；0.6～0.7 范围，说明尚可；0.5～0.6 范围，则说明很差；在 0.5 以下应选择放弃。如下表所示，0.932（KMO）>0.9，说明量表效度很好，非常适合进行探索性因子分析。

表 5-3　效度检验结果

KMO 取样适切性量数		0.932
Bartlett 球形检验	近似卡方	9425.321
	自由度	2032
	显著性	0.000

5.4.5 调查结果分析

第一，目前，各省高职院校已经基本达到了"双师型"师资的认定标准，或者按照省级"双师型"师资的认定标准，或者按照"校级""双师型"的认定标准来确定，但是，对于如何确定"双师型"师资，目前全国还没有一个比较统一、规范的意见。调查结果表明，当前我国高职院校符合"双师型"条件的比例为96.75%，根据省、市"双师型"认定标准确定的占39.25%，按照校"双师型"教师认定标准确定的占58.19%，高等职业教育学院未达到"双师型"水平的4.26%；"双师型"师资在不同学院之间的有效期并不一致，27.45%的高职院校存在"3—5 年，期满后需要再次参加评议"，

65.32%的高职院校教师认为"职称是终身制",8.32%的高职院校教师认为"证书有效期明确/不明确"等。调研发现,全国各地都在有条不紊地进行着"双师型"教师的认证,然而,在实践中,各高校的认证标准并不一致,"双师型"师资的认证也没有得到社会的普遍认同。

第二,"双师型"教师的内涵观是构建认证标准的出发点,它既包括对个人"双师素质"的认识,也包括对群体"双师结构"的认识。一是个人"双师素质",在教师层次上,从"双证书""双素质"等方面对"双师型"教师的核心内涵有较大的认识。对于"您认为,'"双师型"'教师认定标准的核心是什么?"这一问题的回答,经多重响应分析可知,"双证书"与"双素质"这两项的响应率和普及率明显较高,响应率分别为25.45%、27.36%,普及率分别为92.35%、93.78%。二是群体"双师结构",作为教师整体素质的外在表现形式,"理论型""实践型""双师型"教师结构比例和学校专职教师、企业兼职教师结构比例也是高职院校"双师型"教师队伍建设水平的重要表现,65.26%的高职院校教师表示"明确对象,注重专兼职、不同专业之间'"双师型"'教师类别化认定",以稳定不同类型教师数量规模,不断完善教师队伍内部组织结构。

第三,从"双师型"师资评价体系构建的整体满意度较高,标准建设评估在机构类型、教师学历层次和职称分布上没有表现出显著的差异。分析结果表明:从机构类型来看,"双高"高校对"双师型"师资的认定标准的满意度比"非双高"高校的高,调查数据表明,国家"双高"建设院校标准评价较高,满意度为82.38%,其次为省级"双高"建设院校,满意度为75.68%,而"非双高"院校满意度是67.37%;在教师学历层次上,专科及以下、本科、硕士、博士及以上学历层次教师对于"双师型"教师认定标准满意度分别为50%、73.69%、77.5%、79.25%,学历层次越高的教师对标准评价满意度越高;在职称层级上,初级、中级、副高级、正高级职称教师对于"双师型"教师认定标准满意度分别为61.39%、73.21%、77.45%、81.12%,职称越高的教师对标准评价满意度越高。为进一步验证院校类型、教师学历层次、职称层级与"双师型"教师认定标准满意度是否存在相关性,分别用斯皮尔曼相关系数进行显著性差异分析。结果显示,三者与标准满意度并未表现出显著的相关性。

5.5 高职"双师型"教师"胜任力"提升策略

5.5.1 提高"双师型"教师的专业素质

1.增强"双师型"教师职业认同感

教师职业认同感是指教师与工作互动中的经验、情感、认识和行为取向,是自己对所从事的职业的一种综合性态度。马斯洛的需要层次理论可以很好地解释"双师型"教师的职业认同不足问题。马斯洛提出，人类的需要是与生俱来的，从低到高的顺序依次是：生理需要，安全需要，爱与归属的需要，自尊的需要，自我实现的需要。只有在低层级的需要被满足之后，才会有更高层次的需要。"双师型"教师的职业认同缺乏主要是因为他们的一些需要得不到满足。

（1）保证"双师型"教师的权益。马斯洛认为，身体上的需求是最低级的，也是最重要的。例如：食品，水，空气，健康。"双师型"教师队伍的生存问题，是队伍建设中亟待解决的首要问题。所以在薪资方面，应该有一定的吸引力，让教师有尊严地工作，让教师成为一份让人羡慕的工作。"双师型"教师在接受采访时，一般都表示他们的工资和生活标准很难保证，因此他们并不乐观看待教师这个职业，更别提认同这个职业了。因此，必须从实际出发，保证师资队伍的整体素质，保证"双师型"师资队伍的发展。"双师型"的教师在职业培养方面要比普通教师投入更多的时间和精力，因此，在职称评审时，应该对"双师型"师资进行一些政策上的倾斜，使"双师型"教师感到自己的努力和收获成正比，从而使"双师型"师资更加有归属感。

（2）注重校园的人文关怀，建立家校合作的良好环境。马斯洛的"爱与归属需求"是指个人在与别人的互动中，由于感情的确立，个体对他人的爱或需要接受来自其他个体的爱。在这方面，我们应该设立教师活动中心，加强教师之间的沟通，并且经常组织各种文娱活动。在"双师型"教师队伍建设方面，要通过构建教学团队协作机制，促进教师队伍之间的新老结合。通过"老带新"的方式，既可以让他们得到经验，又可以让其感受到他们的专业素养，从而提高他们的职业认同。人文关怀与马斯洛的"爱与归属需求"相吻合，有助于提高"双师型"教师的职业认同。

（3）让"双师型"教师在学校的日常工作中有一定的话语权。马斯洛认为，如果一个人被尊重的需求得到满足，那么他就会更加有自信地工作，并意识到自身的存在是有意义的。应当让"双师型"教师对学校的一些事务具有决策权，教师应参与到民主决策中来，在关乎学校发展的一些重大决策上，教师也要有投票权。在学校的日常管理方面，教师也可以担任部分行政职务，在上好课的同时也能发挥自己的组织能力和协调能力。这样不但增强了"双师型"教师的职业认同感，也拉近了管理层与教师之间的关系。

（4）建立一套科学合理的激励机制，提高工作积极性。每个人都需要得到他人的认可，"双师型"教师也希望自己的工作得到他人的肯定，从中得到一种职业成就感。科学的激励机制可以让"双师型"教师更多地关注自己的工作，在他们全身心地投入工作时，他们的创造性就会得到很大的提升，进而增强他们对自己的能力的认同。所以，建立一个合理的激励体系是非常必要的。学校要建立"双师型"教师队伍的评价体系，表彰"双师型"师资队伍中成绩突出的教师，评选出特别优秀者作为教师模范。在职称评审时，应在"模范教师"的评价上给予一定的倾斜，以促进"双师型"师资队伍的交流，提高业务水平。随着"双师型"教师专业水平的提高，他们的工作得到更多的肯定，他们的成就感也会变得更强，从而对教师这个职业更加认同。

2. 强化"双师型"教师的三个意识

高职院校"双师型"教师在专业意识上应与国际前沿接轨，努力加强自身专业知识并强化三个意识：终身学习意识、国际意识、创新意识。

（1）强化终身学习意识。"双师型"教师应具备"活到老、学到老"的学习意识；知识和技术是不断更新的，"双师型"教师的知识储备和技能也要跟上时代的步伐，要勇于接受新的东西，在教学中学习，在研究中探索。不断进行专业知识的更新，提高自己的能力。

（2）形成国际意识。随着信息技术的发展，人们逐步构建起了知识与技术共享的网络空间，"双师型"师资队伍要充分发挥自身的优势，并与世界先进水平接轨，形成"双师型"教师国际意识。学院每年可定期派出一批"双师型"教师参加国内外的学术讲座，及时掌握国内外的发展趋势，并在会后进行交流，既能让"双师型"教师及时掌握国内外的学术动态，又能对与会老师的教学成果进行考核，实现一箭双雕的目的。对涉及高精尖技术专业的"双师型"教师，则可以用公费送他们出国访问，让他们有更多的时间去学习专业前沿。

（3）培养创新意识。"双师型"教师的创新意识是"双师型"教师专业发展不竭的源泉，"双师型"教师不能拘泥于已有的研究成果。创新是促进发展的动力，高校应出台相应的激励措施，对"双师型"师资队伍开展创新活动，并对新发明和新理论给予支持。在科研经费方面，要对具有创新性和实用性的项目给予适当的倾斜，增加经费，确保"双师型"教师有足够的经费来检验自己的创新理论。在教学绩效评价中，要以创新成果来推动"双师型"师资队伍的建设，实现其良性发展。

3. 培养"双师型"教师的工匠精神

（1）树立典范。就是通过运用一些典型人物或事件，来对公众进行正面的宣传，进而影响人们的心理。典范是一种可以被大众所接受、模仿的，具有明确的形象，具有较强的感染力和积极的激励作用。对高职院校"双师型"教师来说，通过做好"双师型"教师的表率作用，可以督促他们主动学习，自觉提高自身的专业能力。在每年的年终总结会议上，选出"双师型"优秀教师，报告他们的工作业绩，引导其他老师以他们为榜样，从而激发教师工作的积极性。

（2）构建合作学习模式。合作学习模式可以使"双师型"教师迅速成长，因为它可以明显改善教师间的心理氛围，进而产生一种引导作用。高职院校在培养"双师型"教师时，除了要求其具备一定的教学能力外，还要注重其实践能力。"双师型"教师在合作学习中，可以达到优势互补、平衡发展的目的。在新教师培训过程中，通过合作学习使其更快地融入教师队伍。"双师型"教师因其对教学内容的认识存在差异，在交流中，可以更好地认识到自己的不足，并有针对性地进行改进。在实践过程中，由具有不同专业背景的教师进行协作，共同完成教学计划，在对方传授自己专长的时候，自己可以充当其助理，学习对方的专长。教师之间一旦形成良好的合作学习氛围，他们之间的合作就会不断超越时间和空间的限制。教师之间的合作学习不一定需要正式的场合或特定的时间，这种合作学习的模式更加快捷、主动性更强，相较于传统的集体培训效果和效率都会得到极大的提高。此外，"双师型"教师之间的合作学习，可以显著增强教师的自信心。在不断的学习中，"双师型"教师的知识和技能都会得到潜移默化的增加[1]。

（3）定期举办优秀"双师型"教师工作经验交流会，分享教学经验。一次好的经验交流可以收获意想不到的好结果，对成绩优异、能力突出的"双师型"教师，要定期邀请其交流工作经验。这既能提高"双师型"教师的自我认同，促使他们不断地提高自己，也能激励那些暂时成绩不佳的"双师型"教师，通过聆听"双师型"教师的经验，找出自己的缺点，从而促进自己的成长。

5.5.2 增强"双师型"教师的实践技能

1.拓宽"双师型"教师实践能力锻炼的渠道

（1）建立"双师型"教师实习实训基地。高职院校要提升"双师型"教师"胜任力"，就必须要保障培养"双师型"教师所需要的硬件设施。高职院校应根据学校自身的专业特色与企业进行合作，建立相对稳定的教师实践实训基地。按照"链接企业、共建共享、创造双赢"的原则与企业开展长期有效的合作，同时对实训基地进行技术改造，为培养"双师型"教师提供必要的硬件设施。

（2）推进"校企合作"。目前，高职院校与企业间的"校企合作"还不够深入，要进一步深化"校企合作"，就需要建立校企双方的利益链条，降低企业人力资本的获取成本，学校通过企业则可以提高"双师型"教师的实践能力。所以，从长远的角度来看，"校企合作"是高职院校必须积极探索的一条路。要主动与企业进行沟通，并给予适当的优惠，协助企业解决技术问题，用自己的专长来提升企业的效益，这样会吸引更多的企业参与"校企合作"，从而实现"校企合作"的良性发展。

---

① 李政. 地方应用型院校"双师型"教师胜任力研究[D]. 武汉：武汉理工大学,2020.

（3）建立"产学研"创业机制，有效发挥"双师型"教师的专业能力，进一步培养其实践能力。通过问卷调查，我们发现"双师型"教师参与"产学研"合作的比例很低，这不仅说明"双师型"教师对于"产学研"协作机制的积极性不高，也说明"产学研"协作机制的激励措施不到位。"产学研"创业机制不仅可以提高"双师型"教师的实践能力，而且可以带动产业的科技创新。要使这样的机制有效运转，应采取切实可行的激励措施，激励"双师型"教师在其专业领域进行创新；同时，学校应尽可能地提供"产学研"所需的教学资源与实验设备，并构建良好的"产学研"创业制度，让"双师型"教师能够充分发挥其创新能力。

2. 健全"双师型"教师实践能力培养的制度

建立科学合理的"双师型"教师实践能力培养制度，可以有效提高高职院校"双师型"教师的实践能力。主要举措如下：

（1）建立"双师型"教师岗前培训制度。这主要针对新入职的青年教师，这一类群体受教育程度明显提高，但是缺乏实践经验，他们大多是从学校到学校，硕博毕业之后就直接上岗任教，缺乏实践经验，在面对实际技术问题时，不知如何解决，只知道理论，动手能力较弱，无法胜任高职院校的教学任务。要使青年"双师型"教师实践能力提升，就需要健全"双师型"师资队伍的岗前培训体系。"双师型"教师在上岗之前，需要先在企业中进行六个月到一年的实际工作，如果达不到考核标准，就需要重新培训，直到他们的实践能力能够满足学校的要求为止。

（2）建立"双师型"教师定期到企业基层任职的长效机制，这对提高师资队伍的实践能力具有重要意义。在访谈中发现，许多地方高职院校在招收"双师型"教师时，均提出了至少具有2年企业工作经历的要求。但是，在教师进入学校后，并没有对其进行后续的实践训练，这就造成教师的实践能力没有得到提高，甚至出现了退步。院校应当要求"双师型"教师每年至少到企业实习1个月以上，以保证"双师型"教师有充足的时间和机会提高其实践能力。"双师型"教师可在寒暑假期间到企业参加实践，在不影响教学的前提下，将空闲时间用于提高自身的实践能力。

（3）构建一套行之有效的"双师型"教师实践能力评价机制，是"双师型"教师良好培训效果的保证。高职院校要建立"双师型"师资队伍的评价体系，并对其进行评价。对于参加实践培训的青年教师，要有具体的考核标准。例如，教师参加培训后要由培训单位给出评价意见，教师本人要撰写不少于2000字的企业实践总结报告；充分运用项目式教学方法，将实践锻炼的具体案例融入教案中，有条件的可以编写实训教材；而对于一些有学术代表性的专业，强调教师提交并发表一篇具有一定学术水准的应用性论文。即必须有对应的与专业适应的实践成果，而不是单单从6个月或者其他时间长短去评判。

3. 完善"双师型"教师投身实践教学的政策

要提高"双师型"教师的实践能力，不仅要靠制度来推动，而且要制定相应的政策，使教师自觉提高自身的实践能力。激励的本质就是对人的行为的强化。强化—激励，指的是对一些正面的行动给予认可与鼓励，从而使得该行动能够被巩固与维持。"双师型"教师在培养过程中，应将物质与精神双重激励有机地结合起来，丰富其激励的内容与方式，才能最大限度地发挥其激励作用。对此，我们可以归纳为：

（1）构建制度化的物质奖励体系。高校教师的薪酬通常由职称薪酬和绩效薪酬组成，其中绩效薪酬最能反映薪酬的激励作用。每年各院系对参加实践锻炼的"双师型"教师进行考核评议，主要根据"双师型"教师在企业挂职锻炼取得的成果、能力的提升等将教师绩效定为不同的等级，并发放相应的津贴。另外，还应该对在课外实践中做出突出成绩的老师给予特殊的表彰，鼓励"双师型"教师切实提高自身的实践能力，避免应付了事，从而形成良性循环。

（2）精神奖励是一种传统的行之有效的激励方式。高校管理人员应运用多元化的物质奖励方式，对"双师型"师资进行有效的激励。对"双师型"教师中成绩显著的，可给予荣誉奖、颁发奖状奖章等。对于实践能力提升明显的"双师型"教师，在校内大力表彰，邀请其做专题讲座，分享心得。通过校园媒体进行采访，传播其成功经验，在"双师型"教师中树立学习的典范。另外，在"双师型"教师的职称评定上，对主动参与实践培训的教师予以政策上的倾斜，并在学院的总结大会中对这些教师给予言语上的激励。

第六章 新时期高职院校"双师型"教师队伍建设的路径

建设高素质"双师型"教师队伍是加快推进职业教育现代化的基础性工作。改革开放以来特别是党的十八大以来，教师管理制度逐步健全，教师地位待遇稳步提高，教师素质能力显著提升，为职业教育改革发展提供了有力的人才保障和智力支撑。但是，与新时代国家职业教育改革的新要求相比，高等职业教育的地位和特点未能充分体现，职业教育体系不够完善、社会认可度不高、企业参与办学的动力不足、办学和人才培养质量水平参差不齐等问题长期存在，尤其是职业教育教师队伍质量不高、教师的产教研协同创新能力不足，"双师型"教师队伍建设亟待加强。现有的建设不能满足新时代对职业教师的要求，尤其是同时具备理论教学和实践教学能力的"双师型"教师和教学团队短缺，"三教"改革和"1+X"证书等推广迫切需要"双师"队伍建设和能力提升，这已成为制约职业教育改革和高质量发展的瓶颈。

基于此，结合新时代党建引领的"双师型"师资队伍建设需要突出教育政治属性，增强教师思想政治素质，保证教育发展和教师培养的正确方向，以党建创新为突破，有效实现"双师型"师资队伍建设的顶层设计、制度重设和管理重构，多措并举，在对上海电子信息职业技术学院调研的基础上，提出构建以党建引领顶层设计为内核，以能力提升的平台搭建和制度重构为中核，以思政提升、共享机制、能力深化、合作双赢及质量保障机制为外核的动态系统路径。

6.1 内核——党建引领高职院校"双师型"教师队伍建设

在高职院校"双师型"教师队伍建设中，首先需要党建引领并将其作为师资队伍建设体系的内核，原因有如下四点：第一，以党建引领的顶层设计强调坚持马克思主义指导地位和职业教育、产教融合的方向，为"双师"队伍建设提供了正确的理论指导和思想支持。第二，党的建设具有政治属性，以党建引领的教育教学体系既可以提高"双师"队伍的师德师风，还可以强化高职院校的政治保障和管理水平。第三，高职教育要注重职业精神和职业能力的培养，而党建引领可以加强"双师"队伍的思想政治教育，培养良好的职业道德和职业精神，促进教育教学的优质发展。第四，以党建引领的建设思路可以对高职教育课程建设和专业发展进行统筹，协调"双师"队伍内部和外部各类资源，推进"双师型"教育能力模型的建立。

高职院校"双师型"队伍建设要深刻领会党中央和教育部等相关文件精神，深入调研产业发展需求，结合高职院校建设的已有经验成效和问题，从学校层面做好顶层设计。明确新时期为什么要强调"党建引领"，要"建什么"。"双师型"教师队伍建设事关人才培养和学校高质量发展，是一项系统工程，需要学校党政共抓、统筹决策，既要考虑当下人才培养的需求，还要谋划未来产业发展的趋势对人才培养的需求变化，既要考虑当前学校发展的需要，也要考虑未来学校建设的需求，加强党对新时代教师队伍建设的领导，在制定实施"十四五"师资队伍建设规划的基础上，在科学辩证分析后确定学校"双师型"教师队伍建设目标与发展任务，统筹规划集群建设的方式和路径，明确"怎么建"和如何持续发展。

6.1.1 提升党建引领激发教师活力的新思维

随着经济社会的发展和技术进步，新产业、新业态、新模式不断涌现，面对党建工作的新要求和人才培养的新变化，高职院校必须快速响应。做好高职院校党建工作不仅需要围绕立德树人、全面贯彻党的领导，更要形成党政协同集中力量办大事、高效运行的新思维。党委班子发挥好党委"把方向、管大局、保落实"的作用，将党建优势转化为创新优势、发展优势、竞争优势。要分析现有党建工作的新要求，更要结合实际工作院校发展的痛点和难点引领发展，完善管理运行，做好组织保障，还需要紧扣推动经济社会高质量发展来谋划党建工作。

党建引领"双师型"教师队伍建设的新思维，要顶层设计，重点谋划，党政协同，长效机制。具体从以下方面思考：

第一，进一步明确"双师"队伍建设的重要意义，是高职院校党政工作的重点并加强宣传，满足教师事业与利益的合理诉求，激发教师的内驱力。结合新时代的新要求，明确为什么党建引领，形成党建协同迅速有效的建设方案和体系并严格执行。在把握立德树人的根本任务和党建引领已有工作开展的基础上，解决发展和建设中的瓶颈问题，形成高职院校"双师"队伍建设的标准—党建引领的建设思路（目标、任务、举措）—创新制度—搭建平台—完善管理监控评价的长效机制，提升"双师"队伍建设的质量文化体系，从顶层设计形成党建引领的"双师"队伍建设、把能力提升融入"双师"教师全生命周期发展和培养的全过程。

第二，要把"双师"队伍建设作为党政工作要点来抓，纳入年度工作目标任务，有明确的指标和评价体系，形成"双师型"教师的认定标准，优化完善"双师型"教师的认定内容。"双师"队伍不仅考核"双师"数量，还包括师德师风、课程思政、"双师"

素质和能力、产教研成果、社会服务能力,"双师型"教师队伍建设是一项长期的、具有战略意义的工作,必须制定合理的建设规划。按照培养与引进相结合、优化教师结构等思路,从培养高职院校高层次、高技能人才的需求出发,结合学校发展实际,制定相关教师队伍建设规划,确定"双师"队伍建设的总量目标(专任教师和兼职教师之和)、"双师"素质目标、职称结构目标、学历结构目标、人才梯队建设目标和建设措施。依据"十四五"教师建设规划制订年度教师队伍建设计划,并将"双师型"教师培养、兼职教师聘请等计划目标分解到各二级学院年度工作计划之中,确保"双师型"教师队伍建设规划有序推进,落到实处。

第三,形成党委—党总支—党支部三级"双师"队伍建设的工作体系,结合新的教师发展需求,聚焦体制机制攻坚,在建立健全基层党组织管理服务规范有效的基础上,项目化推进"双师"队伍建设工作:完善党建工作标准,健全体制机制,出台专门的制度确保运行,建设质量保障机制和信息化支撑基础,着力构建党组织引领工作的科学体系,提升党建引领基层治理的工作效能,形成党组织引领文化,以双带头人党支部为抓手,围绕"双师型"师资队伍建设的要求和目标,积极构建党建引领、制度优化、平台搭建、机制保障"四位一体"的"双师型"教师培养体系,将党建工作贯穿于"双师型"教师素质培养的全过程。

6.1.2 明确新形势下党建引领高职院校"双师型"教师队伍建设思路

1.明确"双师型"教师队伍建设具体目标

分类设计"双师型"教师培养目标。

第一,总体明确具体数量目标,高职院校需要根据现状和上级具体要求与发展目标动态调整引进"双师"教师和"双师"教师培养的数量计划和结构。高职院校教师主要来自三个渠道。首先是高校毕业生,应届毕业生作为教师有一定的教育教学能力,但是实践教学能力偏弱。少量职业技术师范培养的教师,既具备较强的教育教学技能,又具有一定的实践能力,比较受职业学校欢迎。但是目前总共只有独立设置的职业技术师范院校12所,其中培养职业技术师范本科生的院校有25所,招收硕士层次的职教师范生的普通高校有49所。其次是企业人员。这部分教师实践能力较强,但是在教育教学能力上存在短板。另外,还有从其他院校引进的老师,有专业带头人、骨干教师等。根据"双师"队伍现状和问题,还要引进高层次的"双师"教师尤其是高技能领军人才,打造"双师"队伍建设的团队和搭建平台,形成高地,引领"双师"教师的职业发展。

第二,针对目前"双师"队伍建设存在的问题,针对不同来源渠道的教师设计不同的"双师"素养能力培养目标和方案。多措并举,狠抓教师能力提升,分类培养,建立健全"双师"培养培训体系。新修订的《中华人民共和国职业教育法》于2022年5月施行，第45条也明确提出：国家建立健全职业教育教师培养培训体系。各级人民政府应当采取措施，加强职业教育教师专业化培养培训，鼓励设立专门的职业教育师范院校，支持高等学校设立相关专业，培养职业教育教师；鼓励行业组织、企业共同参与职业教育教师培养培训。产教融合型企业、规模以上企业应当安排一定比例的岗位，接纳职业学校、职业培训机构的教师实践。

2. 明确"双师型"教师队伍建设思路

在新形势下，党建引领高职院校"双师型"教师队伍建设需要贯彻以下建设思路。

第一，坚持党的全面领导。高职院校应该强化党组织的作用，加强党员队伍建设，提升党组织的战斗堡垒作用和先锋模范作用。首先，通过建设健全的党支部和党员教师队伍，促进教师们在党组织的引领下增强政治意识、宗旨意识和责任意识，提高对党的认同感和归属感。其次，加强对教师队伍的党风廉政建设，构建廉洁自律的教育教学环境。要深化反腐倡廉教育，持续开展警示教育，严明纪律要求，营造风清气正的校园氛围。同时，加强对教师队伍的思想政治引领，引导教师们坚定理想信念，坚守教育教学事业的初心使命。再次，教师应牢固树立"四个意识"，即政治意识、大局意识、核心意识、看齐意识，自觉维护以习近平新时代中国特色社会主义思想为指导的党中央权威和集中统一领导。要切实做到对党忠诚、政治合格，坚决捍卫党中央权威和集中统一领导，全面贯彻执行党的路线方针政策。

第二，突出政治引领。突出政治引领是指在"双师型"教师队伍建设中，要注重加强对教师队伍的政治引导和培养，强调教师队伍的政治素质和政治觉悟。首先，通过组织定期的政治思想教育活动和学习讨论，引导教师深入了解中国特色社会主义道路、理论和制度的科学内涵，坚定共产主义远大理想和中国特色社会主义共同理想。这种教育应注重理论与实践相结合，将理论知识与实际工作相结合，使教师在政治思想上保持清醒头脑，明确自己的责任和使命。其次，在教师招聘、培训和评价中，要加强对教师的政治素质与政治觉悟的考核和培养。注重选拔具有坚定政治信仰、热爱党和人民事业的教师，重视教师对中国共产党的认同和对党中央决策的执行，建设一支政治坚定、思想成熟的"双师型"教师队伍。最后，积极开展党员教师的日常教育管理工作，对党员教师进行师德教育，加强党员教师的职业道德建设。通过加强教师师德师风教育，提升教师的教书育人能力和道德修养，使他们以党员教师的身份更好地履行职责，成为学生的榜样。

第三，明确师德师风的关键地位。党组织应当在高职院校中担负起师德师风建设的责任，制定师德师风建设规划和措施，并组织实施。首先，党组织可以开展定期的师德师风教育培训，组织党员教师学习党的思想理论和先进教育教学经验，引导教师队伍树立正确的教育理念和职业道德。其次，通过建立健全的激励机制，激发教师队伍树立良好的师德师风。可以采取表彰先进、评选师德楷模等方式，充分发挥党组织在激励和评价中的引领作用，激励教师投身教育教学事业，以高尚的师德师风塑造自己的形象。再次，组织丰富多样的专业培训，加强教师队伍的教育教学能力提升和职业道德培养。通过教师培训、学术研讨和交流活动，让教师们了解教育教学的最新理论和实践，提高教学能力，并树立起教师的职业自豪感和责任感。最后，加强对教师队伍的日常监督管理，及时发现和处理师德师风方面的问题。建立健全的师德考核机制，对教师的师德表现进行评估，对存在问题的教师进行指导和纠正。同时，积极开展教师之间的交流互动，加强师德师风的经验分享和借鉴。

第四，注入工匠精神态度。首先，党建引领下的工匠精神体现在教师的思想政治素质建设上。教师队伍应深入学习贯彻党的教育方针，牢固树立正确的教育理念和人生观，增强为人师表的责任感和使命感，以服务于国家和社会发展为己任。其次，党建引领下的工匠精神也体现在教师的专业能力提升和教学工艺创新上。党的教育方针强调素质教育和创新能力培养，教师队伍应当坚持不断学习和进步，提高教学质量和专业技能。引入工匠精神，教师要不断完善自身的知识结构、教学理念和教育方法，注重教学过程中的细节和技巧，通过不断反思、总结和改进，提升自己的教学工艺水平。最后，党建引领下的工匠精神还体现在教师的团队合作上。党的教育方针强调集体主义精神，教师队伍应当注重团队协作和共同成长。教师要加强师德建设，弘扬正能量，建立良好的师生关系，互相学习、共同进步。同时，教师还应当积极参与学校党建和教职工团队活动，营造积极向上的学术氛围和教育环境。

第五，注重"双师型"教师培训的持续性和有效性。在党建引领下，可以通过协同推进、制定标准，提高意识和素质等手段增强"双师型"教师培训的持续性和有效性。本书在结合访谈调研的基础上，构建了"1+X""双师型"教师培训的课程模块，"1"指通用模块，涵盖基本素养、教学能力、科研能力及社会服务能力，"X"是指专业技能培训。具体如表6-1所示。

表6-1　"双师型"教师培训课程基本模块

		初级（合格教师）	中级（骨干教师）	高级（专业带头人、产业导师）
通用	基本素养	师德师风 心理学与沟通艺术 团队与合作、工匠精神、职业精神	师德师风 职教形势与政策 工匠精神、职业精神双带头人、党建知识和业务	师德师风 职教形势与政策双带头人、党建知识和业务

续表

		初级(合格教师)	中级(骨干教师)	高级(专业带头人、产业导师)
通用	教学能力	新教师岗前规范化培训(教学部分) 课程标准制定 教学设计与实施BOPPPS等信息化教学设计 课程思政 教学分析、反思教学评价教学示范	人才培养方案设计 行为导向课堂教学的组织与实施 教学效果评价 三教改革培训质量工程建设 课程思政 技能竞赛指导专业群建设	专业建设 教学资源库建设 专业诊断与改进 校企合作开发教材 质量工程建设 产教融合团队构建专业群建设
	科研能力	论文撰写 纵项课题申报 新教师岗前规范化培训(科研部分)	论文撰写 专著、教材撰写 纵项课题申报 成果转化 知识产权	职业院校教学管理优化 科研创新思维科研团队运行与管理
	社会服务能力	社会培训 技术服务能力提升 新教师岗前规范化培训(实践部分)	社会培训 科研成果转化 横向课题开发、学生创新创业(竞赛)指导	社会培训 科研成果转化、横向课题开发、学生创新创业(竞赛)指导
X	技能培训	技能等级培训(四五级)	技能等级培训(三级)	技能等级培训(一二级)

6.2　中核——能力提升的平台搭建和制度重构

高职院校"双师型"教师队伍建设中，构建一个有效的平台和健全的制度体系扮演中核的支撑作用，是提高教育质量和培养具有实践能力的专业人才的重要途径之一。在这个背景下，高职院校"双师型"教师队伍建设需要以能力提升的平台搭建和制度重构为核心，从宏观上进行规划和探索，以实现高质量教育的目标。

6.2.1　能力提升的平台搭建

1. 优化双带头人工作室平台

教师双带头人党支部是党建引领教师队伍建设的良好载体和平台。高职院校党委提高政治站位，主动担负主体责任，积极开展创建教师"双带头人"党支部活动，使党建工作与"双师型"教师素质培养有效融合，发挥教师党支部书记在党建和业务工作领头雁的效应，凝聚教师党支部的向心力。一是配齐配强工作室"双带头人"。高职院校将工作室"双带头人"的配备工作纳入学校思想政治工作和党建工作考核测评以及部门整体考评工作中。目前上海电子信息职业技术学院在各二级学院教师党支部建立工作室，工作室设置专兼职党支部书记，均由党性强、业务精、有威信、肯奉献的具有博士学历或副高级以上职称的专业带头人担任党支部书记职务。二是建立工作室"双带头人"的培养制度。学校以双带头人工作室建设为抓手，加强"双带头人"队伍建设，在工作室三年的建设期内，通过校企合作双向培养，提升"双带头人"履职尽职的双能力。如党建方面通过举办基层党支部书记培训班、挂职锻炼、支援教育、校企党建共建等活动，积极为党支部书记搭建锻炼平台，使支部书记尽快成为党务工作的行家。业务方面，党支部书记积极参加国培、市级培训、企业实践、国内外访学，从而提升教学、科研和实践能力。三是建立"工作室党建+业务"的工作模式。以工作室项目为抓手，将党建工融入项目运行工作，形成以党建工作促进业务工作，以业务工作带动党建工作的工作格局。

案例：平台搭建，凝心聚力育人才

为贯彻落实《国家职业教育改革实施方案》和全国教育大会精神、上海市教育大会精神，充分发挥党建引领职业教育改革，打造一支高素质的现代职业教育教学队伍，上海电子信息职业技术学院电子技术与工程学院教师党支部以2019年首批上海市职业院校智能控制技术一流专业建设项目为抓手，推进电子技术与工程学院"双带头人"教师党支部书记工作室项目建设。通过充分发挥"双带头人"作用，推进党组织前移下沉，加强党建引领，实现党建工作与职业人才培养同频共振、有机融合的机制，通过三年建设取得显著成效。优化双带头人工作室平台的搭建，具体按照以下路径展开。

一是政治建设为先，打造团队育人才。教师党支部提高政治站位，积极做好"传帮带"，抓入党前的教育引导，做好优秀青年教师入党培育，改善党员队伍的分布与结构，从政治素质好、业务能力强的优秀青年教师中发展党员，重点做好海归等高层次人才的党员发展工作。抓好党员的引导，引导他们坚定理想信念，锻造钢筋铁骨，做好"政治过硬，业务精湛"党员的后备"双带头人"党支部书记培育，促进队伍发展成长。组建了以党员教师为核心的工作团队，更好地构建"互联网+"时代的教育生态，课程思政做到全覆盖，结合电子信息类课程特点，不断推进智能电子产品国产化爱国情怀、工匠精神和专业课程思政相互融合，使学生潜移默化地感受到工匠精神的精髓，为学生培养质量保驾护航。基层党建效果显著，获上海市教卫工作党委系统先进基层党组织，党员老师获上海市"为人为师为学"重点宣传先进典型。

二是人才培养为要，做好"六稳""六保"。面对疫情期间严峻的就业形势，一个毕业生的就业关系到一个家庭的幸福，关系到民生和社会稳定。教师党支部一切以学生为中心，假期期间坚持加班，充分调动各方资源，投身到毕业生就业工作中去，为学生答疑解惑，为学生进行心理疏导，为学生搭建网络招聘平台，党员老师冲锋在前，全过程、全方位、全员关注毕业生就业工作，做到一人一档，近年来实现毕业生平均就业率98%。

三是立足比学赶超，推进专业建设。支部党员积极对标优秀党员先进典型，打造上海一流全国知名专业，促进职业教育事业的发展。对接上海智慧城市产业，深化校企合作产教融合，牵头与上海仪电企业开展现代学徒制等育人模式。开拓性建设适应学生跨界能力培育的集成电路"智慧学习工场"。党支部紧密对接的战略性产业集成电路专业群建设和上海市高等职业院校一流专业建设，党员团队牵头的嵌入式系统应用课程获国家级精品在线开放课程，集成电路人才培养的教学成果获上海市一等奖，智能控制技术专业全国高职排名第9名，实现全国领先上海一流的建设目标。嵌入式人工智能教师教学创新团队和集成电路设计及芯片应用教师教学创新团队获批上海高职高专院校市级教师教学创新团队等，指导学生参加全国职业技能大赛，取得4次一等奖的成绩，同时积极在专业建设中深度融合学校地理位置所处的上海临港自贸区产业发展趋势，集成电路专业群评为上海市高水平专业群，服务上海新型战略产业发展。

四是坚持技术攻关，时刻服务社会。近年党支部团队参与上海市级科技攻关专项，累计承担各类技术开发20多项，相关专利和技术应用产生经济效益近1000万。心怀大爱奉献社会，关注中小学生科技普及，团队报送的"电子魔法师"列为上海市职业体验日和暑期夏令营活动项目，受到社会一致好评。团队积极响应国家号召投身帮扶西部，先后为新疆喀什职业技术学院、克拉玛依职业技术学院、新疆农业职业技术学院提供专业建设指导，助力西部职教事业。2023年学生在全国职业技能大赛获得两项二等奖，团队在学院职业本科创建中也发挥示范引领作用。

2. 打造技能大师工作室平台

积极打造市级、院校技能大师、首席技师工作室，是形成"双师"团队和"双师"教师职业发展的关键通道。

2020年，上海高职院校没有入选技能大师工作室和首席技师工作室，2021年，1所高职入选技能大师工作室，2所入选首席技师工作室。2022年，高职高专院校各1所入选上海市首席技师、技能大师工作室。聚焦国家和上海职业教育改革要求，上海高等职业教育技能大师工作室建设单列，9所高职院校入选。

首先，在"双师"团队建设的工作室开展过程中，需围绕"双师"队伍建设培养和成长，结合高职院校整体"双师"队伍建设规划目标，精准规划工作室教师个人发展，以工作室制度建设来保障有序推进制定工作室管理办法、经费管理和使用办法、带头人选聘办法等，对工作室的运行和经费使用、激励等方面加强管理，要逐步形成健全的工作室管理制度与规范、高效的工作室运行考核机制、完善的高技能人才培训体系。加强信息技术创新应用、技术技能人才培育、进行工匠精神弘扬交流，确保工作室的运行与实施规范。

其次，需党建引领工作室建设和运营。针对当前职业教育发展的要求，发挥党建引领作用，在师德师风、课程思政等方面有效落实立德树人的根本任务，开展理论和业务学习培训交流，通过专业素养、课程资源开发与设计、课堂教学设计与实施、技能竞赛、科研项目等讲座和研修，提升思维和能力，构建学习共同体，提升战斗力和凝聚力。

再次，以证或赛促教。在工作室建设和运营中，培育教师职业能力，鼓励参加职业资格证书、"1+X"证书认证，深度对接"1+X"证书制度试点，选派教师到相关企业培训进修，引入优质培训资源，开展专项教学培训，提升教师团队模块化教学能力，同时以现有专业标准为依据，探索人才培养中"1+X"职业技能证书与专业课程体系的有效结合，构建"课证融通"的有效结合机制，提升教师"X"证书培训能力。参加大赛是历练教师最好的舞台，也是检验教师专项能力的体现。工作室主持人积极鼓励、带领教师参与教学能力大赛、指导学生职业技能大赛等比赛，互相激励，互相提升。

最后，提升产教研协同创新能力，在进行教学能力提升的过程中，积极开展教学研究和改革，形成课程标准、课程改革案例和论文，持续开展相关研究。此外，积极为企业提供技术革新、技能攻关和推广活动，联合开展企业新型学徒制任务和企业员工的培训，承担技术和社会服务。

综上，通过打造技能大师工作室平台团，形成"双师"队伍建设团队的运行机制，打造"双师"名师名匠培养高地。

6.2.2　制度重构

1. 做优"双师型"教师队伍建设制度体系

优化构建现有"双师"素质和能力提升平台基地，通过制度建设，加强教师队伍建设，严把教师入职关，提高教师素质，建立有效的激励机制，规范管理，调动教职工的积极性，为高质量发展提供人才支撑，进一步激发广大教职员工的积极性、主动性和创造性，营造干事创业的良好氛围，推进高职院校各项事业又好又快地发展。

高职院校虽然形成了促进高职院校"双师型"教师队伍建设的政策制度体系，但一些关键的政策内容仍有待完善，尤其是对接最新的需求，这一点可以从第七章以上海电子信息职业技术学院为例的调研结果中得到应证。具体而言，一是高职院校"双师型"教师认定机制不明晰，认定标准都处于试行的"探索期"。二是高职院校"双师型"教师评价机制不完备，无法体现高职院校"双师型"教师的能力属性，对"双师型"教师的岗位价值、岗位贡献度的体现不够，未能依据实际贡献在职称评审、重大项目申报中向"双师型"教师倾斜，对"双师型"教师的激励不够。另外，在"双师"队伍引进方面，应该在优化现有招聘要求和流程的基础上，对教师队伍进行梳理，根据"双师"队伍建设的需要，大力引进"双师"教师。为满足高技能人才的培养需要，学校应根据人才培养、专业建设和实践教学等需求，依托"校企合作、产教融合"平台，面向行业及企业聘请兼职教师，并大力加强兼职教师队伍建设。

仍以上海电子信息职业技术学院为例，学校先后制定和完善兼职教师相关制度。2012年，根据教育部《关于全面提高高等职业教育教学质量的若干意见》（教高〔2006〕16号），教育部、财政部、人力资源和社会保障部、国务院国有资产监督管理委员会关于印发《职业学校兼职教师管理办法》的通知（教师〔2012〕14号）等文件精神，出台《上海电子信息职业技术学院兼职教师聘用与管理办法》，规范了学校兼职教师的聘用、管理和考核工作。在聘用的兼职教师中，一部分是来自相关行业企业、有丰富实践经验的能工巧匠，主要开展专业课程教学、综合实训项目开发与教学、校外顶岗实习指导三方面的工作；另一部分是来自本行业企业的专业带头人，主要与学校专业带头人共同负责专业方向的确定和调整；负责专业人才培养方案、课程标准的制定；负责师资队伍、校内外实训基地的建设；参与专业课程的教学；指导青年教师开展科研创新五方面的工作。2018年，学校修订《上海电子信息职业技术学院兼职教师聘用与管理办法》，兼职教师的工作职责由原来单一的教育教学活动向专兼教师结对、联合开展教研活动多元化职责转型。2020年，根据中共中央、国务院印发《关于全面深化新时代教师队伍建设改革的意见》（中发〔2018〕4号）和国务院印发《关于国家职业教育改革实施方案的通知》（国发〔2019〕4号）等文件精神，学校又出台《上海电子信息职业技术学院人才柔性引进聘用与管理办法》，优先引进重点学科、重点专业急需的高层次人才，强化学校在人才培养、专业建设、课程建设等方面的高层次人才支撑，进一步打造专兼结合、结构合理的高水平教师队伍。

学校根据内涵建设和人才培养方案要求，对"双师型"教师管理制度进行了全面的修订和补充，从人员引进、资格认定、职称评聘到培训进修、考核奖惩等"双师型"教师队伍建设的全部环节都做到了管理规范，有章可循。如，①修订《上海电子信息职业技术学院人才引进工作暂行管理办法》，在人才引进上不是盲目引进高层次人才，而是从企业引进高素质、实践经验丰富的适用人员充实到教师队伍的行列中，建立不低于国家"双师型"教师标准的学院界定标准。②修订《上海电子信息职业技术学院关于初聘高校系列中、高级专业技术职务暂行办法》，规定专业教师职称晋升必须有企业实践经历。③建立《关于建立教师轮训制度的管理办法》《教师产学研践习管理办法》《专业教师参加企业实践管理办法》，规定专业教师每五年都要有不少于6个月的时间，到企业现场一线进行实践锻炼，掌握企业生产新技术、新工艺，并鼓励教师获得本专业相应的职业资格证书，不断提高教师的实践动手能力。④修订《兼职教师聘用与管理办法》，兼职教师的工作职责由原来单一的教育教学活动向专兼教师结对、联合开展教研活动多元化职责转型。⑤出台修订《人才柔性引进聘用与管理办法》等制度，着力推进与合作企业共建产业导师队伍；构建"校企融合、多方联动、协同发展"的产业导师队伍建设模式，形成校企"互兼互聘、合作教学、"双师"双向、协同育人"的机制，专兼职教师共同开展专业建设、课程建设、校本研修，专兼职教师共同进行技术攻关，解决生产、技术和工艺难题，实现了"新知识、新技术、新工艺、新材料、新设备、新标准"进课堂。

在"双师"教师的认定评价激励方面，结合教师的个性化发展和分类评价的要求，根据初级、中级和高级教师进行院校的整体化分类培养培训体系。结合教师大类和学科门类，重构精细化紧密对接企业和最新人才培养需求的培训课程体系。融入"双师"初、中、高级职称体系的教师职称职务评聘体系的重构和教师评价体系的指标体系重构，增加对"双师"指标的权重和具体考核指标设计。以中级"双师型"教师为例，要求首先具有高校教师系列讲师及以上专业技术职务，教师在评聘的过程中有具体的师德师风、教育教学能力、学术服务能力的评议。其次，教育教学方面具有扎实的理论基础、专业知识和精湛的操作技能，了解本专业发展现状和趋势，掌握先进的教育理念、教学方法，教学业绩显著，形成一定的教学特色和可供借鉴的教学经验；具有较强的指导与开展教育教学研究、实习实训教学研究、专业建设、技术革新的能力。参与过重要的教学研究或科研项目，在教育思想、专业建设、课程改革、实践教学改革、教学方法等方面取得较突出的成果，起到带头人的作用。有已发表、出版的有较大影响的学术论文、教学研究成果、著作或教科书等代表性成果，受到学术界的好评。具有较为丰富的企业相关工作经历或者实践经验，掌握本专业工作过程或技术流程，在实习实训教学、设备改造、技术革新、成果转化等校企合作方面取得较突出的成果，取得较为显著的经济效益和社会效益。获得相关的国家职业技能等级中级及以上证书或职业资格中级及以上证书，或具有本专业或相近专业非教师系列中级及以上职务（职称），或具有相应的能力水平。最后，奖励成果方面作为主要参与者获得技能竞赛类、教学成果类、科技发明类等代表本领域较高水平的奖项；或指导学生获得地市级及以上技能竞赛类、教学成果类、科技发明类等奖励。学校中级"双师型"教师业绩标准和要求具体见表6-2。

表6-2 中级"双师型"教师业绩标准和要求

类 别	业绩内容	基本要求
教学要求	具有高校教师系列讲师及以上专业技术职务	符合本项
教研成果	(1)学术论文；(2)校级及以上教研课题；(3)专著或译著；(4)教材；(5)横向课题，到账金额1万元及以上；(6)获得与本专业相关国家授权专利或计算机软件著作权；(7)课程思政、教育教学改革和专业建设等项目	作为负责人或排名第一，具备1项及以上

续表

类　别	业绩内容	基本要求
企业实践	(1)具有3年以上企业工作经历;(2)近五年累计有不少于6个月在企业从事本专业实践经历;(3)近五年主持或主要参与(前五名)企事业单位委托开展的技术研发或技术服务项目,成果已被委托单位使用。依据项目开展时长的50%认定为企业实践时长,累计不少于6个月	具备1项及以上
职业(职称)资格	(1)本专业或相近专业非教师系列初级及以上职务(职称);(2)国家职业技能等级证书或职业资格证书(中级及以上);(3)本专业或相近专业的行业特许资格(执业资格)或专业技能证书(中级及以上);(4)本专业或相近专业职业技能鉴定考评员资格证书(中级及以上)	具备1项及以上
奖励成果	(1)校级及以上技能竞赛获奖;(2)校级及以上教学科研成果奖;(3)校级及以上教学能力竞赛获奖或课程思政类竞赛获奖;(4)校级及以上科技进步奖、发明奖;(5)指导学生获地市级(或厅局级)及以上技能(能力)竞赛类、创新创业类、教学成果类、科技发明类等奖励	具备1项及以上(排名前3)

推行"双师"聘用制度,学院在制定实施《专业带头人选拔与管理办法》《专业骨干教师选拔与管理办法》等制度的基础上,将"双师型"教师与专业带头人和骨干教师聘用挂钩,通过享受月工作津贴;优先安排专业带头人和骨干教师参加国内外进修、学术会议或专业考察活动;优先聘任高一级专业技术职务等待遇,激励和引导教师向"双师型"教师方向发展。

学校在"双师"队伍建设有关制度制定、修订一览表如表6-3所示。

表6-3　"双师"队伍建设有关制度制定、修订一览表

制度类别	制度名称	主要内容
人员引进	《人才引进工作暂行管理办法(修订)》	在人才引进上不是盲目引进高层次人才,而是从企业引进高素质、实践经验丰富的适用人员充实到教师队伍的行列中
	《兼职教师聘用与管理办法》	2023年明确兼职教师的工作职责由原来单一的教育教学活动向专兼教师结对、联合开展教研活动、教学改革和技术社会服务多元化职责转型
	《人才柔性引进聘用与管理办法》	2019年制定后新修订,引进高技能人才等,着力打造一支专兼结合、结构合理的高水平"双师"教师队伍
资格认定	《关于开展"双师型"教师认定工作的通知》	2023年最新发布,明确"双师型"教师认定范围、基本条件、业绩标准
职称评聘	《关于初聘高校系列中、高级专业技术职务暂行办法》	规定专业教师职称晋升必须有企业实践经历,根据最新文件不断修订完善

续表

制度类别	制度名称	主要内容
培训进修	《关于建立教师轮训制度的管理办法》	规定专任教师一是每年至少参加累计不少于两周的有关教师教学能力建设、职业教育信息技术创新应用与综合素质能力提升的培训活动,二是按聘约要求参加与本专业相关的技能培训,获得相应的等级技能证书,三是每五年到与所从事专业相关的企事业单位全脱产顶岗实践不少于6个月
	《教师产学研践习管理办法》	规定专业教师每五年都要有不少于6个月的时间,到企业现场一线进行实践锻炼,掌握企业生产新技术、新工艺,并鼓励教师获得本专业相应的职业资格证书,不断提高教师的实践动手能力
	《专业教师参加企业实践管理办法》	规定教师必须每5年参加一次企业实践,期限一般6个月。专业教师参加企业实践应从实际出发,结合专业特点,采取多种途径,达到实践目标
	《关于新入职专任教师的管理办法》	帮助新入职专任教师尽快明确教师标准,适应教学岗位,融入教学团队;进一步促进学院对新入职专任教师的管理向制度化和规范化方向发展,全面提升学院教师队伍的素质和水平
教师激励考核	《专业(学科)带头人聘用与优秀专业(学科)带头人激励计划项目选拔的办法》	将"双师型"教师与专业带头人和骨干教师聘用挂钩,通过享受月工作津贴、优先安排专业带头人和骨干教师参加国内外进修、学术会议或专业考察活动、优先聘任高一级专业技术职务等待遇,激励和引导教师向双师型方向发展
	《专业(学科)骨干教师聘用与优秀专业(学科)骨干教师激励计划项目选拔的办法》	将"双师型"教师与专业带头人和骨干教师聘用挂钩,通过享受月工作津贴、优先安排专业带头人和骨干教师参加国内外进修、学术会议或专业考察活动、优先聘任高一级专业技术职务等待遇,激励和引导教师向"双师型"方向发展
	《高层次与紧缺人才专项激励经费发放与管理实施办法》	提升师资队伍竞争力,加大高水平"双师"队伍建设,为建设上海市一流高职院校、创建中国特色高水平职业本科大学提供强有力的人才保障与支撑
	《优秀高层次人才激励津贴实施办法》	建立集聚一批高精尖人才,为专业建设发挥积极作用;建立不低于国家"双师型"教师标准的学院界定标准
	《高层次与紧缺人才聘期考核管理办法》	进一步规范学校高层次与紧缺人才(以下简称人才)聘期考核管理
	《教师岗位分类管理实施方案》	2023年制订,构建教师的职业生涯发展通道,引导和促进从事教学、科研等各项工作的教师根据自身特长、特点和潜能,合理定位,明确职业发展目标和努力方向
	关于开展2023年校级首席技师工作室申报工作的通知	充分发挥高技能领军人才在传承传统技能技艺和推动高技能人才培养工作中的引领带动作用,推动学校教师队伍"双师"素质提升

2. 做精"双师型"教师培训基地制度和运行

教师队伍是发展职业教育的第一资源,高职院校"双师型"教师素质能力提升培训是支撑新时代国家职业教育改革的关键力量，建设高素质"双师型"教师队伍是加快推进职业教育现代化的基础性工作。高职院校要着力构建全国—省部级—校级三级层面的培训基地和体系，注重"双师"队伍建设的职业发展通道与培训基地和项目之间的衔接。

（1）推广复制上海市级企业实践项目的良好运行机制和路径

教师企业实践项目围绕"双项目"制的要求来设计、组织，坚持成果的可测性、可视化。具体如下：

①多角度诊断，挖掘真需求。在项目前期，项目组分别对每位参训教师进行多轮次、深入的调研访谈，针对参训教师的教学现状与技术基础，专业实践与教学重难点，以及学校的需求，挖掘了解所在学校和个人的真实需求。专门召开需求诊断会，参训教师们各自依据自身、学校情况提出需求，企业导师针对参训教师需求制订相应的实训计划，经校方领导审核，最终由评审专家提出诊断意见并最终确认。每位参训教师的需求与个人技术基础匹配了完整的典型的工作项目，通过项目实践，使得参训教师同步达成学习到产业的主流技术、夯实自身的专业技能，达成项目成果。

②技能提升与项目跟进相结合。培训项目严格按照"标准研读学习—典型工作任务梳理—多轮需求诊断调整方案—确定实践进行表—按计划实施项目—精准考核评价"的步骤进行。在企业实践项目中，根据项目的复杂程度和项目实际需求，在参训教师现有的技能基础上，设计定制企业实践任务，参训教师通过跟进项目可以了解当前行业前瞻、趋势性技术和最新的技术要求，获得更有教学转化价值的项目经验，培养出的人才才能符合市场潮流、企业需求。通过跟进企业项目，夯实技术基础，学习新知识、新技术、新工艺，提升解决问题的能力，使参训教师在跟进项目的过程中，专业技能在原有基础上提升一个台阶。

③线上线下多元学习，熏陶企业文化。在企业实践项目中，充分融入企业的项目团队，在特殊条件下，采用线上沟通合作的方式，来推进项目的开展。让参训教师深刻体验特殊情况下企业如何推进工作，考核成果，体会"求实专业、结果导向"的企业文化。

④一人一策，双项目精准实施考核。考核坚持以终为始，过程监控、结果导向，精准考核。每个考核点都是具体的、可衡量的、可落地的，每个考核分类分值细分，做到每位参训教师对成果、对结果、对考核有数。将学校需求和个人需求结合起来，为每位参训教师设计专项学习方案，匹配企业导师，参与真实的企业项目。坚持以成果为导向：以需求诊断书中的目标与成果为导向，以技能与素养的提升和解决问题为目标，参与到企业项目中，反思自身工作与教学中的不足，将教学中的难题放在企业实践中寻找突破点，反思教学过程，寻找问题的解决方案和成长突破的途径，将实践资源有效地转

化到教学中去，为优秀"双师型"参训教师的持续培养打下基础。

⑤选"双师型"企业导师。在企业实践过程中为参训教师匹配的企业导师，均为有教学经验和企业实践经验的"双师型"导师。导师更能够理解参训教师的需求，在指导参训教师企业实践的过程中能够从教学转化的层面给予实践指导，协助参训教师做好教学资源转化，能将企业实践成果更好地用于教学过程中。

（2）构建全国"双师"培训基地制度体系

2022年，上海电子信息职业技术学院入选全国职业院校电子信息类"双师"培训基地，在原有基础上完善全国"双师"培训基地建设机制，构建国家—上海市级、行业—校级层面的"双师"培训体系。

第一，形成基地组织机构和协作机制：培训基地由上海电子信息职业技术学院牵头，形成"168"组织架构：1校牵头、6家核心成员单位、8家一般成员单位。为整合基地各成员单位的培训资源，确保基地高质高效运行，建立"理事会—培训中心—培训部"的三级管理体系。理事会由院校领导、成员单位领导组成，负责整个项目的具体策划与运作。培训中心由各单位培训负责人及相关工作人员组成，负责落实培训项目的日常运行管理。由成员单位组成的各培训部承接本培训部可以开展的培训项目。"融合、柔性"的组织架构实行"理事会—培训中心—培训部"三个层级联席会议制度，形成常态化交流沟通机制，促进融合，形成共建共享的共同体；同时，根据项目内容，建设柔性工作团队，定制灵活的培训菜单，落实培训方案。

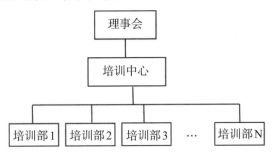

图6-1 "理事会—培训中心—培训部"的三级培训管理体系

第二，整合资源开展项目设计和资源建设。培训项目内容围绕立德树人，紧贴产业，联动优质企业，发挥专业特色。进行"一引领、一主体、一赋能"设计，即以思想引领（如充分融入思政元素，筑牢师德师风）和专业技术技能为主体，打造拳头产品，从大超市到专门店、精品店，专业项目设计体现优新、专精、特缺。此外，引入最新数字技术加持，保障项目呈现形式鲜活、技能训练生动准确，以信息化赋能项目。按照"迭代、多元、分工"原则，持续跟进技术发展，进行资源迭代。通过引入企业岗位培训包、工程实践案例包、虚拟仿真资源，实现资源类型多元化。紧密结合职业院校专业发展特点，设置教师国际化能力提升、数字化能力提升、产教融合人才培养实施等方向，依据区域或院校特色，激励较高教学能力素养的教师分工合作，错位互补式开发培训资源。教师通过参加基地培训积累学时、进行成果积分，实现评奖评优乃至"双师型"教师认定，这样能提升教师参培、学习新技术、磨炼新技能的能动性。

第三，构建基地评估反馈机制。在管理方面运用智能平台支撑、落实学员反馈制度，确保培训中心充分了解各培训部场地设施的完备性、培训内容的适宜性、培训组织的合规性、培训形式的合理性。落实教学模式升级、培训大数据分析、学员行为纠偏等，在评价方面：标准引领，严格规范、一师一档，增值评价。整体构建"设计、执行到评价、完善"的闭环式培训系统。通过各层级联席会议，共同探讨培训质量的提升，形成共同建设、共同管理、共享资源的有效管理体制机制。通过全国的统一平台，便于培训资源分类共建、共享，也便于培训全周期、长周期的跟踪管理，促进培训质量的提升。

（3）构建完善的校级企业实践基地和制度体系，提高运行成效

借鉴省部级企业实践的成功经验，梳理高职院校内部的实践基地、项目，梳理校企合作企业，在充分调研的基础上，根据国家级和上海市级实践基地项目的实际运行，构建适应学院专业建设和教师自身职业与学院未来发展需求的校级企业实践基地项目，分析现有的实验实训、产教研基地、工程技术平台、科研团队平台，在现有松散的校企合作基础上着力打造稳定的学院层面的企业实践基地，实施精准培训。加强管理和考评机制，任务驱动提升实践能力和成效。

上海电子信息职业技术学院考核的办法中采用了SMART考核原则，S：Specific，考核指标是具体的；M：Measurable，考核指标是可以衡量的；A：Attainable，考核指标是可以达到的；R：Relevant，双项目的考核指标具有一定的相关性；T：Time-bound，考核具有明确的截止期限。这样在允许高职院校自主灵活选择实践项目的同时，在考核项目书中给予明确的考核任务和考核点，激发教师"双师"提升的内驱力。表6-4为某企业实践项目对教师的具体要求。

表6-4 对参与某企业实践教师的要求

需求诊断表：项目确定
企业实践进程表：把控项目进度 问题的及时沟通解决 项目关键节点把控
具体工作项目表：双项目的成果展示
工作项目成果表：成果转化思考
实践能力：项目计划、项目实施、项目运维细分到各个技能点进行实践考核
教学能力：典型工作任务梳理、工作任务转化教学资源、教学规划、教学资源建设、学生评价模式变革等 ……
服务能力：为企业解决难题和技术服务

通过构建国家—上海市—校级三级培训基地,充分发挥企业在"双师型"教师队伍建设中的重要作用,要畅通校企沟通渠道,搭建组网融通的教师企业实践平台;建立人才双向交流机制,完善兼职教师管理办法,完善产业导师特聘制度;要加强基地规范化管理,积极推动校企合作的政策红利落实落地。要充分运用和发挥好国家级"双师型"教师培养培训基地。依托"双师型"教师培养培训基地的优质资源,对高职院校专业专任教师开展集中轮训,使他们及时接触行业前沿技术和岗位需求,了解行业企业对高技能人才的需求,为他们反哺教育教学提供来自行业企业一线的素材和技能,实现育人者先育己。

3. 做强产业学院平台建设制度

深入实施产教融合、校企合作的人才培养和"双师"教师队伍建设,产业学院的建设和实质化运行是新的探索。高职院校结合已有工作开展和调研企业对高职院校教师队伍建设的需求和问题,从组织架构、运行机制、学院建设、建设成效四个层面建立产业学院标准,更好地开展产业学院共建过程中共育"双师"教师队伍,真正形成产教融合、校企合作共育教师队伍和培养人才的合力。

本书参编人员参与了初步构建上海高职院校产业学院认定指标体系,具体见表6-5所示。

表6-5　上海高职院校产业学院认定指标体系

一级指标	二级指标	指标说明
1.产业学院体制机制(22分)	1.1 定位发展(6分)	①产业学院的专业与上海产业发展契合度高,适应以集成电路、生物医药、人工智能三大先导产业以及电子信息、生命健康、汽车、高端装备、先进材料、时尚消费品六大重点产业为支撑的新型产业体系发展
		②产业学院应纳入学校整体发展规划,有中长期发展规划和年度建设方案
		③产业学院专业设置不超过3个,其中至少有1个是重点专业(一流专业)
	1.2 组织架构(8分)	①产业学院需独立组建且正式运行时间不少于半年
		②在党委领导下,建有由学校、行业、企业等多方参与的产业学院理事会(董事会),行使学院重大事项决策权
		③建有校企双方共同组成的学院日常管理运营团队,负责教师、课程、实训基地管理等。产业学院副院长由企业派驻
		④建有产学研发中心(课程转化中心),企业参与人才培养方案的制订、项目课程的转化,学校参与企业的科技开发、应用性课题研究、员工培训与继续教育

续表

一级指标	二级指标	指标说明
1.产业学院体制机制(22分)	1.3 运行机制(8分)	①自主管理机制:产业学院具有较完善、相对独立的产业学院人事、财务、岗位设置、考核评价及激励等相关制度。在政策制定、资源配置、建设和运行管理中具有一定的自主权限
		②企业准入机制:合作企业(单位)不超过5个。牵头企业(单位)在地方产业链中居引领地位(或产业集群中居关键地位)。在中国境内注册成立的企业,具有独立法人资格,经营状况健康稳定,具有良好信用记录,无重大环保、安全、质量事故,无涉税等违法违规经营行为
		③项目引入机制:产业学院的教学应以企业项目为主,项目类型可以是技术开发、运营保障、社会培训、技能竞赛等
		④产学合作机制:产业学院在教师聘用、课程建设、实训基地管理、科技研发等方面实现校企分工负责、全员协同参与的责任体系
		⑤利益共享机制:有校企双方认可的收益分配方案,科学合理地核算运营成本
2.产业学院资源投入(22分)	2.1经费投入(6分)	多种渠道经费投入,保障产业学院正常运行及稳定发展
	2.2高校软硬件资源投入(8分)	①学校为产业学院发展提供良好的办学条件,包括相对独立的教学场所、实训场所等,有独立的可开展产学研创的实习、实训、研发基地
		②为产业学院的发展提供必要的人力资源、丰富的教学资源
	2.3企业软硬件资源投入(8分)	①企业提供具备与培养规模相匹配的实习、实训基地
		②企业提供行业最新的生产设备、实验设备,投入产业学院教育教学过程
3.人才培养模式改革(28分)	3.1 创新人才培养模式(10分)	①坚持立德树人根本任务,校企双方共同制定人才培养方案,积极探索产教深度融合、多方协同的人才培养模式,满足应用技能型人才培养要求及学生个性化发展需求。校企双方共建符合区域经济社会和产业发展方向的课程体系
		②课程教学内容70%由企业真实项目转化而来
		③新形态课程评价模式,采取多元、多维度等相结合的评价模式,评价结果开放式、可调整
		④实践教学学时不低于专业人才培养方案总学时的50%
	3.2创新教学方式(4分)	①采用学校和企业双导师制,师生双向选择
		②有新型教学方式:项目制、"工作坊"制、"智慧学习工场"制等
	3.3高水平师资队伍(8分)	①学校教师和企业技术专家双向流动。选聘行业协会、企业业务骨干、优秀技术和管理人才到高校担任企业导师;校内导师在企业挂职或实践
		②校内导师应具有教学能力和技术能力,有行业企业工作或实践经验,有能力承接企业项目。有一支相对稳定的满足教学需要的"双师型"教师队伍。相关企业主体参与的兼职教师人员中,中、高级专业技术职务的人员数量不低于高校专职教师的数量。师资团队的高级职称不低于40%,校内导师"双师型"达100%

续表

一级指标	二级指标	指标说明
3.人才培养模式改革(28分)	3.4校企实习实训基地(6分)	①学生在企业(基地)实习、实训的时间不低于1年
		②学生在校内实训基地的学习时间不低于1年半
4.产学合作成效(16分)	4.1产学合作专业建设(4分)	①紧密对接产业链,实现多专业交叉复合,支撑同一产业链的若干相关专业快速发展,打造交叉专业或专业群
		②开展产学合作的理论与实践研究,促进产学合作可持续发展
	4.2产学合作资源建设(4分)	①大力推动科教融合,将研究成果及时引入教学过程,促进科研与人才培养积极互动,有效支撑学校应用型人才培养、企业员工培训及继续教育
		②共建教师企业实践岗位,建设"双师双能"教师培养训练基地
	4.3产学合作技术服务(8分)	①共建服务区域特色产业的产学研发中心、联合实验室等,联合开展技术攻关、产品研发、成果转化、项目孵化等工作,推动应用科学研究成果的转化和应用
		②加强行业企业的应用性课题研究,提升服务区域经济社会发展的能力
5.人才培养成效(12分)	5.1人才培养质量(6分)	①省部级以上各类竞赛获奖率高
		②就业率、专业对口率高于同类院校专业
		③优秀毕业生中行业领军人物、技术骨干和中层管理人员比例高
	5.2教育教学成果(6分)	①有省部级以上教育教学改革成果
		②有省部级以上创新创业教育成果
		③有省部级以上产教融合项目、教改项目等立项及成果

（1）创新产业学院体制机制的组织架构

建立由学校、地方政府、行业企业等多方参与的产业学院理事会（董事会），行使学院重大事项决策权；建立课程转化中心，负责企业项目引入及课程转化。课程转化中心是产业学院最核心的指标，是把行业企业最新的标准注入教学过程；组建教学运行管理团队，成立校企双方共同组成的学院日常管理运营团队，负责教师、课程、实训基地管理等。教学运行管理团队是产业学院建设的重要保障，要避免与普通二级学院同化。

也就是说，产业学院采用学校投入与企业投入相结合的模式，通过校企双方教师共同指定人才培养方案和课程体系，通过课程中心实行项目化运作，在一系列机制的保障下，大政策供给，完善制度体系，激发参与企业的积极性，推进深层次的产教融合、校企合作，形成校企育人共同体，推进兼职工作的"专职"化，形成校企共育的"双师"队伍和人才培养，在职称晋升中认定产业导师身份，产业导师纳入学校教师培育范畴，紧密对接产业和企业人才需求，打造教师队伍，提升人才培养质量。

（2）创新产业学院管理运行机制

第一，项目引入机制首先考虑合作企业的资质，比如，有覆盖产业上下游能力的高端产业领军企业。引入真实、可行的企业项目是产业学院的特征指标，产业学院必须有市场真实项目，而不是模拟项目，这是产业学院最有活力的一点。项目必须适合转换为产业学院课程，按照能力、知识、素质三个维度对企业项目进行剖解，将企业项目转化为产业学院课程。

第二，产业学院人事制度要求教师聘任，一是"双师型"教师，要有一支满足教学需要的高素质"双师型"教师队伍。二是教师必须有能力承接企业项目。教师不仅是参与现有的企业实践或教学，而且有能力承接企业项目，这是关键指标。三是实行双导师制度，其中一个是企业导师，负责指导企业项目，按照精品培养学生；另一个是校内导师，承接企业项目，每届带教3—5名学生。企业和校内导师依托企业项目带教学生，不是按照目前的职业学校课堂模式上课。

第三，改变教师绩效评价机制。目前教师考核主要是根据上课学时，而产业学院的教师考核有所区别。一是授课课时数。专业通用模块（整班教学）与专业项目模块（导师带教）相结合。二是企业项目的完成程度。分级实施、不断提高。三是实行企业绩效与教师绩效挂钩，这也是产业学院的一个亮点。配套财务制度，双方投入，设立产教融合基金，避免商业风险问题，利用基金支撑产业学院的发展。

第四，完善教学运行管理制度。产业学院是模块化课程，比如10个课程模块，人才培养方案的组合是N种。教务处需要转换管理思维模式，以人才培养质量为导向，利用人工智能、大数据等新技术、新模式来进行教学文件管理。通用模块进行整班教学，一是企业真实项目，引入技术开发类项目、运营保障类项目、社会培训类项目、技能竞赛类项目四大类企业真实项目；二是转化课程模块，按照知识、能力、素养拆分项目，转化为课程教学模块，形成一个课程转化体系。项目模块进行小班（导师）教学，利用职业院校实训室，实现理实一体化的管理。课程教学评价管理制度的目的是学以致用，而非考试，以解决企业真实问题的项目化为导向。产业学院需要形成一个由基础知识、过程评价、项目评价相结合的评价方式。

（3）构建产业学院督导评价体系

学校在探索现代产业学院建设模式中，构建产业学院督导评价体系，从产业学院体制机制、产业学院资源投入、人才培养模式改革、产学合作成效、人才培养成效五个方面探索、建立一套完整有效的产业学院评价标准体系。加大行业企业岗位标准衔接，鼓励行业企业骨干人员参与职业院校办学，突出教育教学评价，创新人才评价，多维度评价产业学院的建设过程与成效，以培养适应和引领现代产业发展的高素质应用型、复合型、创新型人才。

4. 柔性人才引进制度

制定柔性人才引进制度，引进行业企业领军人才，成立大师工作室，提升师资队伍素质。在现有的教师队伍充实、激励和培养机制的基础上入驻一批拥有绝技绝艺的行业领军人物及能工巧匠，领衔大师工作室开展培训、研修、攻关、交流、产品开发和技术成果转化推广等活动。健全大师工作室运行与管理机制，建立大师工作室准入与退出机制，实行自主运行、目标考核。统筹规划管理各二级学院大师工作室，明确其建设目标、建设标准、主要任务、考核标准等，实行动态管理，定期或不定期检查各大师工作室的建设情况，汇总建设成果，组织交流研讨，充分发挥大师工作室在人才培养、技能传承等方面的作用。

上海电子信息职业技术学院专业教师和企业优秀员工建立上海市职业教育德育工作联盟、建设校企合作创新工作室，通过开展校企研发、学生竞赛、课程开发、师资培训等校企合作项目，共同感受双方职业的特点，共同培育学校高技能人才，逐步提高教师的"双师"素质。如学校与中国航天上海航天技术研究院开展产教融合，校企一体化共育航天特种人才，立德树人成效明显。首先创新育人工作体制机制，统筹推进协同育人。2022年，牵头成立上海市职业教育德育工作联盟。搭建"红色引擎"——顾威（航天大国工匠）工作室等创新平台，共育爱党爱国、爱岗敬业的新时代新工匠，精准培养符合企业需求的高素质高层次技术技能人才。其次对接航天人才成长链，教学过程贯穿航天精神。一是以航天故事、航天英雄为载体，开发特色教学项目、教学案例和校本教材，将航天精神元素渗透在专业课程教学中，培养学生心怀"国之大者"、为国争光的坚定信念。二是建立"质量是1，数量是0"的学习质量评价标准，引入航天工业"生产操作零差错、测试数据零疑问、质量问题零容忍、交付产品零缺陷、顾客零抱怨"的"五零"文化，培养学生科学严谨、质量为上的工作作风。三是创设以"攻坚克难"为主题的系列团队协作项目，包括技术难题创设、生活困境预设等，将学生在项目中的团队协作、攻坚克难的勇气和意志等作为评价学生综合表现的重要指标，培养学生"有困难共同克服，有难题共同解决，有风险共同承担"的航天精神。

案例：产业平台制度建设，效益共享共赢

上海电子信息职业技术学院在探索现代产业学院建设模式中，探索建立了一套完整有效的产业学院评价标准体系。结合《深化新时代教育评价改革总体方案》，从产业学院体制机制、产业学院资源投入、人才培养模式改革、产学合作成效、人才培养成效五个层面构建评价指标体系。加大行业企业岗位标准衔接，鼓励行业企业骨干人员参与职业院校办学，积极打造"双师"教师队伍，突出课程中心导向，创新人才评价，多维度评价产业学院的建设过程与成效，以培养适应和引领现代产业发展的高素质应用型、复合型、创新型人才。具体如下：

（1）校企双方投入，共建教师团队，效益共享共赢。校企双方共建教师团队，共享资源，协同开展重大应用课题研究、技术攻关、产品研发、成果转化、项目孵化等工作，提升企业效益，培养产业需求人才，服务经济社会发展。学院已经为企业输送170多名人才，申安网络安全产业学院的杨彪、许丽婷、魏雪蕊三位老师参加2022年电子信息大类教学能力比赛，荣获二等奖。在教育部科技发展中心公布的"中国高校产学研创新基金—智能机器人项目"立项课题中，何永艳老师的《基于ROS服务机器人的多机阵列协作方法》获批立项。

（2）教学改革和创新。产业学院课程转化中心的项目来源于企业真实项目，通过企业导师和校内项目导师的双导师提炼教学元素，进行课程开发，搭建课程库。根据不同项目的需求组建课程群，学生在双导师的带领下成立项目组，完成项目实施。师生给出教学评价与反馈。通过提供各种真实的案例和场景，让学生面对实际问题，培养学生解决实际问题的能力，培育创新精神和探索精神。同时，让学生更加深入地了解网络安全领域中最新的技术和发展趋势，这对学生未来的研究方向和就业方向有着非常重要的指导作用。

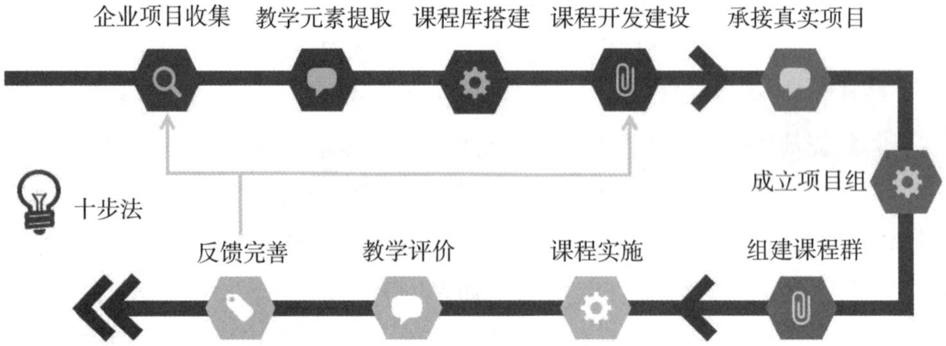

图6-2 "十步法"

到目前为止，课程转化中心课题组积累了大量案例素材资料，在培养人才、课程建设、竞赛、社会服务等方面初见成效。承接项目60余项，师生参与"护网行动""重保"等技术服务工作200多人次，选派优秀学生参与G20、上海市两会、十九大期间及冬奥会期间网络安全保障工作。学生在各类学科竞赛中获省市及国家奖30余项。2022年，申安网络安全产业学院与奇安信科技集团联合编写并出版《1+X网络安全应急响应》教材，牵头开展上海市第三批中高职贯通信息安全技术应用专业教学标准开发。

（3）人才培养。学生就业率、专业对口就业率位于同类高校前列，学生实现高水平就业，优秀毕业生成为行业领军人物、技术骨干和中层管理人员的比例高。在部分就业岗位上试点现代学徒制。2022年5月，应上海市电化教育馆邀请，上海电子信息职业技术学院申安网络安全产业学院精心选拔多名信息安全技术应用专业学生参加由教育部主办的"2022年教育系统网络安全攻防演习"（简称"教育部护网行动"）。参与护网行动的攻击目标单位涉及全国多所大专院校、各省教育行政主管部门下属数据中心。学校和上海第二工业大学、同济大学、东华大学等4所院校师生联合组建5人攻击队。其中，学校2名学生作为攻击队主导。本次教育部护网行动采取事先不通知攻击源、攻击目标和攻击手段不明确的方式，以防攻击、防破坏、防泄密、防重大网络安全故障为重点，对上海市范围内多个指定高校网站和信息系统展开模拟攻击，受到了组织单位的认可与褒扬。

（4）社会效益。一是社会服务，共建服务地方特色产业的技术研发中心、联合实验室等，有效支撑地方产业人才培养，服务地方经济社会发展；二是成果应用，联合开展企业项目攻关、产品技术研发、项目孵化和成果转化等工作，促进科技成果的转化、产业化。

产业学院将紧紧围绕信息化新技术发展、网络安全人才和数字经济新经济引擎人才培养，打造上海市奇安信网络安全运营服务中心、上海市网络安全攻防演习中心、教育部网络安全"1+X"人才培训认证中心、国家级网络安全青少年科普教育基地、网络安全职业教育协同创新中心等，推进网络安全人才与创新基地建设，促进网络安全教育、技术、产业融合发展，强化网信人才队伍建设，促进网信事业加快发展，形成人才培养、技术创新、产业发展的良性生态，为产教深度融合提供新样本。

6.3　外核——"双师型"教师队伍建设动态系统路径

在以党建引领为内核、以能力提升的平台搭建和制度重构为中核的基础上，进一步从思政、共享、能力及质量四个层面挖掘"双师型"教师队伍建设的外核。其中，思政提升是构建"双师型"教师队伍的思想根基，共享机制可以促进经验和理念的交流与分享，能力深化则是提升教师水平的保证，合作双赢是实现知识、资源的共享，以及目标的互利共赢途径，而质量层面则是核实教学成果的标尺，以上形成"双师型"教师队伍建设动态系统路径。

6.3.1　多措并举狠抓教师思想政治能力提升长效机制路径

根据全国教师大会对教师队伍建设的根本任务和要求，结合高职院校自身的特点，探索构建高职院校教师培养的长效机制，形成全面提升高职院校教师德业水平的合力。构建高职院校教师思想政治教育的三级体系，形成组织保障的合力。在学校党委领导下，构建由党委教师工作部牵头、二级学院党总支指导和教师党支部落实的教师思想政治教育的三级体系，抓住课程思政改革契机与载体，为夯实教师思想政治教育工作保驾护航。把握职业教育的发展方向，明确立德树人的根本任务，坚持师德师风第一标准，坚定教育使命与价值追求，聚焦"三教"改革，提升"双师型"教师课程思政教学能力，促进"双师型"教师专业成长。在专业提高计划中，要润物无声地将"思想政治"提升融入其中，打造德技兼备的"四有""双师型"职业教育教师队伍。创新"双师型"教师发展模式，引导教师以高尚的人格魅力和模范的言行举止影响学生。

以上海电子信息职业技术学院为例，为深入加强教师的师德建设，建立了"一三六七"师风师德建设长效机制，以推动教师的师德、师风建设，提高教育教学水平，为学生全面发展提供有力支撑。

"一"是坚持立德树人这一核心。把立德树人的成效作为检验学校一切工作的根本标准，把师风师德作为评价教师队伍素质的第一标准。学校成立了上海电子信息职业技术学院教师思想政治工作委员会，加强全体在校老师的思想建设。除此之外，学校加强了师德师风的教育和考核，学校将师德考核作为教师考核的主要内容，实行师德"一票否决"制度和《上海电子信息职业技术学院教师师德失范行为处理的实施细则》等，约束了教师的行为规范。学校通过挖掘优秀典型，树立师德标杆，加深教师对师德师风的认识和理解，增强师德师风的道德约束力和自我约束能力，并逐步形成人人争当典型、人人学习典型、人人尊重典型的良好氛围。

"三"是坚持高位引领、底线约束与师风师德三基点相结合。高位引领，是指学校领导和部门主管要推进教师师风建设，引导教师们自觉遵守职业规范，提升自身素质。底线约束，则是要求教师必须严格遵守职业道德和教育规范，不能出现任何违规行为。同时，学高为师，身正为范。扎实推进师风师德建设，是新时代对教师队伍建设提出的客观要求。学校通过建立教师思想政治工作体系、实行师德"一票否决"制、"七个一"专项活动载体，具体包括一项调查、一场测试、一项承诺、一场演讲、一次培训、一次评选、一次表彰，推动师风师德建设走深走实，挖掘发现广大教师的闪光点，引领广大教师弘扬师德，见贤思齐。

"六"是抓实六个环节。六个环节，即教育教学、日常工作、文化生活、社会活动、业务学习和考核评价。教育教学环节体现了教师的教育教学水平和教育理念；日常工作环节体现了教师的工作能力和专业素养；文化生活环节体现了教师对文化传承的关注和重视；社会活动环节体现了教师对社会责任的担当；业务学习环节体现了教师对教育事业的专业热爱和追求；考核评价环节既是管理部门的约束，也体现了教师对自身的客观反思和自我提升。只有从这些方面全方位抓实，才能够实现"一三六七"长效机制。

"七"是协同七方力量。建立"一三六七"师风师德建设长效机制，需要七方协同。通过学校主体、教师本体、教师工作部、学校各部门、专家、社会组织、行业协会七方的协同，积极参与教师师德建设，加强沟通协商，搭建共同合作的平台，形成"七方协同"的局面。只有这样，才能够真正实现教育工作者的价值，为学生的成长提供全方位、全周期的培养。

案例：校企双元三共三机制 共育国产大飞机技术技能人才

为主动服务国产大飞机项目，联合培养具有过硬专业素养的飞机制造技术技能人才，上海电子信息职业技术学院与中国商飞上海飞机制造有限公司深入开展校企合作，在多年实习就业合作的基础上，2020年学院与中国商飞上海飞机制造有限公司共建电子电气装配实训平台，2021年为深入推进产教融合课程认定机制，校企双方从校企合作机制、教师队伍提升、课程思政融入教学、教学资源建设、教学质量保证等多个板块深化改革、创新发展。校企双方探索实践了"双元三共三机制"的产教融合路径，创新了校企学分互认的人才培养模式和课程体系，联合培养授权教员，深入挖掘大飞机精神里的思政元素，为国产大飞机制造提供有过硬技术技能和忠诚思想品格的人才。

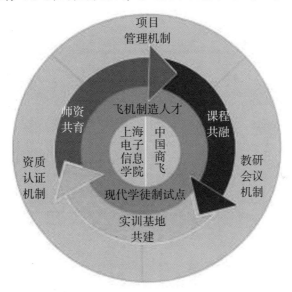

图6-3 双元三共三机制

（1）校企"双元"合作，有效衔接产教双链

校企双方作为人才培养主体，共同探讨飞机制造相关的专业知识、技能和岗位素养的培养需求，共同制定人才培养方案和机制，实现校企"双元"育人，校企双方双向赋能，整合双线育人资源，共建"双导师""双联系人"制度，参与学生培养全过程，同时将专业建设与党建相结合，与课程思政相结合，实现全员育人、全程育人、全方位育人。

（2）"三共"体系打造，精准对接企业需求

①课程共融：引入商飞前置课程，校企共建课程体系

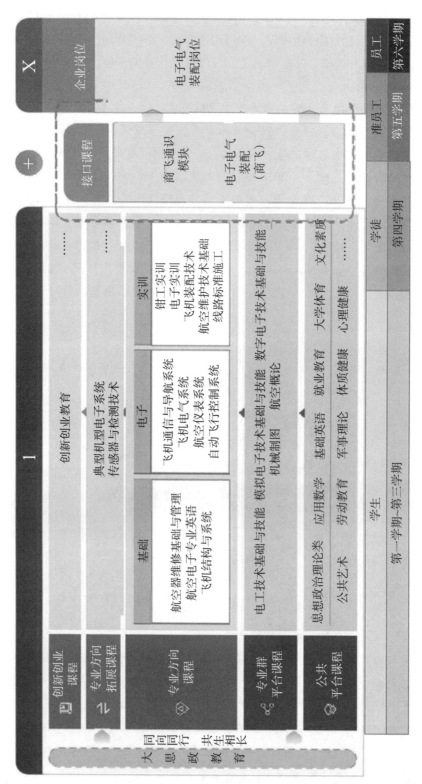

图6-4 行业标准全方位对接教学标准

第四学期组建学徒订单班，将电子电气装配岗位的前置理论及技能模块融入学校课程，课程内容与商飞内部培训内容保持一致。企业教员与学校专业教师通过教学研讨、课程资源建设、教材共同开发等形式保证教学内容的一致性，提升教学规范，使行业标准与教学标准全方位对接，将课程共融落实、做细。

为将大飞机精神里的思政元素融入课堂，校企双方为"大飞机班"学生定制具有商飞文化标志的"大飞机班"班服，将企业理念及核心价值观带入学生的日常学习生活中，厚植"航空强国"精神、四个"长期"精神以及适航意识。

②师资共育：校企携手，打造共享型师资队伍

校企双方联手打造了一支互融互通共享型师资队伍，形成师资共育双向流动机制。2020年至2022年，学校5位专业教师完成了在中国商飞上海飞机制造有限公司为期三个月的校企合作教员现场跟产、教学研讨、课程授权工作，并受聘为上飞公司兼职教员，可为"大飞机班"学生及上飞公司新进员工开展相关前置课程培训。同时，依托人才引进机制，聘请多位商飞"工匠"作为学校特聘教师，开展各类专题报告、联合成立"飞机大师工作室"、为学生开展专业课程教学、参与教学标准制定等。

③实训基地共建：对接企业培训标准，校企共建实训基地

校企双向发力、双向整合，以民航规章制度为标准，共同建设了"航空维护基础（商飞模块）实训室"。2020年11月，校企共同开发的"飞机制造电子电气装配实训平台"正式交付，实现授课内容与飞机装配电子电气装配岗位工作内容的无缝对接，满足商飞企业员工培训要求，凸显共建共享价值。

学校工作小组与商飞共同成立了中国商飞"大飞机班"专项工作专家组，构建了"三机制"——"项目管理机制""教研会议机制"和"资质认证机制"，全面保障人才培养。

项目管理机制：成立由中国商飞上海飞机制造培训中心总监和学院航空系组成的专项工作专家组，承担项目管理以及学员的选拔和培养工作。

教研会议机制：通过定期开展专项教研会议，对标国家、区域、企业发展需求，研讨如何将商飞的技术标准与航空类专业现代学徒制课程体系深度融合。

资质认证机制：包含教员资质认证及学员资质认证，针对教员的授课技巧能力和学员能力证书方面，对学员能力进行认证，增强人才培养的针对性和适应性。

（3）成果成效

①课程思政示范：获得市级课程思政示范课程及团队。学校在主动实施课程思政融合教学改革的过程中，形成了特点鲜明的校企多元合作模式。联合党建置入共同育人，"航空维护技术基础"课程获市级课程思政示范课程，教学团队获课程思政示范团队。

②学生受益：人才质量赢得社会及企业的高度认可。2022年"大飞机订单班"获

上海市第七批学徒制试点立项，近五年"订单班"毕业生就业率达100%，向中国商飞输送近100名学生，人才培养质量得到企业高度认可。学生先后在全国创新创业大赛和各类技能竞赛中获得一、二、三等奖10余项。

③教师受益：提升了教师的综合能力。师资团队中，5人获CCAR-145合格证书，4人获CCAR-147合格证书，6人获中国商飞兼职教员资质认证。获市级教学成果一等奖2项、市级精品课程1门、市教学竞赛一等奖1项。编写校本教材4部，承担市部级科研项目12项。

6.3.2 构筑党建引领的高层次"双师"引进共享机制路径

上海电子信息职业技术学院在现有的教师队伍建设基础上，完善高层次"双师"队伍引进机制。在党委领导下组建人才开发处，开展产教研协同创新团队党支部带头人等高层次人才和柔性人才引进，专门安排经费，出台《高层次人才引进办法》《柔性人才引进办法》等制度，特殊人才引进采用一事一议的办法开展，结合人才队伍"流动性"和"项目化"的特点，实行流动岗和固定岗相结合的用人制度，为产教研团队保持高效竞争力、新人辈出、有序流动提供制度基础。当前适逢职业教育改革和高质量发展的关键期，不少高职院校在双一流院校建设尤其在对接职教本科建设中，积极打造教师发展和人才培养的高地，比如柔性科研创新团队的组建、产教融合的产业学院建设等，都面临着原有的组织、制度、分配等方面的变化，变化中会有人事、利益方面的冲突，打破相关部门政出多门的局面，一体化思考"双师"队伍建设的制度，化解教师团队和利益分配重构中的问题和冲突解决机制，通过思想引领、激励机制认同、改革成效和先进教师典型等打破组织壁垒和解决思想问题等，确保人、财、物等保障部门高效的服务机制。学校党委要每年至少研究一次教师队伍建设工作，各二级学院党政"一把手"要亲自抓教师队伍建设与规划。学校组织人事、教务、科研、财务等职能部门通力合作，形成共同推进师资队伍建设的强大合力。

作为"双师型"教师的聘用主体和职后培训、激励的管理主体，学校是国家制度和政策的具体实施者，必须在"双师型"教师的管理层面进行创新，同时给予有效聘用、培训和激励等方面的保障支持。首先，高职院校成立"双师型"教师认定和评价组织。主要负责"双师型"教师的认定、考核评价等工作，为学校"双师型"教师管理的最高权力组织。其次，应制定"双师型"教师管理的实施细则。对认定为"双师型"教师的岗位职责、继续培训、考核和激励等进行详细的规定，实现学校层面的"双师型"教师队伍建设有章可循。再次，学校将"双师型"教师队伍建设的要求和结果运用贯穿到教师职业发展的全周期。一是把好入口关。建议入职三年内必须达到"双师型"教师要求。二是强化继续培训。鉴于"双师型"教师建设的动态性和适应性，应根据专业特点实施继续培训，并严格过程考核和结果评价。三是落实结果运用。将"双师型"教师标准纳入岗位聘用、职称评聘、年度考核、聘期考核、职级晋升等多个方面。最后，学校的配套政策应该向"双师型"教师倾斜。除了前述结果运用外，在绩效分配、评先评优等方面向"双师型"教师倾斜，奖惩结合，激发教师的积极性。

党组织要贯彻落实党的路线方针政策，做好思想政治工作，充分发挥政治功能、组织功能、服务功能。更要借助质量管理平台实现动态管理，不断发现解决新的机制运行中的问题，打破消除团队重构中的壁垒，化解协同创新中的困难和问题，成为师生心灵最信赖的组织依靠，去唤醒党员内在的价值与渴望，激发出源源不断的内在驱动力、内在精神支柱，影响和激励每一位教师，共同参与产教研协同创新项目，通过协同创新团队的工作开展，不断思考提升，从而获得专业成长和自主发展。发挥激发内在动力的"基本功"，促进提升能力，激发活力的"主业务"，形成以工作目标、资源保障、过程管理、运行机制、质量监控等为核心的质量保障机制和质量文化。

6.3.3　建构数字化背景下"双师型"教师素养能力深化的多元路径

在数字化背景下，"双师型"教师作为适应时代发展的要求，需要具备全新的素养和能力。为了实现"双师型"教师素养能力的深化，需要探索多元路径。在数字化环境中，教师可以利用先进的技术工具和数字化资源，开展在线教学、个性化辅导、自主学习等多样化的教学模式，从而提高自身的信息技术素养、教学设计与管理能力，进一步拓展教学方法与手段，不断提升教学理论水平、学科教学知识储备和教育创新思维，以适应数字化背景下教育变革的需求。

1. 搭建"双师型"教师素养能力深化框架

学校党委引领研究出台教师分类评价考核办法、"双师"队伍建设标准等，支部发挥政治把关作用、参与院系重要事项决策的制度安排，出台二级学院分类评价考核办法、党支部书记遴选办法，产教研创新团队人员遴选和激励办法，研究落实"双带头人"教师岗位津贴、工作量核算、职务职级"双线"晋升等政策的实施措施，构筑专门的目标任务和考核评价体系，制定专门的产教研成果认定和考核办法，纳入党支部评价考核中。把教师党支部活动所需经费列入年度党建经费预算，采用动态收入分配制度、变革科研考核制度等开展人才引进，鼓励教师的科研创新活动。强化资源支持，学校要优先保障师资队伍建设的经费投入，建立教师培训经费保障长效机制，确保教师培训经费以及为各级各类人才培养提供的经费支持落实到位。

构建"双师"教师个体成长框架。适应新形势，围绕"双师型"教师培养目标和新需求，从师德师风、教育教学、科研能力、社会服务等方面对"双师型"教师应具备的能力、知识、素质等要求进行系统研究和界定设置，明确"双师"教师个体成长框架，形成专兼结合的"双师型"教师梯队结构。高职院校各专业群基本形成校内以党建带头人、学术带头人为"双带头人"，校外以行业专业领域专家作为学术带头人的专兼结合教师梯队结构。各专业形成"双带头人"、骨干教师、青年教师的梯队结构，公共基础课、专业基础课形成"双带头人"、骨干教师、青年教师的梯队结构。

打造"双师型"教师职业发展路径。"双师型"教师队伍建设不是简单的"双证"教师的平铺和积累，而是整体队伍的"金字塔"建设。因此从"双师型"教师个体成长框架五个方面的深度入手，将教师职业发展路径设为青年教师、骨干教师、"双带头人"三个阶段（见表6-6），依据学校发展和改革目标及要求，围绕提升教师"双师"能力，针对不同类型的教师及其现状，设计相应的培养目标、内容、途径、要求、结果考核等，构建适合不同职业生涯周期的教师个体的个性化"双师"职业发展路径。

表6-6　上海电子信息职业技术学院"双带头人"职业发展路径

职业发展路径	青年教师	骨干教师	双带头人
党内职务	党员	基层党务工作者	党支部书记
专业技术职务	助教	讲师及以上	副高及以上
教育教学	教学技能和经验一般	①教学经验逐渐丰富，承担专业课程的教学任务②院级教学名师参与人④创新团队参与人⑤院级精品课程	①教学经验丰富，承担专业核心课程教学任务②国家级教学名师③教学成果奖主持人④创新团队负责人⑤市级精品课程
专业技能	①四级职业资格②1—3年企业实践经历	①三级以上职业资格②3—5年企业实践经历，实践能力较强	①二级以上职业资格②5年以上的企业实践经历，具有丰富的实践能力
科研能力	学术地位不高，未形成稳定的研究方向	积极发展自身的专业性，探索出自身的学术方向	具有广博的专业，科研能力较强，学术地位确立
社会服务	①技术培训②技术服务到款项③西部支持	①技术培训②技术服务到款项③西部支持	①技术培训②技术服务到款项③西部支持

不断健全"双师型"教师评定及管理制度，完善相关政策，明确"双师型"教师与"非双师型"教师在待遇上的差异，增加"双师型"教师激励政策，包括工资待遇、评优、评先以及晋升等，以效率优先、兼顾公平为原则，肯定"双师型"教师的付出，在评先评优方面向"双师型"教师倾斜，体现"多劳多得"的评价思想，构建分层与分类

相结合的激励体系。根据"双师型"教师队伍中的职位与成长阶段的不同,分别制定不同的考核要点,注重工作时效与工作实效并重、物质激励与精神鼓舞并重,突出教师队伍的梯队培养效果。依托重大平台,培养"双师"教师实施重大任务的技术和社会服务能力。随着中央到地方对职业教育重视程度的加大和各项配套举措的逐步落地,各级各类平台和机遇开始向职业教育倾斜,各类评选和项目申报开始对职业教育单列。遵循职业教育的规律与特点,紧跟行业科技发展趋势,以高水平科研团队、高质量科研平台建设整合学校教师资源和力量,与企业共建科研平台和团队,将行业企业资源转为教学及科研资源,提升社会服务能力。

搭建"双师型"教师自我展示与竞技的平台,通过借鉴学习提升"双师型"教师的综合素养。鉴于目前专门针对"双师型"教师综合素养的比赛、评选等平台还比较少,从国家到省(市)级层面设立"双师型"教师技能大擂台,引导各高职院校全面动员、层层选拔,既是对"双师型"教师综合素养的全面提升,又可以彰显"双师型"教师的综合技能,为"双师型"教师高水平建设遴选种子选手。高职院校深入探讨制订教师培养方案,构筑在实践课程体系由浅入深,分级递进式培养教师的应用能力与职业素质,促使思维能力、实操能力、职业素质的提升,向"双师型"教师转型。通过组织学术交流、培训、科研、企业交流与实践等活动,实现资源共享,推动高校教师教学能力、科研能力、学术能力、国际化视野的发展和进步。开展校企合作"双师型"队伍建设现状、问题和对策研究,提升教师的职业精神、实践能力、科研能力和创新能力。统筹教师研修、职业发展咨询、教育教学指导、学术发展、学习资源等信息共享平台,推动高校教师的职业化发展。将行业、企业、国际以及国内的新知识、新技术和优秀企业文化、实践引入校园,有力促进教师专业素质能力的提升。

2. 数字技术深度融合

2020年9月,联合国教科文组织发布了《教育数字化转型:学校联通,学生赋能》,关注教育的数字化连通。2020年,欧盟发布了《数字教育行动计划(2021—2027年)》,中国陆续出台《中国教育现代化2035规划》《新一代人工智能发展规划》《高等学校人工智能创新行动计划》《教育信息化2.0行动计划》《5G应用"扬帆"行动计划(2021—2023年)》,提出智慧课堂、全息教学、校园安防、教育管理、学生综合评价等,2021年7月,教育部等六部门通过《关于推进教育新型基础设施建设构建高质量教育支撑体系的指导意见》阐述教育新型基础设施,聚焦信息网络、平台体系、数字资源、智慧校园、创新应用、可信安全,2022年,全国教育工作会议明确提出"实施教育数字化战略行动",职业院校针对"双师"教师的数字化能力要求,构筑适合教师发展的数字素养能力提升体系。首先,重视提升教师的数字化教学能力是推动教育数字化、实现新技术背景下学习环境与方式的变革的关键。其次，学校和教师都对数字化教学能力提升有着强烈的诉求，但现实教学中常常出现两大误区，一是为了使用数字技术而使用技术，二是盲目追求新技术或过度依赖技术。教师数字化素养的核心不仅是技术应用，更是信息技术支持下的教学模式重构与"再设计"。此外，还需要专业教师将新的数字技术对产业升级的改造融入教育教学中。

目前职业教育的课程更新开发，主要有两种方式。一种是延续原来的课程，进行更新改造。因为老师开发课程要组团队、收集资料，还要跟企业共同探讨哪些资料和技术可以放进课程中，所以这个过程相对较慢。第二种方式是直接购买教育公司的一些资源和服务，在此基础上进行课程更新。这两种模式都有其优势，当然也有其不足。相对而言，课程开发周期、成本和更新率可能还不能满足产业发展的需求。现在学校正在探索利用数字技术，主要是用AI技术，开发职业教育教学的课程，希望从课程生产开始，到课程资源建设，再到后期课程实施，全面推动职业教育课程开发的变革。建立课程转化中心，就要和一些企业开展合作，购买其真实的项目资源和数据。以前是直接购买企业开发完成的课程包，而未来是购买生产型企业的真实项目数据，按照课程开发的传统范式训练AI模型，产出课程大纲、课程要点和微课程模块，从而形成快速迭代的数字化课程资源。这是数字化转型过程中，职业教育最有价值和最有意义的地方，如果这一点能打通，职业教育数字化转型应该是找到了"命脉"所在。

数字化建设是治理模式、教学形态、服务理念的重塑，在理念上重视的同时，也要在政策与投入中给予倾斜和保障，在教师培养中采用设计性学习的研修模式支持教师探索数字技术支持下的教学模式重构与再设计，通过"观摩—体验—设计—反思—实践"的连续而系统的过程，帮助教师真正实现数字技术与教学的融合，理论知识与实践知识的相互转化，促进教师数字化教学能力的螺旋上升。

数字化背景下，对教师的具体要求如表6-7所示。

表6-7　数字化背景下对教师的具体要求

专业结构	专业认证	专业发展	重点内容
专业知识	学会教学 学会育人	专业技术知识 教育教学知识 国际视野 ……	1.结合现代信息技术的发展,科学预测并深入了解所在区域的经济发展情况、相关行业现状趋势与人才需求、世界技术技能前沿水平等基本情况; 2.了解职业院校学生的认知特征、学习基础、学习特点; 3.具有适应教育现代化的信息技术知识,能针对不同类型的学生给予相应的学习支持与关注

专业结构	专业认证	专业发展	重点内容
专业能力	学会教学 学会育人	专业技术能力 专业实践能力 教学能力 班级管理能力 综合育人能力 职业指导能力	1. 运用信息化教学手段实施教学与实训,具有模块化教学设计实施能力、课程标准开发能力、教学评价能力; 2. 学习专业领域先进技术,促进关键技能改进创新,提升实习实训指导能力和技术技能,积累创新能力; 3. 开展教学过程监测、学情分析、学业水平诊断和学习资源供给; 4. 动态监测与科学育人结合
反思意识	学会发展	交流合作 反思研究 融合创新能力 ……	1. 合理运用信息技术不断反思和改进教育教学工作; 2. 针对教育教学工作中的现实需要与问题,组成线上线下学习共同体进行探索和研究; 3. 校企人员双向互动,立足行业企业,开展科学研究,服务企业技术升级和产品研发新动态
自身专业发展需要和意识	践行师德 学会发展	师德规范教育 情怀工匠精神 自主学习 ……	1. 立德树人; 2. 把工匠精神融入教师个人的职业理念、职业态度、职业技能和职业责任之中; 3. 遵循职业教育规律、技术技能人才成长规律和学生身心发展规律,尊重技能人才差异,重视学生的全面发展; 4. 认同职业学校教师的专业性和独特性,主动学习,不断更新自身知识结构

在数字经济时代教师的数字化素养培训方面,参照《数字经济及其核心产业统计分类(2021)》,对接"数字化解决方案设计师"等职业需求,围绕数字化人才培养,推动高职院校教师数字化素养提升,通过校企合作或者企业的教师实践基地对教师进行培训,或者参加企业的产教融合基地的"RPA+AI"技能研修班,采用案例式教学。前沿RPA技术与专业深度融合,以实际应用项目为支撑通过讲解企业级案例,真正让学员把所学内容和工作实际有效结合,更好地进行教育教学工作。组建专家级团队,邀请企业专家团队结合所参与的企业实际应用进行专业授课,结合企业提供的高水平应用实训平台,培训期间机器人助教全程辅助教学,课程设有答疑交流讨论群,每天提供12小时的实时在线答疑辅导,并进行答疑文档汇总,帮助学员更好地总结学习,同时帮助参加培训的教师考取企业认可的RPA实施开发工程师证书。

企业联合高职院校组建产教融合基地,针对市场急需的RPA咨询分析师、RPA开发工程师,围绕专业人才培养需求,分析产业人才标准、制订教师培训培养方案。依托RPA实施企业、客户企业,共同推进课程建设、开展实践基地建设、推进技能竞赛、构建科创中心,开展基于产业人才标准与学习者数字画像的产业人才测评和职业能力认证,帮助教师获取相关"1+X"证书,提升教师的数字化素养。

除了提升"双师型"教师数字综合素养外，还需要创建"双师型"教师的国际品牌。首先，要明确"双师型"教师国际品牌的中国特色。"双师型"教师必须以新时代"四有"好老师为标准，努力当好"四个引路人"，以"为党育人、为国育才"为己任。其次，不断拓展"双师型"交流平台，为"双师型"教师国际品牌的创建提供舞台和资源，通过请进来和走出去，拓展"双师型"教师的国际化视野，提升"双师型"教师的国际化应对能力。最后，鼓励"双师型"教师积极参与国际标准的起草，通过指导学生在世界技能大赛等国际性赛事中争取优异成绩。

6.3.4 完善校企合作双赢的"双师"队伍建设路径

产教融合、校企合作是职业教育最鲜明的类型教育特征。要打造高水平"双师"队伍，光靠学校培养是难以完成的，必须通过校企深度合作联合培养。企业拥有学校所没有的人才培养资源，《国家职业教育改革实施方案》要求企业"利用资本、技术、知识、设施、设备和管理等要素参与校企合作，促进人力资源开发"。教育部、财政部下发的《关于实施中国特色高水平高职学校和专业建设计划的意见》要求"校企共同研制科学规范、国际可借鉴的人才培养方案和课程标准，将新技术、新工艺、新规范等产业先进元素纳入教学标准和教学内容，建设开放共享的专业群课程教学资源和实践教学基地"。

1. 明确高职院校"双师型"教师队伍建设的主体

优化完善高职院校"双师型"教师队伍的运行机制，首先需要明确高职院校"双师型"教师队伍建设的主体。鉴于高职院校"双师型"教师队伍建设的系统性和协同性特征，高职院校"双师型"教师队伍建设的主体至少应包括政府部门、高职院校和行业企业三个方面。政府部门包括国家和地方各级职能机构，旨在从顶层设计进行制度创新和政策引导；学校层面主要指各高职院校，旨在对接政府层面的制度和政策，在具体落实上进行管理创新并给予全方位的保障；企业层面既包括各类企业主体，也包括各类行业协会等其他社会组织，在转变和创新理念的同时，多措并举地为"双师型"教师队伍建设提供各种支撑。高职院校"双师型"教师队伍建设主体与相互关系如图6-5所示。

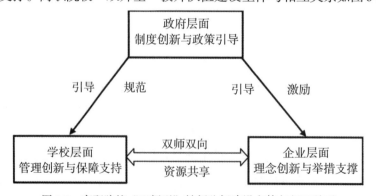

图6-5 高职院校"双师型"教师队伍建设主体与相互关系

高职院校将"校企合作"作为政策攻坚的核心。职业教育与产业链发展紧密结合，深知行业前景、技术、风险、关键，也深知企业发展的需求、规模、节奏和周期，才能培养出更有质量的技术人才，提高职业教育的质量和效率。"双师型"政策未来的实施重点在于调整校企合作的结构和机制，结构上加大企业兼职教师的支持力度，机制上建立校企人员双向流动、相互兼职的常态运行机制。

图6-4 校企合作路径

开展"引智"和"培技"充实"双师"队伍。一方面"引智"，打破企业教师发展通道的壁垒，确定"不同系列、同级职称视同"的职称晋升原则，为高水平企业教师的引进提供条件，壮大职业院校产业导师队伍。另一方面"培技"，提高教师在企业实践的"实效"，采取"顶岗实习"的实践形式、企业专家技能考核的评价方法、基于实践设计课程的应用路径，切实提高教师的实践教学能力，要与企业技术人员和能工巧匠们深入合作，善于发现和提炼出与专业建设的合作点，共同开发专业课程，创新人才培养模式，懂企业懂专业，善科研能服务。

2. 发挥基地作用，实施教师企业实践项目

针对国家培训基地项目宣传动员不足，利用假期培训教师积极性不高的问题，加强宣传和激励机制的建设，在优化国家—上海市级培训基地项目运行机制的同时，认真分析现有基地运行成效，在开展需求调研、投入机制、运行机制、评估机制分析的基础上，优化完善校级教师企业实践项目的实施，改变自定和二级学院任务结合、松散、预期成效达成度不够高的校级层面教师企业实践中存在的问题，把教师的实践技能置于首位，强化教师技能培训。学校要求每个二级学院根据专业建设和教师发展的需求，制订教师企业实践计划，对专业教师，明确要求每五年至少需参加累计六个月的企业实践。对于参加企业实践考核合格者，学院视同完成教师工作量，正常发放国家工资、岗位津贴和月度奖金，以资鼓励。此外，还要求二级学院为每一位新进教师制订详细的"双师"素质培养计划，并明确要求除指定具有丰富教学经验的老教师对其进行"传、帮、带"外，必须在进校后的第一学年内完成一学期的校内实训基地实习，经考核合格后才能承担教学任务，五年内还必须完成为期6个月的企业实践。基础课教师"双师"能力提升也有社会实践与社会服务的要求和激励机制，参照实施。

3. 加大产教科协同培养平台

第一个平台是面向学生的实训开放室，也是实训的教学平台；第二个平台是面向研发的工程研究平台；第三个平台是面向社会服务的开放性的产教融合实训平台，学校可以通过培训开展一些社会服务；第四个平台是国际交流平台，在校内成立了面向国际组织和"一带一路"沿线国家的一些产教融合交流平台。

加大产教科融合，搭建产教科协同的"双师型"教师区域培养平台，增加区域成员单位在"双师型"教师培养的参与度和积极性，有效加强产教科融合和教师"双师"能力的培养。高职院校落实长三角一体化发展战略，发挥区域内引领示范优势，打造高水平"双师"队伍，逐渐形成学校独有的特色和品牌。高水平"双师"队伍要从学校和专业群两个层面进行协同建设。

一是要培养行业有权威、国际有影响、能引领专业群发展的专业群"带头人"。学校要按产业发展逻辑和专业内在逻辑科学组建专业群。专业群"带头人"既要熟悉产业发展形态，掌握产业技术发展态势，又要有较高的专业造诣，具备整合专业群发展所需要的校内外教学资源的能力。专业群"带头人"可以在具有较大发展潜力的专业"带头人"中选拔，也可以从行业和产业领域引进。

二是要建设一支教学能力强，能改进产品工艺和企业技术难题的专业群骨干教师队伍。专业群内骨干教师可以通过课程组和项目组的形式进行培养，课程组成员共同研讨课程标准、共同确定教学内容、共同开发教学资源、合作实施课程教学，提高课程的含金量；围绕产品开发、工艺改进、解决企业生产、管理等技术问题组建项目组，共同探讨研究，提出解决方案，提高骨干教师解决生产生活实际问题的技术能力。项目组研究成果可以转化为课程教学内容，推进教学过程与企业生产过程的对接，提高学生的职业能力。

三是培养具有绝技绝艺绝活的技术技能大师。高职学校强化技术技能平台建设，要联合人力资源和社会保障部、总工会等部门共同建设具有产品研发、工艺开发、技术推广、技艺传承、大师培育等功能的技术技能积累平台，建设传承绝技绝艺绝活的技能大师工作室，创新技术技能平台和大师培养机制，培养一批品德高尚、技艺精湛的技术技能大师。

四是要建设高水平的兼职教师队伍。高职学校目前存在兼职教师数量不足、质量不高等问题，技艺精湛、技术水平高的企业兼职教师到学校授课、带徒的比例偏低。打造高水平"双师"队伍必须提高高水平兼职教师的数量和质量。高职学校要通过搭建产教融合平台、深化与行业领先企业合作、创新激励机制等措施，聘请行业企业高水平兼职教师到学校授课、带徒，传授技术技能，提高兼职教师队伍的建设质量。高职学校要打破以往重兼职教师数量、忽视兼职教师作用发挥的做法，把兼职教师授课、带徒的质量作为衡量兼职教师队伍建设成效的主要标志，提高企业兼职教师队伍的水平。

案例：聚焦合作，打造学校"双师"社会服务品牌

上海电子职业信息技术学院形成了特色鲜明的"424"产教融合战略体系。第一个"4"，为面向4个方向发力，即面向长三角县级市和临港新片区、面向行业协会、面向龙头企业、面向世界技能组织，有针对性地开展各具特色的产教融合、校企合作。"2"为产教融合的两个重点内容，一个重点是对内推进行业最新技术标准转化为教育教学标准，另一个重点是对外为产业企业转型升级提供智力支撑和人才保障。第二个"4"，为产教融合的4个重要载体，即产教融合基地、产业学院、科创园区、世界技能大赛学院。通过搭建产学研融合平台、产科教综合体，以项目为纽带，以专业"带头人"为中心，打造"双线并行、转换高效、层级分明、协作创新、充满活力"的教师团队。

作为一所以电子信息和先进制造大类专业见长的工科类高职院校，学校遵循职业教育的规律与特点，紧跟行业科技发展趋势，以高水平科研团队、高质量科研平台建设整合学校教师资源和力量，与企业共建科研平台，将行业企业资源转为教学及科研资源，有力推动了学校与区域产业的高质量一体化互动式发展，为国家和上海经济社会的发展提供技术创新服务，以有组织的科研活动提升学校科研整体水平，打造学校科技和社会服务品牌。

一是依托重大平台，实施重大任务。

紧跟相关行业数字化、信息化、网络化发展趋势，探索新一代信息技术与传统电子信息、机械制造等行业发展的深度融合，围绕高端装备制造、半导体探测材料与器件、人工智能等领域重点打造四大工程技术研究中心（见图6-7，红线框内为重点建设科研机构，第一个机构为上海市级科研平台），形成数字设计技术、精密加工技术、智能控制技术、工业互联集成技术、光电子材料与器件、高端装备可靠性及检测等多个重点研究方向。其中，依托机电装备部件智造绿色表面处理工程技术研究中心建立的机电装备表面绿色智造专业技术服务平台被上海市科委列入2022年度24家市级专业技术服务平台之一，上海电子信息职业技术学院成为入围的五所高校中唯一的高职院校。依托工程技术研究中心，学校积极与企业开展合作研究、承接企业技术服务项目，围绕企业需求开展应用型科研。

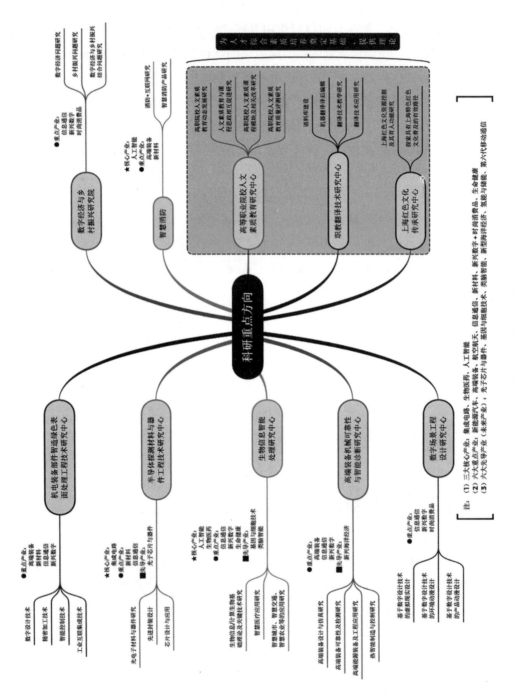

图6-7 上海电子信息职业技术学院科研重点方向

二是组织重大团队，解决重大问题。

以重大攻关任务为指引，以科技领军人才为核心，充分运用科研平台各项资源，为企业解决重大问题，提升学校技术服务能力。

学校机电装备部件智造绿色表面处理工程技术研究中心程道来教授领衔的上海水泵制造有限公司专家工作站驻扎生产一线，垂直输出团队的技术、成果、服务，极大地提高了生产质量与效率，增强了企业自主创新能力和核心竞争力，该工作站被上海市科协列入2022年度第二批19家市级院士（专家）工作站之一。

孙丽兵教授团队与上海特来电新能源有限公司联合申报的《智慧增益型一体化绿色充电平台》项目成功获批2022年上海市文化创意产业发展财政扶持资金180万元，该项目聚焦新能源汽车充电行业，通过太阳能光伏、储能、能量管理、G2V/V2G（车网双向充电）、多维信息物联等技术的创新和融合应用，助力新能源汽车充电实现数字赋能，开发智慧增益型绿色充电平台并进行示范和产业化。该项目的成功实施为高职院校在新能源应用研究领域绽放光彩奠定了基础，并实现了学校与企业科研课题同步发掘、科技水平同步进展、科研利益捆绑生长。基于学校重点科研方向及重大科技项目，跨学科、跨专业（群）、跨系部、跨院校、跨行业组建科研创新团队，打造学校技术服务品牌。2021—2022年，学校共组织服务区域中小企业200余家，开展科技类项目274项，帮助企业实施生产线改造、新产品开发和试制、新技术推广、知识产权申报和科技成果转化等，立项金额达到28520.3万元；学校在江苏省启东市和泰兴市分别设置了长三角技术服务工作站，面向温州市成立了上海电子信息职业技术学院数智技术服务工作站。学校两个科研平台获得上海市级科研平台立项，三项科技成果获得行业科技进步奖。

三是联合行业企业，促进产教融合。

2022年，学院牵头成立长三角职业教育产科教创新联盟，搭建产教融合平台，举办产业技术研讨会，发扬长三角教育资源和产业资源优势，培养高素质技术技能人才、推动中小企业技术革新、加速科技成果转移转化，打造长三角教育链、人才链与产业链、创新链有效衔接机制，落实长三角一体化发展战略。现有职业院校、行业协会、研究院所，以及政府、园区、龙头企业等成员单位47家。

与上海市物联网行业协会共建数字化转型科创园。承接上海市物联网行业协会委托开发项目两项，累计到款500余万元，组织职业等级培训和鉴定2000余人。学校通过与行业协会合作，已经走在引领科学技术向行业领域、职业培训领域规模化应用的最前沿。

组建上海闵行经济技术开发区产教联合体。联合闵行开发区、闵行区江川街道、闵行产业园区组建成立上海市市域产教联合体，共同围绕城市数字化转型领域的人才、技术等的需要，建设长三角数字技术人才港。

搭建产教融合平台，广布三省一市。与安徽省广德市签署产学研合作协议；与浙江省温州（嘉定、松江）科技创新园签署战略合作协议；与江苏省启东市教育体育局合作成立启东市职业教育实践基地。举办启东市职教系统中层干部管理能力提升培训班以及专题培训讲座；在启东市和泰兴市分别设置了长三角技术服务工作站，完成启东科创中心整体设计和建设方案研制，多项科技成果受邀参加长三角地区科技成果展示。

开展技术研讨，助力打造长三角地区标杆型新技术应用高地。举办机电装备关键部件绿色智造技术研讨会，汇集智能制造、材料工程、表面处理领域的专家学者，以老带新，行业大咖引领青年博士同台论道，为绿色智造产业发展出谋划策，推动长三角地区机电装备关键部件绿色智造领域的技术讨论、学术交流、技术创新和产业发展。

建立企业工程项目，引领产业学院实践体系。学院依托奇安信等龙头企业的网络和信息安全产业服务平台，以服务上海网络安全与密码产业发展、提升上海市智慧城市的创新能力和核心竞争力为宗旨，以培养信息化新治理干部、网络安全人才和数字经济新经济引擎人才为目标，深化产教融合，全面推行政校行企协同育人，校企共建实践实习基地、共建"双师型"师资队伍，探索实施企业真实项目化教学。建成"1校+N企"产业学院，构架课程转化中心，在与企业的深度合作中，把产业理念、产业技术、产业文化、产业力量引入到教育教学活动中来，让这些产业元素参与到技术技能人才培养的整个育人过程中来。以产业学院良好运行为新的突破口，形成校企双方长期投入和利益共享机制。

6.3.5 构筑"双师"队伍建设的质量保障机制路径

构筑"双师"教师"事前建标—事中监控—事后改进"的质量体系运行机制，做到事前设计好能力提升目标、教师发展标准和计划，建立教师个体发展标准和教师团队发展标准，融入符合学校办学特色的诊断标准的常态化、网络化、全覆盖、全融合的质量数据监测与分析平台，对照建设目标和标准，依据数据平台反映的实际状况指标，分析师资队伍建设和教师发展存在的问题，并提出诊改意见和建议。改进教师教育教学能力提升计划和职业生涯发展规划，促进教师在教学规范、教学水平、专业建设、课程建设、教学科研和技术服务等方面的能力提升。及时分析、促进能力提升，确保质量保障与改进工作有序开展。

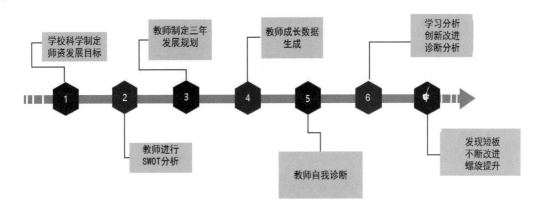

图6-8 "双师"全周期质量控制体系

打造一支师德高尚、数量足够、结构合理、业务精湛、充满活力的高水平"双师型"教师队伍是高职院校教师队伍建设的创新和特色，高职院校以党建为引领，全面贯彻党对高校的领导，课程思政驱动，产业与校园文化融合，构建产教研协同创新的良性生态系统，思想凝聚，规范管理，创新机制，形成文化，不断提升教师内驱力和行动力，促进教师"双师"素养能力的不断提升和职业发展，形成高水平"双师"队伍，以一流党建引领一流高职院校，培养一流人才。"双师型"教师队伍建设是一个长期、连续的动态系统工程，要从高职院校的实际出发，结合地方及区域经济社会发展情况，不断探索"双师型"教师队伍建设新的途径和模式，加快高素质专业化教师队伍的建设，促进学校内涵发展，提升核心竞争力，推动高等职业教育科学发展。

案例：构建符合高等职业教育特点的教师评价模式

上海电子信息职业技术学院教师队伍建设成效总结案例《构建符合高等职业教育特点的教师评价模式》入选"2022年度上海市教育评价改革优秀案例"，这是基于上海市委、市政府根据中共中央、国务院颁布的《深化新时代教育评价改革总体方案》精神和《上海市深化新时代教育评价改革实施方案》部署，组织全市各级各类学校和教育部门积极开展教育评价改革实践探索，并不断取得新进展。全市42个案例成功入选"2022年度上海市教育评价改革优秀案例"。学院深入贯彻落实《深化新时代教育评价改革总体方案》精神，构建多元发展的人才服务评价机制，激发师资队伍内生动力，助力人才脱颖而出，打造一流师资，构筑职教人才培养高地。

一是进行顶层设计，创新人才评价理念。高职院校教师是高素质、高级技术技能人才资源生产再生产的母体性智力资源，上海电子信息职业技术学院按照全面贯彻党的教育方针，坚持把立德树人成效作为根本标准，把思想政治工作贯穿教育教学的全过程，同时高职教师是高等和职业的复合，也有"双师型"教师的特殊专业素质要求，具备丰富的职业领域知识，还要有适应产业和职业发展的自我更新能力和产教研协同创新能力。学校积极改革引人用人评价，建立科学有效的教师多元评价机制。建立和完善教学质量评价体系和考核制度，适应职业教育的类型化发展，进行顶层设计。

二是明确师德评价首要标准，推进践行育人使命。学校始终将师德师风作为人才评价的首要内容，制定实施《教师思想政治学习制度》《新时代高校教师职业行为十项准则》《师德失范行为处理的实施细则》等文件，通过开展常态化的师德师风建设活动，健全师德师风考核及监督管理机制，在职称评聘、岗位聘用、评先评优、年度考核、聘期考核中实施师德师风失范一票否决，实现师德师风建设常态化、制度化、规范化。

三是多措并举，扎实推进人才评价和队伍建设。

①改革引进教师选人标准"一刀切"的做法。

不以学历、文凭作为考察引进人才的唯一标准，根据高职自身实际，对于引进的高层次人才重点考察教育教学标志性成果、应用性研究成果转化推广能力、社会培训等技术服务贡献等。学校畅通行业企业高层次技术技能人才从教渠道，大力引进企业工程技术人员，并给予教师系列相同的津贴和科研启动经费等支持，一年来共引进专任教师100多人，其中来自企业的教师占比35%。引进奉贤区木雕传承人——上海非物质文化遗产传承人建立大师工作室。对于特殊高技能人才放宽学历要求。例如，全国技能竞赛中获奖的优秀学生李铭留校任教，并为其解决编制问题，2021年获得"全国技术能手"称号。

②深化职称评审制度改革。

做好教师职称评审改革顶层设计，通过制度体系、评价标准、评价机制等多方面改革调动教师的积极性和创造性，激发教师的活力和动力。《初聘高校系列中、高级专业技术职务暂行办法（修订）》制度中职称评审不再"唯论文"，而是关注应用技术研发、科技成果转化、产教研成果等。将教师企业实践经历担任专业指导教师纳入职称评审体系。同时，在以职称为主的薪酬体系基础上辅以动态的聘期制的人才梯队建设激励机制。

③深化"双师型"教师队伍改革。

制定"双师型"教师认定、考核、聘用标准。将具备高校教师资格证书并同时具备各类专业实践能力条件的专任教师认定为"双师型"教师，其结果与职称评审、岗位聘任、评先评优关联运用。落实专业教师全员企业实践制度，遴选中国商飞等10余家行业龙头企业作为"双师型"教师企业实践基地，落实专业教师5年内至少6个月在企业实践的全员轮训制度。企业实践基地技术骨干、项目主管等担任导师，采取"师带徒"

方式，指导专业教师技术技能提升。同时，专业教师与企业联合开展横向科研和技术攻关，形成校企联合开展师资培养、联合开展攻关、共同取得成果的良好局面。

④建设高水平兼职教师队伍。

出台《兼职教师聘用与管理办法》，优选企业技术和管理骨干到学校任教，同时完善兼职教师聘任标准、考核办法，强化兼职教师管理，形成开放多元、结构合理、规范稳定的兼职教师队伍。推进专业（群）双带头人计划，通过柔性引进各类大师名匠、教授专家等高端人才。《制度创新多措并举打造德业兼备的"双师型"师资队伍》2019年入选全国职业院校"双师型"教师队伍建设典型案例。

⑤打造多元立体化全员支撑和评价体系。

学校根据教师专业成长的特点，系统打造包括各类研训在内的多元立体化全员支撑和评价体系，构筑教师专业成长绿色通道。通过推进"骨干教师""专业带头人""高技能人才""优秀高层次人才"等各类人才支持计划，为不同发展阶段、不同特点的人才提供支持和发展平台，激发教师学习成长的内生动力。

第七章 高职院校"双师型"教师队伍建设的调研
——以上海电子信息职业技术学院为例

上海电子信息职业技术学院是一所培养电子信息产业、先进制造业和现代服务业高素质技术技能人才的公办全日制普通高等职业院校。学校成立于1960年，是"国家示范性高等职业院校建设计划"骨干高职院校、国家优质专科高等职业院校、上海市一流专科高等职业教育建设立项单位、上海市依法治校示范校，曾荣获"第四届黄炎培职业教育优秀学校奖""全国社会扶贫先进集体"等荣誉称号。

学校现有招生专业37个。其中，国家级重点专业8个，上海市重点专业10个，形成了以电子信息产业为主干、高端制造业和现代服务业为叠加的"一体两翼"专业布局。学校现有专任教师620人，其中，副高以上职称188人，正高41人，具有博士、硕士学位的580人。学校坚持"产学研用"一体化的科研导向，重视技术转移和科技成果转化，创新"根植行业、校企联手、工学融合"的人才培养模式。

本章以上海电子信息职业技术学院为例，以问卷调查的方式，调查该校"双师型"教师队伍建设的现状，合作企业及教师对"双师型"教师队伍建设的认识、评价和见解，深入探讨和分析该校在"双师型"教师队伍建设中存在的问题和未来努力的方向。

7.1 "双师型"教师队伍建设的调研——企业视角

7.1.1 调研背景及概况

1. 调研背景

职业教育需要与行业、企业接轨，"双师型"队伍建设格外重要。2021年，根据中共中央办公厅、国务院办公厅印发的《关于推动现代职业教育高质量发展的意见》的要求，强化"双师型"教师队伍建设，支持高水平学校和大中型企业共建"双师型"教师培养培训基地，落实教师定期到企业实践的规定，支持企业技术骨干到学校从教，推进固定岗与流动岗相结合、校企互聘兼职的教师队伍建设改革。

在该校"十四五"规划中，学校提出以创建电子信息特色鲜明的高水平职业本科技术大学为目标，坚持"合作办学、合作育人、合作就业、合作发展"的指导思想。为了落实国家相关文件要求和适应学校新阶段发展需要，强化"双师型"教师队伍建设，提升教育教学水平，促进校企共育深度融合，2023年5—6月，学校通过深入重点企业走访调研、电话回访、校园招聘会等线上、线下相结合的方式，向与学校有长期合作关系的500多家企业发放问卷和调研。通过此次专项调研，了解和梳理，以企业的视角去探索与发现目前在促进"双师型"队伍建设中的现状以及存在的问题，为进一步促进校企合作、产教融合提供参考，为构建更加符合实际需要的教师培养模式提供更加有效的依据和保障。

2. 调研概况

学校选取了500余家合作单位，其中包含有长期合作的企业单位，如中国商飞上海飞机制造有限公司、上海仪电（集团）有限公司下属单位、上海航天局下属单位、上汽通用汽车有限公司等；也有近年来新合作的企业，如上海商汤智能科技有限公司、特斯拉（上海）有限公司、龙芯中科技术股份有限公司等。

在前期电话回访沟通后，通过问卷星发放问卷、去重点合作企业走访、校园招聘会等线上与线下相结合的形式进行专项调研。截至2023年6月26日，开展"双师型"教师队伍建设专项调研的企业完成数共计202家，剔除其中的5家无效数据后，有效数据为197家。具体情况如下：

①企业调研对象

参与本次专项调研企业的具体对象有董事长、总经理、执行副总裁、总裁助理、学习与发展总监等企业高层领导，也有综合管理部经理、人事经理、校企负责人、产学合作与人才实训中心负责人等企业中层领导，还有招聘主管、HRBP、人事专员等企业基层工作人员。

②企业类型

国有或国有控股38家、民营企业117家、外资或合资企业33家，其他类型企业9家。

③企业规模

中小型企业有55家、中等规模企业80家、中大型规模企业62家。

④企业所在区域

临港新片区9家、奉贤区14家，既属于临港新片区又属于奉贤区5家，其他区域169家。

⑤企业所属行业

企业所属的行业概况如下：电子信息制造业26家、软件与信息服务业34家、生产加工制造业38家、高端装备制造业16家、现代服务业29家、艺术设计1家，其他类别53家。

根据调研发现：

第一，企业在"双师型"教师队伍建设的合作意愿层面。企业对参与学校专业、"'双师型'师资培训基地"建设，联合开展"双师型"教师队伍培养，以及共建行业领军人物工作室、产业学院等方面的意愿较高。同时也希望"双师型"教师在课题研究、技术研发、宣传企业品牌、提升企业生产效益等方面为企业带来帮助。

第二，教师到企业实践存在的问题层面。企业只能提供有限的实践岗位，没有整体规划；教师实践时间短，难以接触全面、深入的工作内容；部分"双师型"教师下企业参加实践的积极性不足；学校对于"双师型"教师实践过程缺乏有效监督，实践过程有应付公事的情况。

第三，企业对提升"双师型"教师产教研能力的建议层面。加强对教师理论教学能力和实践教学能力的培训；支持教师下企业实践；鼓励教师指导学生参加各类大赛，尤其是市级及以上赛事；鼓励教师参加相关教师赛、教学能力大赛、课程思政能力大赛等；鼓励教师考取职业资格证书/执业资格证书/职业技能等级证书；与优秀企业建立企业教师实践基地。

7.1.2 调研结果

1. 被调研企业的概况

本次调研主要从企业所属行业、企业所在区域、企业类型、企业规模等四个角度对筛选出的197家企业进行调研，并进行数据统计分析。

调研企业行业类别贴近学校现有相关专业的特点，调研对象反馈数据与学院人才培养定位基本符合，为后期开展"双师型"教师队伍建设与产教研研究提供较好的数据参考依据。

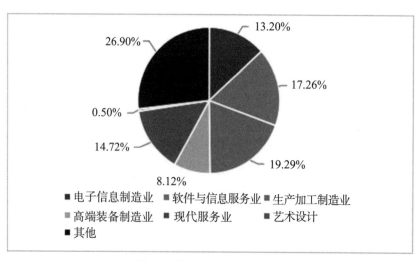

图7-1 被调研企业所属行业

此次调研区域较广，调研对象符合代表性。

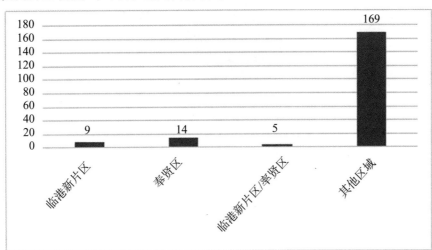

图7-2 被调研企业所在区域

调研企业类别中民营企业占主体，凸显在区域经济中民营企业经济占较大比重，对学校开展"双师型"队伍建设和产教研研究具有十分重要的参考价值。

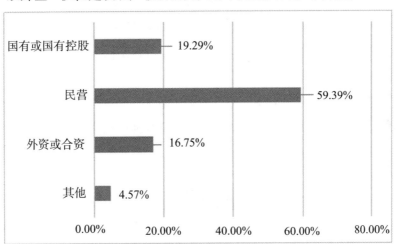

图7-3 被调研企业类型

根据完成调研企业的规模分类，调研对象规模比较均衡。参考调研企业性质类别综合分析，此次调研企业总体发展前景良好，对分析"双师型"队伍建设等方面具有科学有效的参考价值。

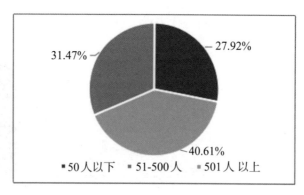

图7-4　被调研企业规模

2. "双师型"教师队伍建设的现状

本节主要通过对企业是否属于"'双师型'师资培训基地"、是否与学校合作开展过横向课题、对"双师型"教师基本理念是否了解，哪些部门应该履行"双师型"教师培养责任等来调研，从企业视角了解"双师型"教师队伍建设的现状。

①企业是否属于"'双师型'师资培训基地"

对完成调研企业统计的数据显示，有21家与学校合作的企业被归类为"'双师型'师资培训基地"或"教师实践基地"，而未被归类为以上两种类型的企业数量达到了176家。这表明，学校在未来的"双师型"教师培养过程中，与更多的企业开展合作仍然具有较大的潜力和空间。

与"'双师型'师资培训基地"和"教师实践基地"合作，能够显著提高教师的能力和知识储备，为学校培养更多优秀的"双师型"教师提供重要的支持。然而，未被归类为这两种类型的企业数量达到了176家，这也说明在教师培养中，其他类型的企业合作仍然具有一定的潜力。

因此，学校可以积极探索与上述未被归类企业的合作模式和途径，充分发挥各类企业的资源和优势，提高"双师型"教师培养的覆盖率和有效性。可以通过开展校企联合课程设计、实践项目合作、实习生计划等多种形式的合作，共同推动"双师型"教师培养的发展和实践。这样，学校可以丰富教学资源和实践环境，同时将重点关注推动"双师型"教师培养，提高教育质量和教学水平。

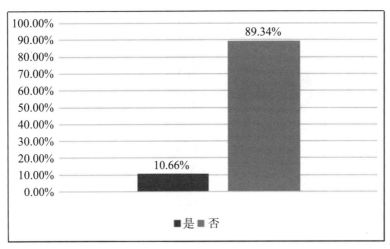

图7-5 被调研企业是否属于"双师型"师资培训基地

②企业对"双师型"教师基本理念的了解情况

根据对完成调研企业的统计，与学校合作的企业中，对"双师型"教师的基本理念或政策不清楚的有91家，有所了解的有95家，较为熟悉的有11家。有大约一半的企业对"双师型"教师的基本理念或政策不清楚，只有少数企业比较熟悉。这显然说明被调研的企业与学校在"双师型"教师的合作理念、政策背景及模式方面存在知识缺陷和认知差距，需要加强宣传和教育，提高企业的认知水平。

尽管学校和企业之间有许多合作，但深入融合、联合培养人才的理念和模式还需持续加强，其中包括促进企业对"双师型"教师的认识和理解。企业应通过专业课程和专门的教育知识培训，了解教学理念、课程设置、教学模式等相关内容。同时，学校需要提供更加详细和全面的介绍与宣传，让企业了解"双师型"教师所包含的教学理念和教学特点，以及与之相关的政策条款。

此外，学校可以强化校企合作的精神，推进理念协同。学校可以与企业共同探讨教育教学领域的问题，向企业推广"双师型"教师概念、政策和实践，以便企业更好地从中清晰了解双方合作的意图并获得利益。这样，学校和企业可以共同协作，完成问题解决、高端人才培养和教育教学发展等方面的过程。

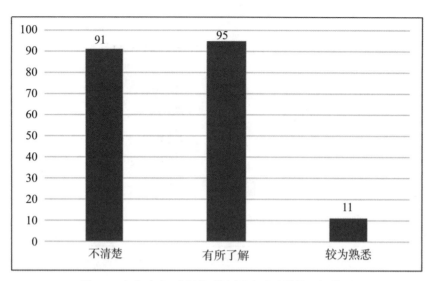

图 7-6　企业对"双师型"教师理念或政策的了解情况

③企业对履行"双师型"教师培养责任的认知

根据调研数据统计，关于哪个部门应当履行"双师型"教师培养的责任问题，认为政府部门履责的有 113 人次、认为企业履责的有 154 人次、认为学校履责的有 176 人次、认为社会其他部门履责的有 66 人次。

这意味着学校和企业在培养优质师资队伍的责任方面具有主导地位，并需要共同努力、共同合作，以破除可能存在的障碍，进一步加强合作关系，以达到更好地培养"双师型"教师的目标。学校作为教育机构，应当承担起培养师资队伍的责任，为教师提供专业发展的机会和资源支持，同时加强与企业的合作，实现理论与实践的结合，提供更加注重实践导向和市场需求导向的教学培养方案。企业作为实际应用领域的参与者，应当积极参与教师的培养和发展，并与学校共同推动教师教育的现代化。企业可以提供实习、实训、职业导师等机会，帮助教师在真实环境中获得实践经验，提高教学实效性。

此外，政府部门在制定相关政策和提供政策支持方面也扮演着重要角色，应当为学校与企业的合作提供优惠政策、经费和资源支持，同时促进学校和企业之间的交流与合作。政府部门的支持将有助于加强学校和企业在"双师型"教师培养中的合作力度。

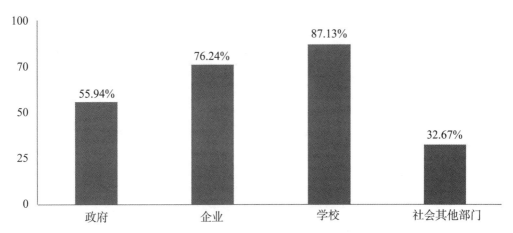

图7-7 企业对履行"双师型"教师培养责任的认知

④企业对"双师型"教师进企业实践的态度

调研数据统计结果显示,在与学校合作的企业中,对于"双师型"教师到企业实践的态度有所不同。统计结果显示,有75家企业表示愿意合作,117家企业表示在一定条件下可以接受,而只有5家企业表示不愿意合作。结果表明,与学校合作的企业普遍对"双师型"教师到企业实践持开放态度。有一部分企业表示愿意主动与学校合作,接受"双师型"教师到企业实践,意味着这些企业愿意为教师实践提供支持和机会。另外,更多的企业表示在一定条件下可以接受这种合作,这显示出企业对于提供条件和资源进行合作具有一定的灵活性与可调性。

这种开放的态度与合作基础为学校和企业之间的资源共享与合作提供了良好的基础。学校可以通过与企业合作,让教师获得更多实践机会,接触真实的工作环境,从而更好地为学生提供实用的教育教学内容。

同时,企业也可以从与学校的合作中受益。与"双师型"教师合作实践可以促进企业与学术界之间的交流与合作,更好地满足市场需求和就业培训的要求。通过参与教师的实践,企业可以更好地了解教育教学的需求和趋势,为教育行业的发展提供有益的建议和支持。

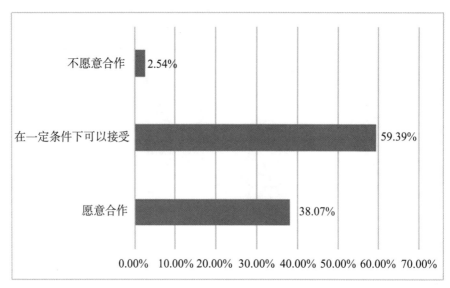

图7-8　企业对教师到企业实践的态度

⑤企业向学校输入"双师型"教师的态度

根据调研数据统计，关于企业向职业院校输入"双师型"教师的态度，愿意派有经验的工程师/培训师到院校临时性开展讲座等活动的有152家，同意企业优秀员工转行到院校任教的有31家，不愿意派有经验的工程师/培训师到院校临时性开展讲座等活动的有7家，不同意企业优秀员工转行到院校任教的有7家。说明调研企业对学校教育教学改革支持的主动性很强，愿意在技能型人才交流、共建、输出等方面给予院校全方位支持。

调研数据统计结果显示，关于企业向职业院校输入"双师型"教师的态度，企业普遍表现出对学校教育教学改革的支持和合作意愿。统计结果显示，有152家企业表示愿意派有经验的工程师或培训师到院校临时性开展讲座等活动，31家企业同意企业优秀员工转行到院校任教。这表明，调研的企业对于与职业院校在教育教学方面的合作表现出了积极的态度。其中，有大部分企业（152家）愿意派遣有经验的工程师或培训师到院校进行临时性的讲座等活动，这代表了企业愿意将技术与行业经验分享给学生和教师，帮助教师提升教学水平，让学生了解实际行业情况。此外，还有31家企业同意企业的优秀员工转行到院校任教。这一结果显示了企业对于与院校共建师资队伍的支持和认可。企业愿意将优秀员工引入院校，为学生提供更加注重实践导向和与行业紧密相关的教学内容。

不过，也有少部分企业（7家）表示不愿意派遣有经验的工程师或培训师到院校临时性开展讲座等活动，以及不同意优秀员工转行到院校任教（7家）。这种情况可能是由企业自身业务需求、资源限制或其他因素所致。

　　综上，调研企业对学校教育教学改革支持的主动性很强，整体而言，企业对学校教育教学改革的支持态度是积极的。

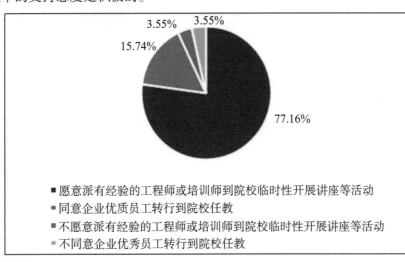

図7-9　企业向学校输入"双师型"教师的态度

⑥企业与学校合作横向课题的情况

　　横向课题研究可以促进学校和企业之间的密切合作，使双方能够共同探索和解决实际问题。通过横向课题研究，学校可以借助企业的实践经验和资源优势，将教学与实际需求相结合，提升教学质量和学生的实践能力。同时，企业也可以通过与学校的合作，获取新的技术、人才和创新机会，推动企业的创新发展。根据调研数据统计，企业与学校有过合作横向课题研究的有49家，未与学校有过合作的有148家。在产学研和产业结合方面，横向课题是一项双方共赢的合作切入点，校企双方可在合作力度与合作深度方面持续发力。在合作力度上，学校与企业可以加强沟通和合作交流，共同选定合适的横向课题，并为其提供充足的资源支持。此外，双方还可以探讨合作的方式和形式，如共建联合实验室、开展技术转移等，以扩大合作的范围和深度。在合作深度上，学校与企业可以共同制定明确的目标和计划，明确双方的责任和角色，确保合作项目的顺利推进。此外，双方可以从长期合作的角度考虑，建立稳定的合作机制，深入挖掘合作潜力，实现共同发展。

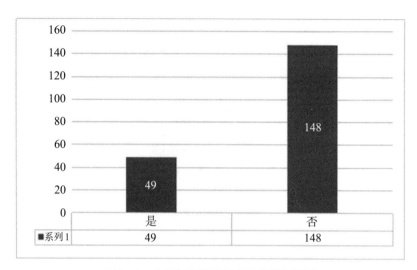

图7-10　企业与学校是否合作过横向课题

3. 企业在"双师型"教师队伍建设中的合作意愿

本节主要通过校企合作协议模板中的合作项目，譬如专业建设、实训基地、大师工作室、产业学院、企业员工培训等角度来调研分析，了解企业对参与"双师型"教师队伍建设的合作意愿。

①企业对参与学校专业建设的意愿

根据调研数据统计，企业参与学校专业建设与调整的意愿：非常愿意的有60家、愿意的有62家、比较愿意的有44家、一般愿意的有29家、不愿意的有2家。说明企业在与学校专业建设方面的合作意愿强烈，愿意在校企共育人才等方面进行全方位支持，也反映出学校人才培养方向符合合作企业的人才储备需求。

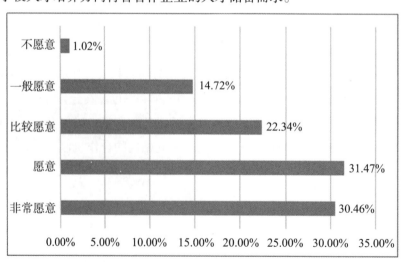

图7-11　企业对参与学校专业建设与调整的意愿

②企业对"'双师型'师资培训基地"的建设意愿

"双师型"教师的人才培养需要校企之间的深度合作和创新。企业愿意加大资金和人力投入，支持"'双师型'师资培训基地"的建设，说明企业对于校企合作的重视和支持。

根据调研数据统计分析，企业对"'双师型'师资培训基地"的建设意愿：非常愿意的有51家、愿意的有67家、比较愿意的有48家、一般愿意的有28家、不愿意的有3家。企业愿意支持和参与"'双师型'师资培训基地"的建设，也反映出校企多年的合作为双方打好了坚实的合作基础。在长期的合作过程中，学校与企业之间建立了互信关系，学校可以了解企业的真正需求，而企业也能够更准确地把握高校人才的培养需求。

在后续校企合作中，建立"'双师型'师资培训基地"是一个重要的合作切入点。通过建设一个多功能、跨学科教育培训平台，企业和学校可以共同协作开展教学体验、教学讲座、研讨会等活动，在更广泛的领域实现更多的合作机会，为双方的合作提供强有力的支撑。

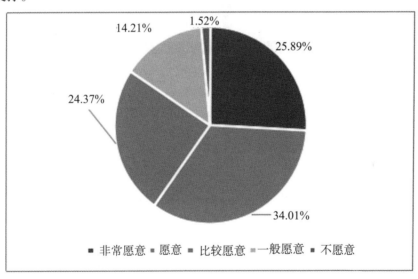

图7-12　企业对"'双师型'师资培训基地"的建设意愿

③企业对联合开展"双师型"教师队伍培养的意愿

根据调研数据统计分析，企业对联合开展"双师型"教师队伍培养的意愿：非常愿意的有56家、愿意的有61家、比较愿意的有46家、一般愿意的有32家、不愿意的有2家。结果反映出校企双方在人才培养、师资培养、人才招聘等多个维度上的合作已经取得了一定的成效。校企合作是为了共同推动教师队伍建设、提升教育质量和适应社会需求，通过联合开展"双师型"教师队伍培养，学校和企业可以充分发挥各自的优势，实现资源共享、互相支持、优势互补，对于培养具备实践经验和教学能力的教师具有重要意义。

企业对联合开展"双师型"教师队伍培养的意愿明确，说明企业意识到教师队伍的培养对于企业发展具有重要的影响。通过与高校合作，企业可以参与教师培训和教育体系的建设，共同培养出适应市场需求的人才。企业愿意在人力资源和资金投入上支持教师队伍培养，进一步促进校企合作的深入发展。此外，校企双方在人才培养领域的合作不仅有利于学生的就业和职业发展，也为企业提供了吸纳优秀毕业生的机会。通过联合培养"双师型"教师队伍，企业能够更好地了解学生的专业知识和实践能力，学校能够为企业输送更多符合需求的人才资源。

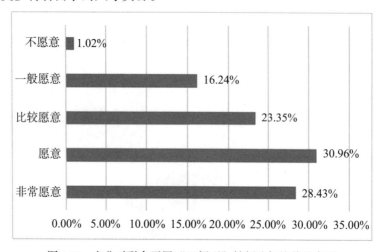

图7-13　企业对联合开展"双师型"教师队伍培养的意愿

④企业对共建行业领军人物工作室的意愿

调研数据统计结果显示，企业对于共建行业领军人物工作室（大师工作室）的意愿整体上是积极的。调研数据显示，有58家企业表示非常愿意共建大师工作室，63家企业表示愿意，34家企业表示比较愿意，42家企业表示一般愿意。

这些统计结果表明，企业对于与行业领军人物共建工作室表现出了较高的意愿和积极性。58家企业表示非常愿意共建工作室，合作企业愿意通过与学校共建工匠精神、工匠技能工作室等方式，和学校共育人才，这体现了企业对于校企合作在人才培养方面的重视。共建行业领军人物工作室可以为学生提供更广阔的学习和实践平台，提高他们的专业素养和实践技能。通过与行业领军人物的合作，学生可以接触最前沿的知识和技术，了解行业的最新动态，为未来就业做好准备。

此外，63家企业表示愿意共建工作室，34家企业表示比较愿意，42家企业表示一般愿意。这些企业对于共建工作室也表现出了积极的态度，愿意与行业领军人物合作，共同促进行业的发展。尽管这些企业的意愿程度不如前述的非常愿意，但仍然显示出它们对于共建工作室的兴趣和认可。

这种对共建大师工作室的意愿体现了企业对于专业领域的人才培养和产业发展的重视。与行业领军人物合作共建工作室，可以将行业的实践经验与知识传授给学生和教师，提高他们的专业能力和素质水平。同时，企业也可以通过与工作室的合作，获取人才储备和技术创新等方面的回报，为企业的发展提供支持。

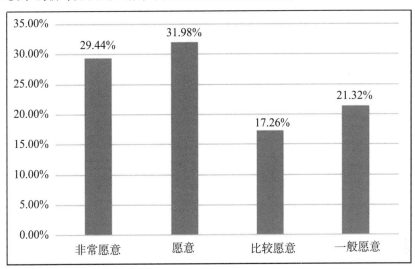

图7-14　企业对共建行业领军人物工作室的意愿

⑤企业对共建产业学院的意愿

通过共建产业学院，企业和学校可以共同制订课程方案、实施实践教学、进行科研合作等，为学生提供更全面、深入的教育和培训。一方面，合作企业参与产业学院的教学和实践活动，可以使学生获得来自真实企业的指导和实践机会，充分了解行业需求和实践要求。另一方面，学校可以借助企业的专业指导和实践经验，不断优化课程设置和教学内容，提高教学质量和实践能力。

根据调研数据统计分析，企业对共建产业学院的意愿：非常愿意的有51家、愿意的有60家、比较愿意的有41家、一般愿意的有43家、不愿意的有2家。这一数据说明合作企业与校方之间存在着战略性的深度合作，共建产业学院的意愿非常明确。

合作企业愿意与学校共建产业学院，意味着校企双方都认识到这一合作对于人才培养和产业升级的重要性。共建产业学院可以将学校的教育资源和企业的实践经验相结合，为学生提供更贴近实际的教育和培养平台。合作企业非常愿意投入人力、财力和物力，与学校共同建设产业学院，这体现了校企双方共同的责任和使命。

共建产业学院的意愿明确，也体现了合作企业对于培养成效的科学性、有效性和可预见性的期望。通过产业学院的共建，学校和企业能够更加有针对性地培养适应行业需求的专业人才，为企业的发展和创新注入人才动力。合作企业愿意提供支持和投入人力、资金、物力，为共建产业学院打下坚实的基础，合作双方可以借助这个平台建立长期深度合作，推动人才培养的连续性和持续性发展。

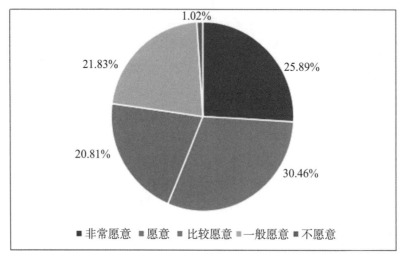

图7-15 企业对共建产业学院的意愿

⑥企业对联合开展企业员工技能培训的意愿

共同开展企业员工技能培训，能够充分发挥合作企业在行业中的经验和技术优势。通过开展技能培训，企业可以提高员工的专业素养和实践技能，提高企业员工的工作能力和满意度，从而为企业提高工作质量和效率，提供有力支持。同时，学校也可以通过开展技能培训，为对口专业的学生提供指导和方向，提高学生在技能方面的综合素质，增强学生的就业竞争力。

根据调研数据统计分析，企业对于联合开展企业员工技能培训的意愿明显较高。其中，有63家企业表示非常愿意支持，64家企业表示愿意支持，34家企业表示比较愿意支持，34家企业表示一般愿意支持，仅有2家企业表示不愿意支持。这一数据说明合作企业在员工技能培养方面拥有优势，愿意与学校进行联合培训，提高员工的职业综合能力。

联合开展企业员工技能培训，体现了合作企业对于员工技能培养的重视和关心。企业作为雇主，除了提供薪资和福利，还应该为员工提供职业发展与技能提升的机会和平台。开展技能培训不仅可以提高员工的工作能力和职业素养，还可以增进企业和员工之间的关系，提高企业对员工的认可度和好感度。

联合开展企业员工技能培训，也为学校和企业提供了便捷的服务。学校可以借助合作企业的资源和经验，为学生提供更全面、深入和实用的教育与培训，提高教学质量和教学成果。而合作企业也可以通过技能培训，了解学校学生的技能水平和实践能力，为企业人才的招聘与岗位安排提供更有针对性和可靠性的参考。

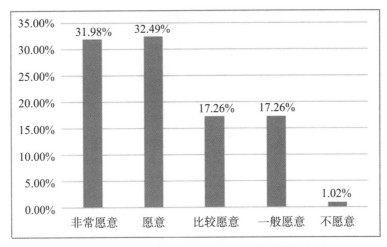

图7-16 企业对联合开展企业员工技能培训的意愿

⑦企业愿意给"双师型"教师提供的培训内容

根据调研数据统计分析，企业愿意给"双师型"教师提供的培训内容有：企业的文化及价值理念（133家）、熟悉企业相关岗位技能（165家）、企业生产组织方式、管理制度（100家）、生产工艺流程及产业发展趋势（92家）、技术的研究与创新（97家）。说明企业在与学校合作的过程中超前一步主动作为，愿意在企业文化、岗位技能、管理制度、生产工艺、产业发展等重点领域进行全方位深入合作。

对"双师型"教师提供培训内容的选择，充分展现了合作企业在深度合作上的主动意识和积极行动。企业愿意向"双师型"教师提供企业的文化及价值理念方面的培训内容，表明企业注重企业文化在企业中的作用，推崇的价值观念与企业文化的塑造对于企业员工在工作和生活中产生的影响。企业熟悉外部经济、市场和产业发展趋势，对于教师进行生产工艺流程、产业发展等方面的培训内容，能够让教师更好地理解企业的生产、经营和发展状况，加强对学生就业与职业发展的指导和帮助。此外，企业也愿意向教师提供熟悉企业相关岗位技能、企业生产组织方式和管理制度等方面的培训内容。这些内容将帮助教师更好地了解企业的工作流程和管理制度，从而对学生相关的职业技能进行更准确和系统的指导，提高学生的就业能力和工作质量。企业还愿意向"双师型"教师提供技术的研究和创新方面的培训内容，这些内容将为教师提供更新、更全面的技术和工程方案以及应对不断变化的市场环境的能力。这样的培训，将帮助教师更好地连接学校与企业，同时也能培养学生对技术创新方面的兴趣和意识，从而加强学生在科技领域的实践能力和实际操作水平。

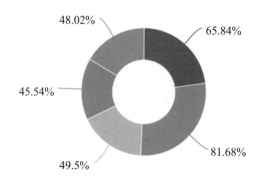

图7-17　企业愿意给"双师型"教师提供的培训内容

⑧企业能够给参加实践的"双师型"教师提供的具体培训项目

根据调研数据统计分析，能够给职业院校"双师型"教师提供国培/省培项目的企业有62家。该类项目能够为教师提供全面的教育培训和教学方法的学习，增强他们的教学能力和专业素养。不仅能够提高教师的教育水平，也能够促进合作院校与企业的深度合作，共同推动人才培养的优质发展。

能提供行业企业等组织的专题讲座或信息技术教学应用培训的企业有132家。这样的培训能够使教师更好地了解行业的新动态和发展趋势，掌握信息技术在教学中的应用方法和技巧。不仅能够提高教师的教学效果和学生技能的培养质量，也能够促进学校与企业之间的紧密合作。

能提供职业技能大赛、学生技能大赛等各类赛前赛后专题培训的企业有87家，这类培训为教师提供了与行业专家和优秀从业者交流学习的机会，让教师了解最新的行业标准和技术要求。不仅能够提高教师的专业知识和技能，还能够帮助他们更好地指导学生参加相关赛事，提升学生在实践能力上的竞争力。

能提供"1+X"证书师资培训的企业有36家，这种培训能够帮助教师获取相关证书，增强他们的职业素养和教学准备能力。通过这种培训，教师能拥有更广泛的专业背景和更丰富的教学资源，为学生提供更多样和综合的培养方案。

能提供新型教材开发培训的企业有42家，这种培训对于教师的教学能力和教材编写能力有着重要的提升作用。教师能够学习到最新的教材编写方法和在线教学工具的应用技巧，从而提高课程质量和教学效果。

在线课程制作培训有77家企业能提供培训项目支持，该培训项目能够为参加实践的"双师型"教师提供更多的教学方式，如在线教育，并通过传播线上课程，与企业和其他职业院校之间进行技术输出与学术交流。

统计数据显示，企业对合作院校在人才培养、教育教学改革、"双师型"教师队伍建设、行业企业发展研究等多个方面给予最大力度的综合能力支持及服务。通过这些培训项目，企业为教师提供了丰富多样的培训资源和学习机会，提升教师的专业水平和职业素养。

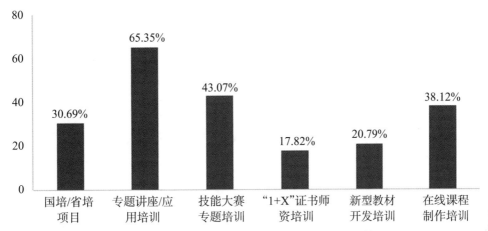

图7-18　企业能给参加实践的"双师型"教师提供的具体培训项目

⑨企业希望"双师型"教师为企业做的工作

根据调研数据统计分析，企业在与学校合作的过程中，共有106家企业希望"双师型"教师进行课题研究和技术研发。这表明企业看重教师在科研和创新方面的能力，期望他们能够为企业提供专业的技术支持和创新方案，推动企业技术的进步和发展。同时，59家企业希望教师参与企业的管理决策和运营，为企业提供专业的教育和培训咨询，以提高企业整体的管理水平和效益。此外，130家企业希望借助教师的专业知识和教学能力，为员工提供高质量的培训，解决员工培训问题。

105家企业希望教师利用自身的专业知识和教学资源，为企业进行品牌宣传和推广工作，提升企业的知名度和影响力。另外，90家企业希望教师通过专业指导和技术支持，帮助企业改进生产工艺和流程，提高生产效率和产品质量，从而提升生产效益。

同时，有42家企业希望与教师进行深度合作，通过"1+X"证书师资培训来推动企业人才队伍的建设和发展，实现企业与学校资源共享和人才共享。

以上数据表明企业在与学校合作的过程中，企业与"双师型"教师之间建立了交替螺旋式紧密合作模式，实现了人才储备的共享，为校企双方的业务发展提供了坚实基础。

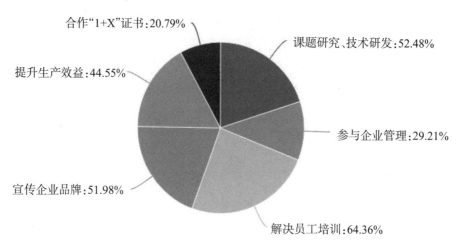

图7-19 企业希望"双师型"教师为企业做的工作内容

⑩企业为"双师型"教师培养提供的合作资源

根据调研数据统计分析，共有69家企业为"双师型"教师提供虚拟仿真教学软件资源。这些软件能够模拟真实的教学环境和情境，为教师提供更具体、生动的教学案例和实践机会。通过使用虚拟仿真教学软件，教师可以更好地培养学生的实践能力和解决问题的能力，提高教学效果。

99家企业为"双师型"教师提供课程思政案例和素材。思政教育是培养学生正确世界观、人生观和价值观的重要环节，企业提供的课程思政案例和素材能够帮助教师更好地进行思政教育，让学生在实践中感受到正确的思想引领。

118家企业鼓励"双师型"教师在理论教学中融入信息技术。这意味着企业希望教师能够善于运用信息技术手段，让理论教学更加生动有趣，互动性更强，从而提高学生的学习积极性和学习效果。这也反映了企业在教育教学环节中贡献企业智慧，以提升"双师型"教师的教学能力和水平，促进学校人才培养的成效。

此外，有147家企业为参与实践的"双师型"教师提供了企业导师和学校教师之间建立互动交流的机会。这种双向流动的交流可以促进教师之间的学习和合作，共同提升教学水平和能力。企业导师能够与学校教师分享实践经验和最新的行业动态，学校教师则能够将学校的教学理念和方法分享给企业导师，实现资源共享和知识共创。

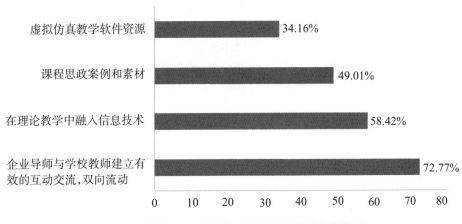

图 7-20　企业为"双师型"教师培养提供的合作资源

4. 企业对"双师型"教师队伍建设的意见和建议

本节主要从调研企业对校企合作培养"双师型"师资队伍的理解、哪些方式能够更有效、更快速地提升"双师型"教师产教研能力、"双师型"教师到企业实践存在的问题等维度进行数据调研分析。

①企业对校企合作培养"双师型"师资队伍的看法

根据调研数据统计分析，企业对校企合作培养"双师型"师资队伍的理解，有68家企业认为这是作为一个有担当的企业履行企业公民责任的重要举措，这表明企业愿意在教育教学领域为社会和国家发展承担责任，积极参与校企合作计划。此外，还有129家企业认为这是一个非常有前景的合作模式，通过校企合作和工学结合，双方可以实现互利双赢。这意味着企业看到了"双师型"师资队伍建设的重要性，并对其发展前景持乐观态度。同时，这也反映出企业愿意将自身的资源和经验用于教育教学领域，共同推动人才培养工作的发展和创新。

虽然只有少数5家企业认为这个方案前景渺茫，"双师型"师资队伍建设遥遥无期，但整体来看，企业对于"双师型"师资队伍的认可和支持是非常明显的。企业认为合作培养"双师型"师资队伍这个举措目标明确，具有良好的前景，可以有效地为学校提升教育教学师资水平提供便捷支持。这种合作模式既可以促进教育教学的有效开展，也可以提高企业的品牌知名度和社会责任感，是一种双赢的合作模式。

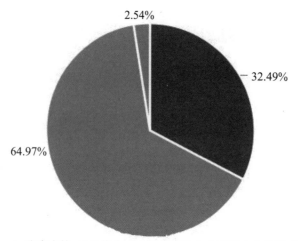

- 非常支持,这是作为一个有担当的企业履行企业公民责任的举措
- 很有前景,这是校企合作、工学结合、互利双赢的举措
- 前景渺茫,"双师型"师资队伍建设遥遥无期

图7-21 企业对校企合作培养"双师型"师资队伍的看法

②有效、快速提升"双师型"教师产教研能力的方法

根据调研数据统计分析,对于企业支持加强对教师的理论教学能力和实践教学能力的培训,共有125家企业提供此项支持。这意味着企业愿意为"双师型"教师培训提供帮助,为教师提供更加专业和全面的教学知识和技能培训。

对于企业鼓励并创造条件支持教师去企业实践,共有127家企业提供此项支持。通过企业实践,教师可以更加深入地了解企业的需求和行业发展动态,进而更好地调整课程设置和教学内容,提高自身的产教研能力和实践经验。

对于企业鼓励教师指导学生参加各类大赛,尤其是市级及以上赛事,共有83家企业提供此项鼓励。通过大赛的形式,教师可以带领学生进行实际操作和实践,提高学生的创新能力和实践能力,同时也能促进教师产教研能力的提升。

除了以上措施,对于企业鼓励教师参加相关教师赛和教学能力大赛等,培养教师的技能和能力,共有67家企业提供此项鼓励;鼓励教师参与专业建设、课程改革以及考取职业资格证书等,共有73家企业提供支持;成立"双师型"教师培训基地、建立企业教师实践基地,共有79家企业提供帮助;人才引进时要求至少3年以上企业工作经历,共有55家企业提出此项要求;引进优秀企业员工入校作为兼职师资,共有70家企业提供支持。

总的来说,企业对于学校"双师型"教师培养模式和内容非常专业,提出了多样化的举措和思路来促进教师产教研能力与实践经验的提升。这些措施不仅可以提高教师的教学水平和实践能力,也可以帮助学生更好地适应未来的社会和职业发展需求,进一步提升学校培养高技能复合型人才的能力和水平。

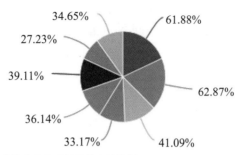

● 加强对教师的理论教学能力和实践教学能力的培训
● 鼓励并创造条件支持教师去企业实践
● 鼓励教师指导学生参加各类大赛,尤其是市级及以上赛事
● 鼓励教师参加相关教师赛(如会计技能大赛教师赛)、教学能力大赛、课程思政能力大赛等
● 鼓励教师参与专业建设、课程改革以及鼓励教师考取职业资格证书/执业资格证书/职业技能等级证书
● 成立"双师型"教师培训基地与建立企业教师实践基地
● 人才引进时要求至少3年以上企业工作经历
● 引进优秀企业员工入校作为兼职师资

图7-22　有效、快速提升"双师型"教师产教研能力的方法

③"双师型"教师到企业实践存在的问题

根据调研数据统计分析,目前"双师型"教师到企业实践存在一些问题。

首先,企业只能提供有限的实践岗位,没有整体规划,共有129家企业存在此类问题,这影响了"双师型"教师在企业实践过程中体验全面、深入的工作内容。企业需要在实践岗位规划和实践任务分配方面做更有前瞻性与系统性的工作,提供丰富多样的实践经验,满足"双师型"教师个性化的实践需求。

其次,教师实践时间短,难以接触到全面、深入的工作内容,共有141家企业存在此类问题。由于实践时间的限制,许多"双师型"教师难以获得足够的实践经验,此时企业需要将重点放在实践内容和实践质量上,将有限的时间用在尽可能接触全面、深入的工作内容上,为教师提供最有价值的实践体验。

再次,"双师型"教师到企业参加实践的积极性不足,共有68家企业存在此类问题。这个问题与企业提供的实践经验适不适合"双师型"教师的实践需求密切相关,如果企业所提供的实践岗位与教师学科专业不符或者不具备实际操作空间,那么教师的实践积极性就会下降。企业应当在实践内容设计方面多注重教师的实践需求而非符合企业的发展方向。

最后,学校对于"双师型"教师实践过程缺乏有效监督,实践过程应付了事的情况明显,共有48家企业存在此类问题。学校应当加强对"双师型"教师实践过程的管理,建立完善的监督制度,重视"双师型"教师对企业实践的反馈意见和建议,及时改进实践安排,确保实践内容和效果符合预期目标。

总之，根据调研数据统计分析，校企双方在"双师型"教师到企业实践方面仍然存在待优化和完善的内容。双方应该聚焦问题，互相协作，共同解决问题，为"双师型"教师在企业实践中提供更加优质、丰富的实践体验，促进学生和教师的全面发展。

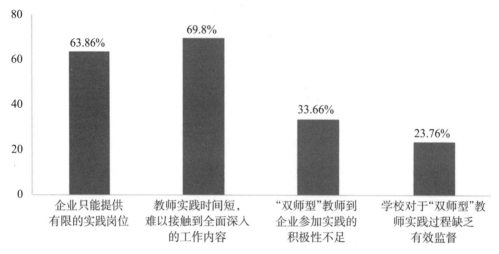

图7-23　"双师型"教师到企业实践存在的问题

7.1.3　调研小结

"双师型"教师队伍建设与产教研合作前景依然广阔。对标职业本科建设目标任务，学校以产教融合、校企合作为人才培养方针取得的成效显著，特别是在"双师型"师资队伍建设和产教研深度合作方面打下了坚实的基础。未来可以从以下几个方面进一步扩展。

第一，深化合作模式。学校和企业可以进一步深化合作模式，建立更加紧密、高效的校企合作机制。通过共同规划和实施教学计划、共同开发教学资源、共同组织实践活动等方式，促进"双师型"教师队伍建设与产教研的深度融合。

第二，加强教师培训。学校可以持续加强对"双师型"教师的培训与发展，提供更多的培训机会和资源，帮助教师不断提升教学能力和实践经验。同时，企业可以参与教师培训，分享行业最新动态和实践经验，促进教师与行业的紧密联系。

第三，强化实践环节。学校与企业可以进一步加强实践环节的设计与实施，确保教师和学生在实践中能够接触到真实的工作场景与问题。通过实践项目、实习经历等形式，培养他们解决问题的能力、团队合作精神以及技术操作技能。

第四，推动产学研深度融合。学校和企业之间可以加强产学研深度融合，共同开展科研项目、技术合作等，推动创新、技术发展与产业升级。通过深入合作，学校可以不断更新课程内容，培养适应未来产业需求的人才，企业也可以得到创新技术和人才支持。

第五，持续改进与评估。双方需要定期进行合作方案的评估和改进，了解问题和挑战，并及时调整和优化合作模式。通过持续的改进与评估，确保"双师型"教师队伍建设与产教研合作在可持续发展的道路上不断取得显著成效。

未来，学校和企业在"双师型"教师队伍建设与产教研合作方面仍有许多努力的空间。双方需要密切合作，共同制定和实施规划，并持续改进和优化合作模式。

7.2 "双师型"教师队伍建设的调研——教师视角

本次调研基于教师的视角分别从岗位匹配度、资格认定及培养机制等层面展开调研及分析。

7.2.1 调研概况

本次问卷调查参与人数共计435人，问卷有效率为100%，其中男性159人，女性276人，女性教师大约是男性教师数量的1.7倍。

在年龄分布上，参与调查问卷的教师中，22.99%的人员的年龄在35周岁以下，73.57%的人员的年龄介于35～55周岁，其中45.52%的人员的年龄为35～45周岁，28.05%的人员的年龄为45～55周岁。结合教师年龄来看，发现学校以中年教师为主。

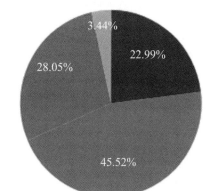

图7-24　教师年龄分布

具有硕士研究生学位及以上的专任教师占比93.33%，具有博士研究生学位的专任教师占比22.99%。具有高级职称的专任教师有33.11%，其中25.75%的专任教师是副高级职称，7.36%是正高级职称。

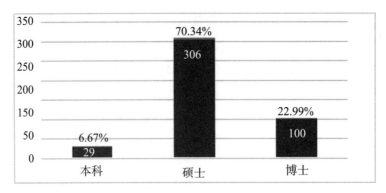

图7-25　教师学位分布

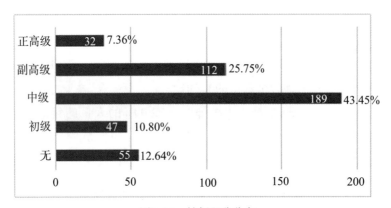

图7-26　教师职称分布

超过89%的专任教师有1年及以上的教龄，其中教龄5年以上的专任教师占比70.57%。

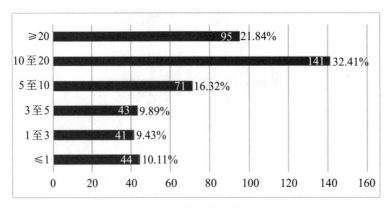

图7-27　教师教龄结构

对于教师过往从事的工作，调查结果显示，有37.7%的教师是从学校毕业就直接任教的，有35.63%的教师是从其他高校调入的，26.67%的教师来自企业。然而，专任教师中只有47.82%的教师具有企业工作经历。从事教师工作之前在企业工作的人员中，具有3年及以上企业工作经历的教师占比53.9%。

7.2.2　调研结果

1. 岗位匹配度

根据教师任课情况的调查结果，可以看出教师们在不同类型课程的任教比例和相关职业证书的持有情况。

调查显示约30.34%的教师任教基础课，这表明一部分教师主要负责教授基础知识和技能的课程。另外，大约21.84%的教师任教专业基础课，这意味着一些教师负责培养学生在特定领域的基本专业能力。而47.82%的教师则任教专业课，这表示他们有着专业领域的教学经验和知识。

87.36%的教师持有相关职业证书。其中，持有1—2个相关证书的教师占74.25%，而持有3个及以上相关证书的教师占13.1%。这表明大部分教师通过获得职业证书来增强自身专业素养和教学能力。

此外，调查还显示91.72%的教师认为自己所持有的职称或者职业资格证书与所教学的内容相匹配，仅有8.28%的教师表示不匹配。这说明绝大多数教师认为自己的职称和证书能够支持他们在相应领域的教学工作。

综上，教师任课情况调查结果反映了教师在基础课、专业基础课和专业课等课程的分布情况，以及教师持有相关职业证书的比例。大多数教师持有相关证书，并且认为自己的职称或者证书与所教学的内容相匹配。这些数据为教师队伍的专业能力和教学素质提供了一定的参考，有助于学校与相关机构更好地评估和支持教师的教学工作。

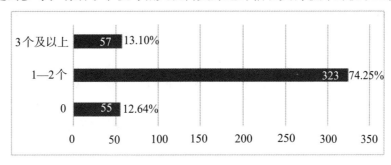

图7-28　教师持有相关职业证书比例

2. "双师型"教师的认定情况

根据对"双师型"教师认定情况的调查结果，可以了解到未被认定为"双师型"教师的原因，以及教师对学校制定的"双师"认定标准的看法。

调查显示有67.35%的教师被认定为"双师型"教师，其中初级22.53%，中级

30.11%，高级14.71%。一部分教师未被认定为"双师型"教师的原因包括教学要求、入职时间、教研成果、企业实践、职业资格要求等方面未满足相关标准。

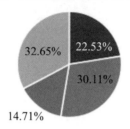

■初级 ■中级 ■高级 ■未评定

图7-29　"双师型"教师认定结果

其中，未被认定为"双师型"教师的人中有19.72%主要原因是不满足教学要求，入职时间太短，4.23%的教师是因为自己的教研成果不满足"双师型"认定，47.89%的教师是因为不满足企业实践要求，28.17%的教师不满足因为职业（职称）资格要求。对于学校制定的"双师"认定标准，调查显示，有77.25%的教师认为达到有困难，其中16.78%的教师表示相关职业资格证书获取困难，20%的教师表示缺少参加企业实践的时间，25.75%的教师表示缺少横向课题开展的渠道和能力，6.67%的教师表示缺少参加"双师"培训的机会。

从调查结果可以看出，尽管有一定比例的教师被认定为"双师型"教师，但仍有一些未被认定的教师面临诸多挑战。同时，学校制定的"双师"认定标准可能存在一些难以满足的条件，而且一些教师认为缺少参加企业实践的时间、横向课题开展的渠道和能力、"双师"培训的机会等方面的支持。

因此，对于这些问题，需要在多方面采取措施加以解决。比如，学校可以加强与企业的合作，提供更多的教师实践和课题研究机会，同时加强教师培训，帮助教师提升教学和研究能力。另外，对于"双师"认定标准中出现的困难，可以适当研究论证门槛的合理性，或者提供专门的帮助和支持，以使更多的教师能够符合相关要求。

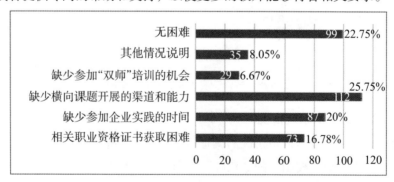

图7-30　"双师"认定的障碍

3. "双师型"教师的认定意愿

在校教师对于"双师型"教师的认定意愿结果显示，大多数教师是愿意被认定为"双师型"教师的，其中62%的教师表示对被认定为"双师型"教师的意愿较强或者强烈，35%的教师意愿一般，仅3%的教师对于被认定为"双师型"教师没有意愿。而对于认定意愿不强的教师，大多数教师的主要原因是认为"双师型"教师的认定对他们来说没有用，表示不需要，部分教师是由于没有满足学校认定"双师型"教师的标准，也有少数教师表示不认可学校的"双师型"教师认定标准。

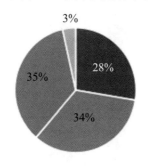

■强烈 ■较强 ■一般 ■没有意愿

图7-31　教师对"双师型"教师认定的意愿

而对于"双师型"教师与"非双师型"教师在学校福利待遇方面的区别，50.8%的教师表示并不清楚，33.33%的教师认为"双师型"和"非双师型"待遇差不多，10.8%的认为"双师型"好一点，仅5.06%的教师认为"双师型"教师待遇要比"非双师型"教师好很多。其中50.57%的教师认为学校"双师型"教师队伍培训制度尚不健全。

4. "双师型"教师的培养机制

对于"双师型"教师的培养机制，多数教师认为教师内在动力、所在部门支持、学校的激励政策以及学校的培养管理机制都很关键，其中学校的激励政策和培养管理机制最为关键。

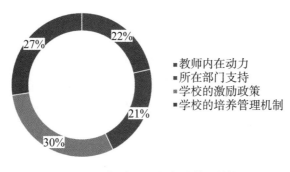

图7-32　"双师型"教师培养的关键

5."双师型"教师队伍建设的评价

针对"双师型"教师队伍建设存在的主要问题，多数教师认为 "双师型"教师相关政策和管理制度不健全，有相当部分的教师认为缺乏激励政策，同时希望完善企业实践平台及后续培训平台。

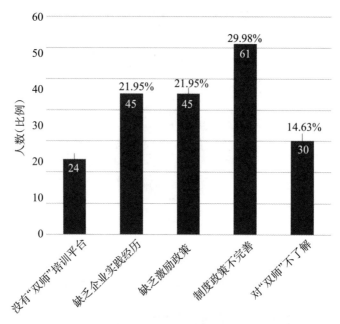

图7-33 "双师型"教师队伍建设存在的主要问题

如果要评定成为"双师型"教师，有81.16%的教师认为应当承担2年及以上的教学任务。65.52%的教师普遍认为"双师型"教师工作待遇相对于"非双师型"应该有所优待，66.44%的教师希望能有更多的培训和提高机会，69.89%的教师认为"双师型"教师在评聘职称时应有相当比例的加分，55.4%的教师希望评优评奖应有相应的优惠政策。同时，对于"双师型"教师的培训，如果有针对"双师型"教师的培训，90.58%的教师表示愿意参加。

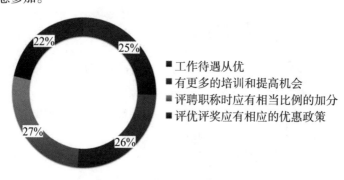

图7-34 认为"双师型"教师应有的优待

　　对于学院的"双师型"教师认定制度，54.48%的教师认为较好或好，41.15%的教师认为一般，4.37%的教师表示不满意。

表7-1　教师对学院"双师型"教师认定制度的评价

选项	小计	比例
好	63	14.48%
较好	174	40%
一般	179	41.15%
不满意	19	4.37%

　　而对于学院的"双师型"教师培训制度，51.49%的教师认为较好或好，45.29%的教师认为一般，3.22%的教师表示不满意。

表7-2　教师对学院"双师型"教师培训制度的评价

选项	小计	比例
好	59	13.56%
较好	165	37.93%
一般	197	45.29%
不满意	14	3.22%

　　对于学院的"双师型"教师激励制度，40.69%的教师认为较好或好，51.49%的教师认为一般，7.82%的教师表示不满意。

表7-3　教师对学院"双师型"教师激励机制方面的评价

选项	人数	比例
好	51	11.72%
较好	126	28.97%
一般	224	51.49%
不满意	34	7.82%

　　教师对学院"双师型"教师激励制度的建议中，大多数人表示对学院"双师型"教师的激励政策并不清楚，甚至不知道"双师型"教师相对于"非双师型"教师来说有什么优待，表示期望学院加大宣传力度，很多教师建议学校健全"双师型"教师激励制度，希望"双师型"教师在工资和待遇上有优待，并有部分教师希望"双师型"教师在评优、评职及晋升方面有激励制度，希望学校将"双师型"教师相关制度公开给教师宣传解读。

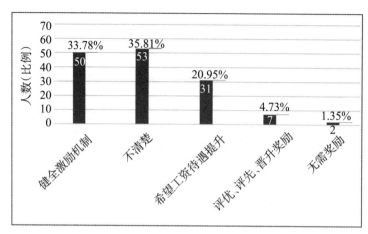

图7-35　教师对学院"双师型"教师激励制度的建议

　　针对教师反馈的问题，学校可以进一步完善相关政策和管理机制。制定并执行激励政策，包括薪酬、职称晋升、岗位评价等方面的激励措施，激发教师的积极性和创造力。同时，建立健全的培养管理机制，包括明确的培养目标、培养路径和培养资源，为教师提供系统的培训和发展机会。

7.2.3　调研小结

　　上海电子信息职业技术学院一直致力于促进高职院校"双师型"教师队伍的建设。随着政策制度体系的不断完善，"双师型"教师队伍建设已经取得了一定的进展。然而，仍然存在一些关键的政策内容需要进一步完善。

　　首先是高职院校"双师型"教师认定机制。目前，认定标准处于试行的"探索期"，教师认定的程序及标准并不明晰。这导致在认定过程中可能存在主观性和不公正行为，也可能出现教师认定不充分、不准确的情况。因此，需要更为详细和明确的认定标准，以降低认定过程中的不确定性和不公正性。

　　其次是高职院校"双师型"教师评价机制。现行的教师评价机制无法全面地体现高职院校"双师型"教师的能力属性，对"双师型"教师的岗位价值、岗位贡献度的体现不够，对"双师型"教师的激励也存在不足，需要以效率优先、兼顾公平为原则，肯定"双师型"教师的付出。在职称评审、重大项目申报等方面，也需要考虑"双师型"教师的实际发展情况，以更加准确地反映其实际贡献。

　　综合来看，"双师型"教师队伍建设是一个长期、连续的动态系统工程。促进高职院校"双师型"教师队伍的建设，需要更为完善的政策制度体系。从高校实际出发，结合地方及区域经济社会发展情况，构建与完善校企共同体，推进校企深度合作。在认定机制和评价机制上，需要更加详细和明确的标准与程序，以确保"双师型"教师的认定与评价工作可以更为公正、透明和准确。探索"双师型"教师队伍建设的途径和模式，加快高素质专业化教师队伍的建设，促进学校高质量发展，提升核心竞争力，推动高等职业教育科学发展。

7.3 "双师型"教师队伍建设的调研——思想动态视角

7.3.1 调研概况

本次问卷调查参与人数共计469人，其中男性163人，女性306人。问卷有效率为100%。在年龄分布上，参与调查问卷的教师中年龄介于25～55周岁的超过95%，其中45%左右的人员的年龄为35～45周岁，而25～35周岁与45～55周岁的参与人的数量基本相当。在政治面貌分布上，参与问卷调查的教师有一半以上为中共党员。《深化新时代职业教育"双师型"教师队伍建设改革实施方案》里对教师企业工作经历的要求明确职业院校教师2020年起不再从未具备3年以上企业工作经历的应届毕业生中招聘。调查显示，参与调查的教师中，45.84%具有企业工作经历。

表7-4 政治面貌

政治面貌	人数	比例
中共党员	307	65.46%
无党派人士	130	27.72%
共青团员	19	4.05%
民主党派	13	2.77%

7.3.2 调研结果

1. 教师思想政治状况

①观念和行为层面

对于师德建设，93.82%的教师认为师德建设应该放在思政工作的首位。近年来学校一直把师德师风建设作为学校发展的一项全局性、基础性的工程来抓，加强思想引领，激励教师责任感和使命感，自2019年连续四年开展"牢铸师魂、厚植师爱"主题教育"七个一"系列活动，通过"七个一"全面深入贯彻落实党的十九大、二十大等各项系列会议精神，落实立德树人根本任务，加强师德师风建设，培养高素质教师队伍。

36.89%的教师认为师德建设最重要的工作应该是营造良好氛围。学校应每月常态化开展教师思想政治和师德师风教育，充分发挥教师在人才培养过程中的主导作用，真正把全员、全程、全方位育人落到实处。立师德，正师风，选树优秀典型。开展师德优秀典型先进事迹宣传学习，提高广大教师的政治思想觉悟。充分利用教师节等重要时间节点，集中表彰优秀教师典型。大力宣传教师师德典型事迹。利用学校网站、微信公众号等平台，策划组织系列宣传活动，营造崇尚师德风范、争创师德典型的良好氛围。

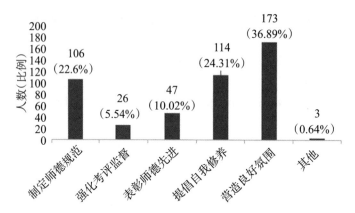

图7-36　师德建设最重要的工作

意识形态工作是为国家立心、为民族立魂的工作，必须坚持马克思主义在意识形态领域的指导地位，坚持不懈用习近平新时代中国特色社会主义思想凝心铸魂。而教师思想政治工作是一项系统工程，68.45%的教师认为学校教职工思政工作首先应充实思政教育内容、改革思政教育方式。67.16%的教师对教职工思政学习的态度是平时自觉学习，16.42%的教师偶尔会主动关注思政学习，16.41%的教师缺少自觉性和积极性，究其原因，最重要的还是高校教师思政工作与具体工作脱节，工作中比较忙，难以兼顾工作和思想学习。

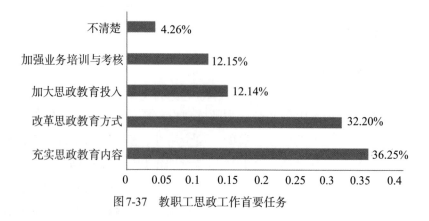

图7-37　教职工思政工作首要任务

2. 评价与期盼层面

调查显示，78.68%的教师对教师这个职业的看法是职业神圣并愿意为之奋斗，44.78%的教师认为要成为一名卓越的大学教师，最重要的条件是道德品质，其次是要有扎实的工作能力，67.8%的教师希望成为教学名师，其次是科研能手。教学和科研是相辅相成的，培养人才是大学的第一使命，在担负这一使命的过程中，教学侧重于言传，科研侧重于身教。需要发挥各自的优势、协同育人，才能更好地培养一流人才、成就卓越教师。

立足教师自身，着重师德师风建设。谈到学校的发展，52.67%的教师认为学校未来3年的发展前景比较乐观，38.17%的教师非常看好。学校深入贯彻落实全国高校思想政治工作会议精神，以立德树人为根本，以服务经济社会发展为先导，以培养具有国际视野的知识型、创新型、复合型高素质技术技能人才为目标，努力打造成为一所办学特色鲜明、国内一流、具有国际影响力的服务经济社会发展的技术应用型高校。

44.14%的教师认为学校在今后开展教育教学改革中最亟待解决的问题是定位与思路，43.71%的则认为是管理体制改革。"十四五"期间，学校将对接芯片业、通信业、软件业、制造业等电子信息全产业链对高素质劳动者和技术技能人才的需求，构建以电子信息产业为主干、以高端制造业和现代服务业为叠加的"一体两翼"专业布局，实现全力创建本科层次职业技术大学的发展目标，打造支撑上海战略新兴产业发展的职业教育人才培养高地，努力成为职业教育创新发展的先行者和示范者。

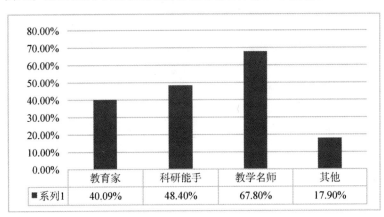

图7-38　教师希望成为的对象

3. 价值及动力层面

调查显示不管从精神动力、成就动力、社会动力还是自然动力，从事教师这份工作都让教师感到动力满满。习近平总书记在清华大学考察时提出：大学教师对学生承担着传授知识、培养能力、塑造正确人生观的职责。教师要成为大先生，做学生为学、为事、为人的示范，促进学生成长为全面发展的人。

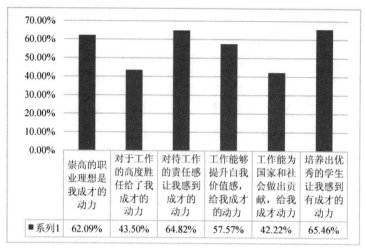

图7-39　就精神动力而言，您认为：（可多选）

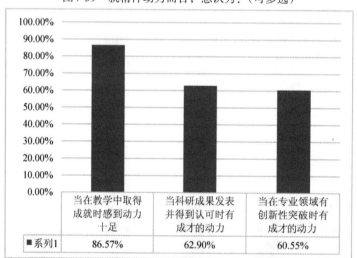

图7-40　就成就动力而言，您认为：（可多选）

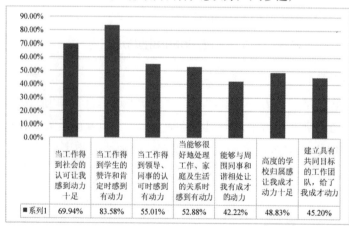

图7-41　就社会动力而言，您认为：（可多选）

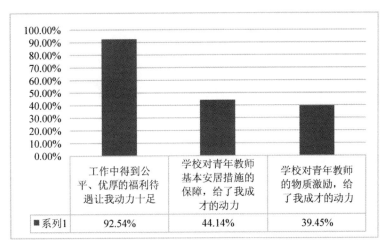

图 7-42 就自然动力而言，您认为：（可多选）

4. 教师面临的问题及需求

①面临的主要问题

根据综合得分来看，调查对象在工作方面面临的主要问题有专业技术职务晋升困难、工作负担太重和教学科研经费不足。在创建职业本科的关键时期，学校引进大批高层次人才，学校已有的职务晋升制度可能难以满足现有各类人才的需要，再加上各项考核任务逐渐向本科考核目标对标，在工作任务上，正处在调整过渡时期，相较从前，考核指标更加具体、细致、规范。当然，这些问题也反映出了调查者对于职务晋升、工作的重视程度，他们希望自己在工作上的努力能得到认可，体现相应的价值。

根据调查结果，43.5%的教师认为目前最主要的生活困扰是经济收入。教师虽然是社会中不可或缺的职业之一，却面临着很大的工作压力和不够稳定的经济来源。这些问题通常都与人们的身体健康、住房条件等方面有关。例如，教师长时间承受的工作压力可能引起身体不适，让其处于亚健康的状态。而住房问题，则直接影响教师的身心健康和家庭幸福感。

表 7-5　在工作方面，面临的主要问题（选两项）

选项	综合得分	第1位	第2位	小计
专业技术职务晋升困难	3.3	138(58.72%)	97(41.28%)	235
工作负担太重	2.56	107(58.79%)	75(41.21%)	182
教学科研经费不足	2.03	88(61.11%)	56(38.89%)	144
教学科研配套服务跟不上	1.69	48(38.71%)	76(61.29%)	124
没有学术引路人	1.59	44(37.61%)	73(62.39%)	117
考核机制不合理	1.48	35(31.82%)	75(68.18%)	110
人际关系复杂，共事合作难	0.35	9(34.62%)	17(65.38%)	26

②工作需求层面

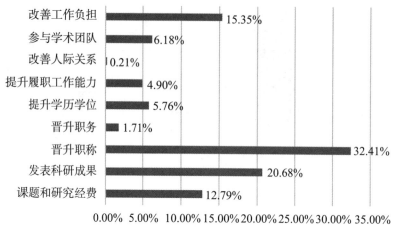

图7-43 现阶段工作中最迫切的工作要求

根据调查问卷可以发现，对于教师工作中最迫切的工作要求，晋升职称占比达到了32.41%，其次是发表科研成果，占比达到20.68%。晋升职称和发表科研成果是最为重要的两项。

具体而言，晋升职称是教师工作中的一项重要内容，对提升教师的职业水平和社会地位具有重要意义。此项调查结果反映了大部分教师对于自身职业发展的追求和对于职业认证的重视。除此之外，发表科研成果是教师从事学术工作的核心内容之一，也是评价教师学术能力和专业水平的重要标准。在当今的高等教育环境中，教师科研能力的提升与学术成果的发表具有重要的实际意义和长期价值。

这些结果表明，大部分调查对象对个人职业发展和学术工作的要求较高，并未表现出"躺平"心态。实际上，在当前竞争激烈的教育环境中，教师需要具备更高的职业素养和专业水平，才能达到更高的职业成就。因此，教师需要在工作中不断提升自身素质和能力，加强专业发展和实践，以满足自身职业发展和学术成就的要求。

③工作状态满意度层面

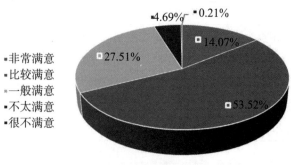

图7-44 对工作状态的满意度

根据调查,结果显示大多数教职工对于自己目前的工作状态感到满意,这表明教育工作者整体上对于自己的工作环境与职业发展有着积极的态度和期待。然而,也有约5%的调查者对于自己的工作状态不满意,这部分调查数据虽然相对较小,但是也不能忽视其存在的问题。这部分教育工作者可能存在一些负面情绪或者困惑,有必要得到关注和解决。

事实上,对于这些教育工作者的不满,可能有多种原因,例如,过高的工作压力、缺乏工作认同感和情感投入、工作任务过于繁琐重复、职业前途的迷茫等。这些因素可能会在一定程度上抑制教育工作者的工作热情和积极性,甚至威胁到其职业发展。

因此,针对这些不满,我们可以多角度进行研究和思考,找出其背后的原因和解决方案。可以结合教育工作者的实际情况,在工作任务、工作配备、薪酬福利、晋升机会、职业发展等多方面进行调整和优化。比如,提供职业辅导和培训,帮助教育工作者重新找到职业目标和发展方向,同时提升工作能力和素质,重拾工作热情,优化师资力量。

7.3.3 调研小结

根据本次调研结果,我们可以进一步深化解决以下问题,以提升教师的工作满意度和职业发展:

第一,扩大专业技术职务晋升渠道。针对专业技术职务晋升困难的问题,可以采取多元评价的方式,拓宽晋升通道。例如,除了学术成果,还可以考虑教学质量、科研项目贡献、教学改革经验等因素,综合评价教师的专业能力和贡献。

第二,构建持续可行的教师幸福感和获得感体系。在提升教师的幸福感和获得感方面,可以从工作和生活两个方面入手。在工作方面,建立一个良好的交流渠道,让教师能够充分表达意见和建议,感知到自己的付出和价值。同时,通过培训和技能提升,提高教师的工作技能和专业水平,增强他们的自信心和工作满意度。在生活方面,学校可以努力增加教师的待遇和福利,降低经济方面的压力,同时鼓励教师积极参与体育运动和休闲活动,维护身心健康。

总之,通过扩大晋升渠道和拓展评价指标,鼓励教师的积极努力和专业发展;同时构建持续可行的教师幸福感和获得感体系,关注教师的工作和生活需求,提升他们的工作满意度和职业发展。从高职教师职业发展的实际需求入手,积极构建发展路径、组织体系、实践平台、保障机制"四位一体"的"双师型"教师培养体系,将"双师"素质培养融入教师职业发展的全过程。

7.4 调研总结

在上述调研和分析的基础上，经过探索和实践，学院聚焦职业本科建设任务，明确"双师型"教师队伍建设目标，在做好师资队伍现状和需求分析的基础上确定了年度教师队伍的总量目标、"双师"素质目标、职称结构目标、学历结构目标、人才梯队建设目标。

围绕"双师型"教师培养的目标和要求，从师德师风、教育教学、专业技能、科研能力、社会服务五方面对"双师型"教师个人应具备的能力、知识、素质等要求界定了个人成长框架，同时形成了专业"带头人"、骨干教师、青年教师的合理的师资梯队结构。学校制定发布了《上海电子信息职业技术学院关于开展"双师型"教师认定工作的通知》，开展二批"双师型"教师认定工作，产教深度融合，与200余家中外知名企业深入合作健全"双师型"教师发展机制，打造专业能力提升平台，2022—2023学年，学校获批立项的厅级及以上科研项目共计140项，教师发表学术论文42篇，出版学术著作10部。教师为政府机关、企事业单位提供横向技术服务收入共计1803万元，获得知识产权项目62项。"双师"比例达66.67%；享受国务院特殊津贴专家、教育部黄大年式团队负责人1人，全国优秀教师1人，全国优秀教育工作者1人，上海市市级教学团队18支，市级教学名师6人，市级名师工作室1个，市级大师工作室1个，入选上海市东方学者1人，上海市高等教育人才揽蓄行动计划9人，获评上海市"为人、为师、为学"先进典型1人，"四有"好教师（教书育人楷模）提名奖2人。

经过探索和实践，学校教师队伍建设尤其是"双师型"教师队伍建设得到了极大的提升，学校办学质量明显改善，教师职业有了新的发展。在项目研究的过程中和本书的撰写过程中，通过党建引领、制度建设、多措并举，我们探索出了高职院校"双师型"队伍建设的新机制、新路径，伴随着新要求、新目标、新任务，我们的探索和实践还将继续。

附录 I :"双师型"教师队伍建设的调研(企业视角)问卷

上海电子信息职业技术学院

2023 年度"双师型"教师队伍建设问卷调查（企业版）

尊敬的合作伙伴：

您好！感谢您在百忙之中接受本次问卷调查。职业教育需要与行业、企业接轨，"双师型"教师队伍建设格外重要。根据中办和国办印发的《关于推动现代职业教育高质量发展的意见》要求，强化"双师型"教师队伍建设，支持企业技术骨干到学校从教，推进固定岗与流动岗相结合、校企互聘兼职的教师队伍建设改革。

本问卷旨在了解企业对"双师型"教师队伍建设与产教研能力提升的意见和建议。您提供的信息仅作为研究使用，衷心感谢您的配合与支持！

说明："双师型"教师是指同时具备理论教学和实践教学能力的教师，是教育教学能力和工作经验兼备的复合型人才。

一、基本信息

1. 企业名称：

_____

2. 企业联系人、职务、联系方式（电话+邮箱）

_____

3. 企业所属行业

□电子信息制造业　　□软件与信息服务业

□生产加工制造业　　□高端装备制造业

□现代服务业　　　　□艺术设计　　　□其他_____

4. 企业所在地区：（单选）

□临港新片区　　　　　□奉贤区　　　□临港新片区/奉贤区　□其他

5. 企业类型：（单选）

□国有或国有控股　　　□民营　　　□外资或合资　　　　　　□其他_____

6. 企业规模：（单选）

□50人以下

□51—500人

□501人以上

二、"双师型"教师队伍建设情况

7. 您所在的单位是否属于"'双师型'师资培训基地"或"教师实践基地"（单选）

□是　　　　　□否

8. 您对"双师型"教师的基本理念或政策是否了解？（单选）

□不知道　　□有所了解　　　□较为熟悉

9. 你认为哪些部门应履行"双师型"教师培养的责任（多选）

□政府　　　□企业　　　　　□学校　　　□社会其他部门

10. 企业对"双师型"教师到企业实践的态度（单选）

□愿意　　　□在一定条件下可以接受　　　□不愿意

11. 企业向职业学校输入"双师型"教师的态度（单选）

□愿意派有经验的工程师、培训师到院校临时性开展讲座等活动

□同意企业优秀员工转行到院校任教

□不愿意派有经验的工程师、培训师到院校临时性开展讲座等活动

□不同意企业优秀员工转行到院校任教

12. 横向课题最能体现教学科研与产业的结合，企业是否与我校合作过横向课题

（单选）

□是　　□否

三、"双师型"教师合作意愿

13. 企业对参与学校专业建设与调整的意愿如何（单选）

□非常愿意　□愿意　□比较愿意　□一般　□不愿意

14. 企业对联合开展"双师型"教师队伍培养的意愿如何（单选）

□非常愿意　□愿意　□比较愿意　□一般　□不愿意

15. 企业对"'双师型'师资培训基地"建设的意愿如何（单选）

□非常愿意　□愿意　□比较愿意　□一般　□不愿意

16. 企业对共建行业领军人物工作室（大师工作室）的意愿如何（单选）

□非常愿意　　□愿意　　□比较愿意　□一般　□不愿意

17. 企业对共建产业学院的意愿如何（单选）

□非常愿意　　□愿意　　□比较愿意　□一般　□不愿意

18. 企业对联合开展企业员工技能培训的意愿如何（单选）

□非常愿意　　□愿意　　□比较愿意　□一般　□不愿意

19. 企业愿意给"双师型"教师提供哪些培训（多选）

□企业的文化及价值理念

□熟悉企业相关岗位技能

□企业生产组织方式、管理制度

□生产工艺流程及产业发展趋势

□技术的研究与创新

20. 企业能够给参加实践的"双师型"教师提供哪些培训项目？（多选）

□职业院校"双师型"教师国培/省培项目

□行业企业等组织的专题讲座或信息技术教学应用培训

□职业技能大赛、学生技能大赛等各类赛前赛后专题培训

□"1+X"证书师资培训

□新型教材开发培训

□在线课程制作培训

21. 你希望"双师型"教师为企业做哪些工作（多选）

□课题研究、技术研发

□参与企业管理

□解决员工培训

□宣传企业品牌

□提升生产效益

□合作"1+X"证书

22. 您觉得企业在"双师型"教师培养方面能给老师带来哪些帮助？（多选）

□提供虚拟仿真教学软件资源

□提供课程思政案例和素材

□老师可以在理论教学中融入信息技术

□企业导师与学校教师建立有效的互动交流，双向流动

四、"双师型"教师队伍建设的意见和建议

23. 您对校企合作培养"双师型"师资队伍怎么看待？（单选）

□非常支持，这是作为一个有担当的企业履行企业公民责任的举措

□很有前景，这是校企合作、工学结合、互利双赢的举措

□前景渺茫，"双师型"建设遥遥无期

24. 您认为目前哪些方式能够更有效、更快速地提升"双师型"教师产教研能力（多选）

□加强对教师的理论教学能力和实践教学能力的培训

□鼓励并创造条件支持教师去企业实践

□鼓励教师指导学生参加各类大赛，尤其是市级及以上赛事

□鼓励教师参加相关教师赛（如会计技能大赛教师赛）、教学能力大赛、课程思政能力大赛等

□鼓励教师参与专业建设、课程改革，鼓励教师考取职业资格证书/执业资格证书/职业技能等级证书，校企合作

□成立"双师型"教师培训基地，与优秀企业建立企业教师实践基地

□人才引进时要求至少3年以上企业工作经历

□引进优秀企业员工入校作为兼职师资

25. 您认为目前"双师型"教师到企业实践存在的问题是（多选）

□企业只能提供有限的实践岗位，没有整体规划

□教师实践时间短，难以接触到全面、深入的工作内容

□"双师型"教师下企业参加实践的积极性不足

□学校对于"双师型"教师的实践过程缺乏有效监督，实践过程应付了事的情况明显

26. 企业对"双师型"教师队伍建设有什么需求？遇到什么困难和问题？

_____

_____

_____

27. 您对"双师型"教师队伍建设和产教研能力提升有什么建议？

_____

_____

_____谢谢！

附录Ⅱ："双师型"教师队伍建设的调研（教师视角）问卷

"双师型"教师队伍建设调研问卷

1. 您的性别： [单选题]

☐ 男　☐ 女

2. 所在院部： [单选题]

☐电子技术与工程学院　☐通信与信息工程学院　☐ 机械与能源工程学院　☐经济与管理学院　☐中德工程学院　☐设计与艺术学院　☐外语学院　☐马克思主义学院　☐ 公共基础学院　☐申安学院　☐贯通学院/消防学院

3. 您的年龄在： [单选题]

☐ 25及以下　☐25—35　☐ 35—45　☐45—55　☐55以上

4. 您的政治面貌是： [单选题]

☐ 中共党员　☐民主党派　☐无党派人士　☐其他

5. 您的最后学位是： [单选题]

☐ 本科　☐硕士　☐博士　☐博士后　☐其他

6. 您的职称是： [单选题]

☐ 无　☐初级　☐中级　☐副高级　☐正高级

7. 您的教龄是： [单选题]

☐≤1　☐1—3　☐3—5　☐5—10　☐10—20　☐≥20

8. 您来自： [单选题]

☐学校毕业直接任教　☐其他学校调入　☐企业调入

9.您在从事教学工作前，是否有企业工作经历 [单选题]

☐有　☐无

10.您在从事教学工作前企业工作经历（　　）年 [填空题]

11.请选择您任教的课程 [单选题]

☐基础课　☐专业基础课　☐专业课

12. 您是否持有本专业相关的资格证书　[单选题]

□0　□1—2个　□3个及以上

13. 您所持有的专业技术职称或职业资格证书和您所教学的内容相匹配吗？[单选题]

□匹配　□不匹配

14. 在本次"双师型"教师认定中，您的认定结果是？　[单选题]

□初级　　□中级　□高级　□未评定

15. 您未能认定的主要原因是　[单选题]

□教学要求不满足，入职时间短　　□教研成果要求不满足　□企业实践要求不满足
□职业（职称）资格要求不满足

16. 对标学校制定的"双师"认定标准，您遇到的困难和问题是？　[单选题]

□专业相关职业资格证书获取困难　□缺少参加教师企业实践的时间　□缺少横向
课题开展的渠道和能力　□缺少参加"双师"培训的机会　□其他情况说明　□无困难

17. 今后您对"双师型"教师认定的意愿　[单选题]

□强烈　□较强　□一般　□没有意愿

18. 今后您对"双师型"教师认定的意愿不强的主要原因（　　）　[填空题]

19. 您认为"双师型"教师培养的关键是　[多选题]

□教师内在动力　□所在部门支持　□学校的激励政策　□学校的培养管理机制

20. 您认为学校在福利待遇方面，"双师型"和"非双师型"教师相比如何？　[单选题]

□好很多　□好一点　□差不多　□不清楚

21. 您认为学校"双师型"教师队伍培训制度如何？　[单选题]

□很健全　□比较健全　□一般　□不太健全　□很不健全

22. 您认为要成为"双师型"教师，应承担（　　）的教学任务　[单选题]

□1年　□2—3年　□3—5年　□5年以上

23. 您觉得"双师型"教师应有哪些优待？[多选题]

□工作待遇从优　□有更多的培训和提高机会　□评聘职称时应有相当比例的加分
□评优评奖应有相应的优惠政策

24. 如果有针对"双师型"教师的培训，您愿意参加吗？[单选题]

□愿意　□比较愿意　□不愿意　□无所谓

25. 您认为"双师型"教师认定中需要学院何种支持？

_____

_____

_____

26. 您认为学院"双师型"教师队伍建设存在的主要问题是什么？

_____

_____

_____

27. 您对学院"双师"教师认定制度方面有何评价和建议？ [单选题]

□好 □较好 □一般 □不满意

建议

_____

_____

_____

28. 您对学院校级"双师"教师培训制度有何评价和建议？ [单选题]

□好 □较好 □一般 □不满意

建议

_____

_____

_____

29. 您对学院"双师"教师激励制度方面有何评价和建议？ [单选题]

□好 □较好 □一般 □不满意

建议

_____

_____

_____

附录Ⅲ:"双师型"教师队伍建设的调研（思想动态视角）问卷

上海电子信息职业技术学院
2023 年度教师思想状况调查问卷

亲爱的老师:

您好! 为充分了解高校教师的思想、工作、生活状况,我们进行此次调查。

本问卷的收集整理采取匿名方式,您不必担心任何信息泄漏问题,希望您据实填写信息。

我们诚恳地希望您根据实际情况和真实想法对下列问题做出选择,谢谢您的配合支持。

第一部分: 基本信息

1. 您的性别:

①男 ②女

2. 所在院部:

（1）电子技术与工程学院

（2）通信与信息工程学院

（3）机械与能源工程学院

（4）经济与管理学院

（5）中德工程学院

（6）设计与艺术学院

（7）外语学院

（8）马克思主义学院

（9）公共基础学院

（10）申安学院

（11）贯通学院

3. 您的年龄在：

①25 及以下　②25—35　③35—45　④45—55　⑤55 以上

4. 您的政治面貌是：

①无党派人士　②民主党派　③共青团员　④中共党员

5. 您的最后学位是：

①本科　②硕士　③博士　④博士后　⑤其他

6. 您的职称是：

①无　②初级　③中级　④副高级　⑤正高级

7. 您的教龄是：

①≤1　②1—3　③3—5　④5—10　⑤10—20　⑥≥20

8. 您在从事教学工作前，是否有企业工作经历

①有　②无

第二部分：思想状况

9. 您认为当前我校教职工思政工作首先应：

①充实思政教育内容　②改革思政教育方式

③加大思政教育投入　④加强业务培训与考核　⑤不清楚

10. 您认为师德建设是否应该放在思政工作的首位：

①是　②不确定　③否

11. 对于师德建设，您认为最重要的工作应该是：

①制定师德规范②强化考评监督③表彰师德先进事迹

④提倡自我修养⑤营造良好氛围⑥其他

12. 教育部研究制定的《新时代高校教师职业行为十项准则》包括：

①坚定政治方向　②自觉爱国守法　③传播优秀文化　④潜心教书育人

⑤关心爱护学生　⑥坚持言行雅正　⑦遵守学术规范　⑧秉持公平诚信

⑨坚守廉洁自律　⑩积极奉献社会

13. 您平时对教职工思政学习的态度：

①不想学习②按要求被动学习③偶尔会主动关注④平时自觉学习

14. 您认为我校未来3年的发展前景如何：

①不看好②比较担忧③比较乐观④非常看好

15. 在工作方面，您面临的主要问题是（请选择两项并排序第一位、第二位）

①教学科研经费不足　②专业技术职务晋升困难　③工作负担太重

④人际关系复杂，共事合作难　⑤没有学术引路人

⑥教学科研配套服务跟不上　⑦考核机制不合理

16. 您对教师这个职业的看法是：

①职业神圣，为之奋斗

②待遇较好，工作稳定

③以此为跳板，为以后走向社会奠定基础

④只是一种职业选择，无关喜好

⑤很枯燥，没有意思

17. 您对自己目前的工作状态：

①非常满意　②比较满意　③一般满意

④不太满意　⑤很不满意

18. 您目前最主要的生活困扰：

①经济收入　②住房　　③家庭情感

④同事关系　⑤工作压力　⑥身体健康

19. 您现阶段工作中最迫切的工作要求是：

①课题和研究经费

②发表科研成果

③晋升职称

④晋升职务

⑤提升学历学位

⑥提升履职工作能力

⑦改善人际关系

⑧参与学术团队

⑨改善工作负担

20. 您认为要成为一名卓越的大学教师，最重要的素质是：

①工作能力　②道德品质　③待人接物

④创新素质　⑤研究能力　⑥其他

21. 您希望成为：（可多选）

①教育家　②科研能手　③教学名师　④其他

22. 您认为学校在今后开展教育教学改革中最亟待解决的问题是：

①定位与思路　②管理体制改革　③师资队伍　④其他（请注明）

23. 就精神动力而言，您认为：（可多选）

①崇高的职业理想是我成才的动力

②对于工作的高度胜任给了我成才的动力

③对待工作的责任感让我感到成才的动力

④工作能够提升自我价值感，给我成才的动力

⑤工作能为国家和社会做出贡献，让我有成才的动力

⑥培养出优秀的学生让我感到有成才的动力

24. 就成就动力而言，您认为：（可多选）

①当在教学中取得成就时感到动力十足

②当科研成果发表并得到认可时有成才的动力

③当在专业领域有创新性突破时有成才的动力

25. 就社会动力而言，您认为：（可多选）

①当工作得到社会的认可让我感到动力十足

②当工作得到学生的赞许和肯定时感到有动力

③当工作得到领导、同事的认可时感到有动力

④当能够很好地处理工作、家庭及生活的关系时感到有动力

⑤能够与周围同事和谐相处让我有成才的动力

⑥高度的学校归属感让我成才动力十足

⑦建立具有共同目标的工作团队，给了我成才的动力

26. 就自然动力而言，您认为：（可多选）

①工作中得到公平、优厚的福利待遇让我动力十足

②学校对青年教师基本安居措施的保障，给了我成才动力

③学校对青年教师的物质激励，给了我成才的动力

27. 您希望自己在学校能得到怎样的发展，并简要说明理由。

_____

_____

28. 您对学校教师培养有哪些意见和建议？

_____

_____

29. 职业本科后，您认为自己最需要提升的是：

_____

_____

参考文献

[1] 徐芳，陶宇. 欧美职教"双师型"教师培养的成效、经验及启示[J]. 教育与职业，2021（09）：68-75.

[2] 玛格雷特·比洛-施拉姆. 德国大学教师发展：培训与继续教育[J]. 北京大学教育评论，2014，12（02）：2-12.

[3] 李建茹，斯庆高娃，勾芒芒. 从国外职业教育"双师型"特点探析我国"双师型"教师队伍建设之路[J]. 大学，2021（30）：139-141.

[4] 牛晓燕. 德国职教师资培养体系及其特点[J]. 中国职业技术教育，2007（3）：33-35.

[5] 杨金玲，张志. 国内外"双师型"教师培养机制与模式研究[J]. 山西财经大学学报（高等教育版），2008，11（1）：104-106.

[6] 孙中涛. 德国职业教育师资队伍建设的特点及启示[J]. 宁波职业技术学院学报，2015，19（5）：11-13.

[7] 王义澄. 建设"双师型"专科教师队伍[N]. 中国教育报，1990-12-5（3）.

[8] 郭静. "双师型"教师政策分析：文本、执行与展望[J]. 职教论坛，2018（2）：64-69.

[9] 陈开梅. 高职"双师型"教师培养刍论[J]. 九江职业技术学院学报，2009（3）：60-61.

[10] 齐昌洋，张静. 工匠精神引领下高职院校"双师型"教师队伍建设研究[J]. 课程教育研究，2018（30）：189.

[11] 薛茂云. 用"工匠精神"引领高职教师创新发展[J]. 中国高等教育，2017（8）：55-57.

[12] 赵旎娜，柳国伟. 工匠精神在高职师资队伍建设中的回归与培育[J]. 职教论坛，2017（26）：15-18.

[13] 于喆. 可持续发展教育背景下德国高校教师专业行动能力的培养[J]. 教育研究，2018，39（1）：148-154.

[14] 刘永林. "双师型"教师队伍建设须双管齐下[N]. 光明日报，2018-2-13.

[15] 丁雅诵. 努力做高素质专业化创新型教师[N]. 人民日报，2018-2-2(9).

[16] 俞启定. "双师型"教师的定位与培养问题辨析[J]. 教师教育研究，2018，30(4)：30-36.

[17] 秦琳. 德国应用科学大学发生战略转变[N]. 中国教育报，2019-12-13.

[18] 曹晔，孟庆国. 推动职业教育产教融合与高质量"双师型"职教师资队伍建设[J]. 中国职业技术教育，2023（5）：19-24.

[19] 蔡芬. 普通本科院校转型背景下"双师型"教师队伍建设研究[D]. 兰州：兰州大学，2018.

[20] 彭明成. 高职院校"双师型"教师有效培训研究——基于成人学习理论的视角[J]. 职业技术教育，2014，35（31）：66-69.

[21] 刘雪梅，李卫东，黄明宇. 广西职业教育"双师型"教师培训体系建设研究[J]. 职业技术教育，2020，41（12）：64-68.

[22] 曹桂华，曹国亮. 基于平衡记分卡的技师学院"双师型"教师绩效考核指标体系构建[J]. 职业技术教育，2011，32（35）：79-82.

[23] 周春光，党耀国，叶莉，张旭，王俊杰. 基于改进灰色关联分析模型的高职院校"双师型"教师绩效评价——以江苏旅游职业学院为例[J]. 职业技术教育，2020. 41（03）：18-24.

[24] 贺文瑾. "双师型"职教教师的概念解读（上）[J] 职教通讯，2008（7）：48-51.

[25] 郑永进. 职业院校"双师型"教师队伍建设：基于制度理论的分析[J]. 职业技术教育，2014，35（19）：68-72.

[26] 张兆诚，曹晔. 应用技术型高校"双师型"教师标准：现状、问题与对策[J]. 职教论坛，2020（9）：78-84.

[27] 李梦卿，熊健民等. "双师型"教师队伍建设比较研究[M]. 武汉：华中科技大学出版社，2010.

[28] 叶澜，白益民. 教师角色与教师发展新探[M]. 北京：教育科学出版社，2001.

[29] 陈俊梁. 工作分析：理论与实务[M]. 北京：中国人民大学出版社，2017.

[30] 江平，杨乐克. 高职学生职业发展与人职匹配分析指引[M]. 北京：中国纺织出版社，2022.

[31] 张登印，李莹，张宁. "胜任力"模型应用实务[M]. 北京：人民邮电出版社，2014.

[32] 赵雅倩. 安徽高职院校"双师型"教师培养对策研究[D]. 合肥：安徽建筑大学，2023.

[33] 李政. 地方应用型院校"双师型"教师"胜任力"研究[D]. 武汉：武汉理工大学，2020.

[34] 李梦卿，杨妍旻. 基于"双师型"教师队伍建设的职教师资培养工作的回顾与思考[J]. 职教论坛，2013（7）：61-66.

[35] 舒底清.技能竞赛背景下职业院校"双师型"教师队伍建设的研究[J].湖南大众传媒职业技术学院学报，2021（6）：87-90.

[36] 高思敏.职业技能竞赛导向的中等职业学校"双师型"教师专业发展研究[D].广州：广州大学，2019.

[37] 李芩旭.产教融合背景下高职院校"双师型"教师队伍建设的研究[D].金华：浙江师范大学，2021.

[38] 吴慧平，李文卿.英国新教师入职培训（ITT）的核心内容新框架探析[J].教师教育论坛，2020，33（12）：79-82.

[39] 涂三广.英国职教教师"双专业"标准：理念、策略与启示[J].中国职业技术教育，2017，（36）：34-43.

[40] 翟志华.从发达国家职业教育教师标准看我国的"双师"建设——以德国、美国、英国和澳大利亚为例[J].武汉工程职业技术学院学报，2020，32（4）：78-82.

[41] 傅冬，曾娅丽，高慧.高职院校"双师型"教师队伍建设的问题与对策[J].现代商贸工业，2019，40（4）：1.

[42] 窦争妍，高文书.中国经济转型背景下的制造业人力资本积累研究[J].中国人力资源开发，2016（3）：89-94.

[43] 肖辉，周海，吴计生.大学生就业指导[M].北京：中国水利水电出版社，2018.

[44] 窦争妍，高丽坤.经济新常态下人力资本需求变动及对策研究[J].中国商论，2015（32）：36-38.

[45] 霍梦雨，新时代高职"双师型"教师"胜任力"模型建构及其应用研究[D].济南：山东财经大学，2022

[46] 李鑫.我国高职院校"双师型"教师资格认定标准的制定与实施策略研究[D].武汉：湖北大学，2021

[47] 余玲艳.员工情绪管理[M].北京：东方出版社，2007.

[48] 刘涛，赵蕾，王琳.管理学原理[M].北京：清华大学出版社，2009.

[49] 叶煜，李敏，文燕.高职院校"双师型"教师队伍建设：政策、问题与建议[J].职业教育研究，2019（10）：69-73.

[50] 陈江魁.论基于产教融合的工业机器人专业课程建构策略[J]，职业，2019（33）：75-76.

[51] 陈晓曦，张瑞.世界技能大赛的职业标准体系、专业能力建设对我国职业技能竞赛专业人才培养和职业技术教育与培训的启示[J].职业，2021（05）：18-21.